Dokumentarfilm-Produktion

Konzept
Dreharbeiten
Vertrieb

Vorbilder
Dokumentarfilmklassiker, die angehenden Filmemachern als Inspirationsquelle dienen können (von links nach rechts): The September Issue *(2009),* Unsere Erde *(2007),* Spellbound *(2002).*

Dokumentarfilm-Produktion

Konzept
Dreharbeiten
Vertrieb

Kevin J. Lindenmuth

stiebner

© 2010 der Originalausgabe
Quarto Inc.
Barron's Educational Series, Inc.
250 Wireless Boulevard
Hauppauge, New York 11788
www.barronseduc.com

Titel der Originalausgabe:
The Documentary Moviemaking Course.
The starter guide to documentary filmmaking

Aus dem Englischen übersetzt von
Yasemin Dincer

Produktion und Redaktion der deutschen Ausgabe:
Niehaus & Stirl, Berlin
unter Mitarbeit von Timo Mönnich (Fachberatung)
Satz: Dirk Brauns, Berlin

Bibliografische Information der Deutschen Nationalbibliothek
Die Deutsche Nationalbibliothek verzeichnet diese Publikation in der Deutschen Nationalbibliografie; detaillierte bibliografische Daten sind im Internet über http://dnb.d-nb.de abrufbar.

Alle Rechte der deutschen Ausgabe
© 2011 Stiebner Verlag GmbH

www.stiebner.com

Alle Rechte vorbehalten. Wiedergabe, auch auszugsweise, nur mit ausdrücklicher Genehmigung des Verlages.

ISBN: 978-3-8307-1396-8

Printed in China

Inhalt

Einleitung	6
Zu diesem Buch	7

TEIL 1: THEMA UND STIL FESTLEGEN — 8

Lektion 1: Dokumentarfilmarten	10
Lektion 2: Ein Thema finden	14
Lektion 3: Sein Publikum kennen	16
Lektion 4: Recherchieren	18
Lektion 5: Einen Stil wählen	24
Lektion 6: Mit und ohne Drehbuch	28
Lektion 7: Mit und ohne Kommentar	30
Lektion 8: Visualisieren	32
Lektion 9: Einen Titel finden	34
Lektion 10: Konzept schreiben	36

TEIL 2: AUSRÜSTUNG UND BANDFORMAT — 40

Lektion 11: Kameras und Stative	42
Lektion 12: Audiogeräte	46
Lektion 13: Beleuchtung	50
Lektion 14: Schnittausrüstung	54

TEIL 3: VORPRODUKTION — 58

Lektion 15: Eigen- oder Fremdfinanzierung	60
Lektion 16: Finanzierung einer Fernsehproduktion	64
Lektion 17: Drehtage planen	66
Lektion 18: Genehmigungen	68
Lektion 19: Versicherungen	70
AUS DER PRAXIS: Vorbereitung	72

INHALT

TEIL 4: DREHEN — 76

- Lektion 20: Produktionswert erhöhen — 78
- Lektion 21: Dem Thema gerecht werden — 80
- Lektion 22: Regie führen — 82
- Lektion 23: Zusätzliches Filmmaterial — 84
- Lektion 24: Aufnahmetechniken — 86
- Lektion 25: Kostüme, Maske und Requisiten — 90
- Lektion 26: Aufbau für ein Interview — 92
- AUS DER PRAXIS: Dreharbeiten — 94

TEIL 5: SCHNITT UND POSTPRODUKTION — 98

- Lektion 27: Länge festlegen — 100
- Lektion 28: Im Schneideraum — 101
- Lektion 29: Der Aufbau des Films — 102
- Lektion 30: Das Protokollieren — 106
- Lektion 31: Der Schnitt — 108
- Lektion 32: Relevanz bestimmen — 110
- Lektion 33: Blenden und Special Effects — 112
- Lektion 34: Musik und Geräusche — 114
- Lektion 35: Spannung aufbauen — 116
- Lektion 36: Vor- und Abspann — 118

TEIL 6: WERBUNG UND VERLEIH — 120

- Lektion 37: Den Trailer herstellen — 122
- Lektion 38: Werbung im Internet — 124
- Lektion 39: Screener und Pressemappen — 126
- Lektion 40: Filmfestivals — 128
- Lektion 41: Fernsehen — 130
- Lektion 42: DVD-Vertrieb — 132
- Lektion 43: Neue Medien — 133
- AUS DER PRAXIS: Postproduktion — 134

Glossar — 136
Register — 140
Quellen/Dank — 144

Freie Themenwahl
Dokumentarfilme behandeln die unterschiedlichsten Themen von Kunst über Wissenschaft bis Musik (v. l. n. r.): Crumb (1995), Eine kurze Geschichte der Zeit (1992), Proceed and Be Bold (2008).

Einleitung

Dokumentarfilme sind eine Methode, die Wirklichkeit zu beobachten und sich mit ihr auseinanderzusetzen. Sie bieten dabei eine breitere Spanne an Themen und Stilrichtungen als jede andere Filmgattung. Mit dem Ziel, „Wirklichkeit zu dokumentieren", eignet sich die Form für jeden nichtfiktionalen Gegenstand.

Der Begriff „Dokumentarfilm" wurde Mitte der 1920er-Jahre geprägt und bezog sich damals vorrangig auf Lehr- und Reisefilme, die zuvor als „Tatsachenfilme" bezeichnet worden waren. Der bekannteste der frühen Dokumentarfilme ist wohl Robert J. Flahertys *Nanuk, der Eskimo* (1922), der das alltägliche Leben einer Inuitfamilie zeigt. Berühmte Dokumentarfilme neuerer Zeit sind Al Gores *Eine unbequeme Wahrheit* und die Naturdokumentation *Die Reise der Pinguine*.

Die Dokumentarfilme des 21. Jahrhunderts sind komplexer und erreichen ein viel größeres Publikum als jene Reiseberichte Anfang des vorigen Jahrhunderts. Auf beinahe jeder Film-DVD findet sich eine „Making of"-Dokumentation und dank digitaler Videotechnologie ist es heute möglich, einen abendfüllenden Dokumentarfilm mit minimalem Personal- und Materialaufwand zu drehen.

Meine Karriere als Filmemacher und Regisseur begann beim fiktionalen Film. Wenngleich es Unterschiede beim kreativen Prozess gibt, ähnelt sich vieles, und zu meiner eigenen Überraschung stellte ich fest, dass sich mein Ansatz gut auf die Arbeit an Dokumentationen übertragen ließ. Die Handschrift des Regisseurs ist ein wichtiger Bestandteil der Einzigartigkeit eines Dokumentarfilms. Dokumentationen sollen lehrreich und unterhaltsam zugleich sein. Wie gelungen dieser Anspruch umgesetzt wird, hängt davon ab, was Sie als ihr Erschaffer in die Produktion einbringen.

Auch meine praktischen Erfahrungen bei der Produktionsarbeit, beim Drehen und Schneiden sind in dieses Buch eingeflossen, in dem ich Sie durch den gesamten Produktionsprozess führen werde. Viel Spaß!

Kevin J. Lindenmuth

Zu diesem Buch

Vor Ihnen liegt ein grundlegender Leitfaden zur Erstellung eines Dokumentarfilms, von der Suche nach einem interessanten Thema über die Producer-Tätigkeit bis zur Verwertung des Endprodukts.

Im ersten Teil des Buches finden Sie Anleitungen zur Ideenfindung und Tipps, wie Sie häufige Fehler vermeiden. Anschließend erfahren Sie etwas über die Ausrüstung und die technischen Anforderungen, die erfüllt sein müssen, um zu erreichen, was Sie sich vorgenommen haben. Sie lernen, wie Sie Ihr Thema angemessen behandeln und wie Sie gute Interviews führen. Sind Sponsorengelder oder Fördermittel für Ihr Projekt denkbar? Oder sind Sie bereit, den Film vollständig aus eigener Tasche zu bezahlen? Verschiedene Finanzierungsmöglichkeiten werden besprochen. Die Entscheidung, was für Ihr Projekt das Beste ist, müssen Sie selbst treffen. Sie ist abhängig davon, welches Ziel Sie mit Ihrem Film anstreben.

Die nachfolgenden Teile unterstützen Sie bei der Organisation der Arbeitsschritte und der Planung von Drehs und Interviews. Sie erfahren, wie Sie nach Beendigung der Dreharbeiten das gedrehte Material zu einem Film montieren, und schließlich, welche Werbemöglichkeiten Ihnen offenstehen und auf welchen Wegen Ihr Film sein Publikum sicher erreicht. Begleitende Aufgaben sollen Ihnen helfen, herauszufinden, welche Art Dokumentarfilm die „richtige" für Sie ist, und einen individuellen Stil zu entwickeln.

Einleitung

Sechs Teile umfassen insgesamt 43 Lektionen

Übersicht über die Lektionen in diesem Teil

Schritt-für-Schritt-Erläuterungen der praktischen Arbeit des Filmemachers

Tipps und Tricks

Das Ziel der Lektion wird formuliert

Praxisbezogene Aufgaben zum Einüben und Vertiefen

Anwendungsbeispiele geben Einblick in die Praxis von Planung, Dreharbeiten und Schnitt

Insiderwissen zur Logistik der Produktion

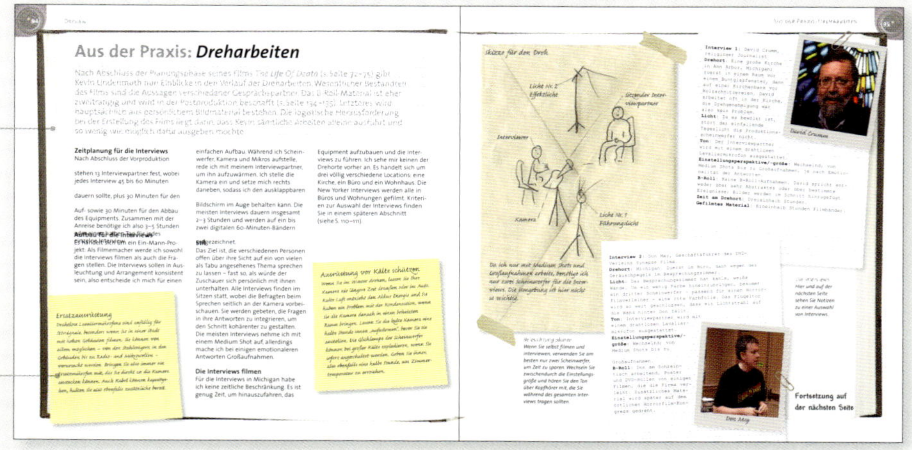

TEIL 1
THEMA UND STIL FESTLEGEN

Dokumentarfilme zeigen reale Menschen, Orte und Gegenstände. Im Grunde können sie von fast allem handeln. Noch bevor Sie mit der Drehplanung beginnen, müssen Sie genau wissen, worum es in Ihrem Film gehen soll und wie Sie dieses Thema den Zuschauern am besten präsentieren. Es gibt keine verbindliche Methode, ein Thema zu finden oder auch, es zu vermitteln. Nichts spricht dagegen, Vorbilder nachzuahmen, solange Sie persönliches Engagement und Ihre persönliche Perspektive einbringen. Wichtig ist, dass Sie offen sind für alle Möglichkeiten, die Ihnen zur Verfügung stehen.

Thema

Ein Dokumentarfilm kann ein gesellschaftliches, kulturelles, historisches, wissenschaftliches oder naturkundliches Thema aufgreifen oder Menschen porträtieren. Er kann auch mehrere Themen behandeln. Eine Sache, für die Sie sich persönlich begeistern, kann sich als Gegenstand eignen, zum Beispiel biologischer Gartenbau in Innenstädten oder Fallschirmspringen in der Wüste. Vom Biogarten könnten Sie zu ökonomischen und politischen Themen gelangen, indem Sie zum Beispiel nachforschen, welchen Kontrollen der ökologische Gemüseanbau unterliegt. Ein Bericht über Fallschirmspringer könnte eine religiöse Komponente körperlicher Grenzerfahrungen herausarbeiten. Eine Dokumentation über neue Krebstherapien kann wissenschaftlich angelegt sein, sie kann aber auch die finanziellen Probleme von Patienten ohne entsprechende Krankenversicherung beleuchten. Sie haben Schwierigkeiten, ein Thema zu finden? Besuchen Sie eine Bibliothek und stellen Sie fest, was für Dokumentationen es alles bereits gibt. Sehen Sie sich so viele verschiedene Dokumentarfilme wie möglich an. Sie können Ihnen Inspiration und die nötigen Ideen liefern, um mit Ihrem Film zu beginnen.

Stil

Bei Ihrer Recherche wird Ihnen auffallen, dass Dokumentarfilme unterschiedlich gemacht sind und ihre Informationen auf verschiedene Arten vermitteln. In einem Film sehen Sie vielleicht zahlreiche Interviews mit Experten, die zu einem bestimmten Thema befragt werden, während in einem anderen die Bilder mit einem Begleitkommentar unterlegt sind. Die Aufnahmen können per Handkamera, mit einer feststehenden Kamera oder mit einer Steadicam gemacht worden sein, die es dem Kameramann erlaubt, sich mit dem gedrehten Objekt mitzubewegen. Manche Dokumentarfilme beinhalten aufwendige Computergrafiken, in anderen Fällen ist die grafische Gestaltung sehr einfach gehalten. In einigen wird alle 20 Sekunden geschnitten, während andere minutenlange Einstellungen zeigen. Der Stil einer Dokumentation wird von der Dokumentarfilmart und dem Thema stark beeinflusst.

INHALT	SEITEN
Dokumentarfilmarten	10–13
Ein Thema finden	14–15
Sein Publikum kennen	16–17
Recherchieren	18–23
Einen Stil wählen	24–27
Mit und ohne Drehbuch	28–29
Mit und ohne Kommentar	30–31
Visualisieren	32–33
Einen Titel finden	34–35
Konzept schreiben	36–39

Lektion 1: Dokumentarfilmarten

Es gibt vier Formen des Dokumentarfilms: die expositorische, die beobachtende, die partizipatorische und die dramatische. Ein einzelner Dokumentarfilm kann auch mehrere dieser sehr weit gefassten Ansätze verbinden und eine Mischform bilden. Das hängt zum großen Teil davon ab, wie interaktiv die Herangehensweise des Filmemachers ist.

> **Ziele**
> - Die unterschiedlichen Ansätze der verschiedenen Dokumentarfilmarten verstehen.
> - Entscheiden, welche Form von Dokumentarfilm Sie selbst drehen möchten (kann auch eine Kombination aus mehreren Formen sein).

>>> Aufgabe 1

Notieren Sie fünf bekannte expositorische Dokumentarfilme, die Ihnen spontan einfallen. Was hat Sie an diesen Filmen besonders beeindruckt?

Expositorischer Dokumentarfilm

Expositorische Dokumentarfilme wollen den Zuschauer von einem Standpunkt überzeugen und sprechen ihn dafür meist mit einem Kommentar aus dem Off indirekt an. Das Thema wird aus einer allwissenden Erzählposition heraus dargestellt. Solche Film haben ein Drehbuch, dem sich Bilder und Interviews unterordnen. Beispiele sind die Serie *Und täglich grüßt das Erdmännchen* auf Animal Planet, *30 Days* von Morgan Spurlock, *Biography* von A&E Network und auch *America's Most Wanted*.

Diese Form der Dokumentation beginnt oft mit einer provokanten Aussage, etwa „Warum nutzt die Bevölkerung keine Energieeinsparmöglichkeiten?", zeigt Fakten, Aussagen und Haltungen der Beteiligten und präsentiert anschließend Lösungsvorschläge. Das geschilderte Problem sorgt für Spannung, die Notwendigkeit und Dringlichkeit einer Lösung für Dramatik. Beispiele hierfür sind *Flow* über die weltweite Trinkwasserknappheit und *Eine unbequeme Wahrheit* über die globale Erwärmung. Auch die während des Zweiten Weltkriegs entstandene Filmreihe *Why We Fight* von Frank Capra ist expositorisch – das besagt bereits der Titel.

Expositorische Dokumentarfilme werden linear erzählt. Das abschließende Urteil soll das Ergebnis dessen sein, was der Zuschauer erfährt. Die Bilder werden danach ausgewählt, ob sie den Kommentar unterstreichen. Sie haben nicht zwangsläufig einen inhaltlichen Zusammenhang. Auch die Aussagen der interviewten Personen unterstützen die These des Films. Selbst wenn es keinen Kommentar gibt, und der Filmemacher seinen Gesprächspartnern lediglich Fragen stellt,

Sicko (2007)
In Michael Moores expositorischem Dokumentarfilm über die unzureichende Gesundheitsfürsorge in den USA sorgt die Absurdität einiger Situationen – etwa der Mann, der sich entscheiden muss, welche Finger er wieder angenäht bekommen will, da seine Krankenversicherung nicht für alle bezahlt – angesichts des ernsthaften Problems, um das es geht, für Einprägsamkeit.

die die vor der Kamera beantworten, gilt das als expositorisch, weil die Fragen sich immer um den Kern des Themas drehen.

Häufig sind es Themen aus den Bereichen Politik und Aktivismus, die auf diese Weise behandelt werden, wobei der Filmemacher das Publikum von seiner Wertung überzeugen will.

Beobachtender Dokumentarfilm

Der beobachtende Dokumentarfilme kann als Gegenteil des expositorischen Typs gesehen werden. Der Filmemacher mischt sich so wenig wie möglich ein. In gewisser Weise erhebt er Anspruch auf Neutralität. Sein Ziel ist es, die Wirklichkeit so abzubilden, wie sie ist, und den Zuschauer seine eigenen Schlüsse ziehen zu lassen. Mit anderen Worten, er ist „die Fliege an der Wand". Wenn Sie nach diesem Konzept einen Dokumentarfilm über einen Tag im Leben einer Gruppe Vogelkundler auf der Pirsch nach einem sehr seltenen Vogel drehen wollen, bleiben Sie mit ihrer Kamera konsequent am Rande des Geschehens und kommunizieren mit keinem der Gruppenmitglieder. Sollten Sie die Ereignisse später im Schnitt verdichten, würden Sie die chronologische Reihenfolge der Aufnahmen in jedem Fall beibehalten.

Bei dieser Form von Dokumentation nimmt der Filmemacher wesentlich weniger Einfluss auf den Inhalt. Nichts wird nachgestellt oder inszeniert und es gibt keine direkten Interviews. Wenn man Menschen reden hört, wirkt es auf den Zuschauer, als würde er das Gespräch zufällig mithören. Beobachtende Dokumentarfilme versuchen, die Realität unauffällig zu dokumentieren. Man könnte sie als wahrheitsgetreueste aber auch als voyeuristischste Form der Dokumentation bezeichnen.

Viele ethnografische Filme, die die Angehörigen fremder Kulturen in deren natürlicher Umgebung zeigen, zum Beispiel ein Dorf in den Appalachen, gehören zu dieser Dokumentarfilmart. Im Prinzip hat jeder, der eine Hochzeit gefilmt und sich dabei im Hintergrund gehalten hat, schon einen beobachtenden Dokumentarfilm gedreht. Auch Konzertfilme, wenn sie live gedreht sind, können als beobachtende Dokumentarfilme gelten.

Die Reise der Pinguine (2005)
Der beobachtende Dokumentarfilmer braucht Geduld. Dieser Kameramann wartet darauf, dass sein Protagonist sich auf den Weg macht.

>>> Aufgabe 2

Erstellen Sie eine Liste von fünf Themen oder Ereignissen, die sich für einen beobachtenden Dokumentarfilm anbieten.

Beispiel:
Koyaanisqatsi (1982): *Der Film, der sich mit der Zerstörung der Natur durch den Menschen beschäftigt, kommt ohne jede Handlung aus. Er besteht ausschließlich aus mit Musik unterlegten Bildsequenzen.*

Partizipatorischer Dokumentarfilm

Im partizipatorischen Dokumentarfilm wird der Berichtende zum Bestandteil des Films und agiert auch vor der Kamera. Wie beim expositorischen Dokumentarfilm geht es darum, eine bestimmte Position zu vertreten, allerdings wird sie dem Zuschauer vom „Moderator" des Films direkt präsentiert. Die Person – häufig eine prominente Persönlichkeit –, die den Zuschauer durch die Kamera hindurch anspricht, wirkt als Katalysator. Beispiele sind Michael Moore in *Bowling For Columbine*, der sich mit dem Übereifer der Waffenlobby in den USA befasst, und Morgan Spurlock, der sich in *Super Size Me* einen Monat lang ausschließlich von Fastfood ernährt. Beide Filmemacher präsentieren sich dabei als typische Amerikaner und nicht als allwissend oder belehrend.

Partizipatorische Dokumentarfilme handeln manchmal ebenso viel von ihren Machern wie vom Thema. Partizipatorisch ist auch expositorisch, da jedoch alles ausschließlich durch die Augen jener Persönlichkeit gesehen wird, ist die Perspektive erklärtermaßen subjektiv. Die Person und die Haltung des Filmemachers sind Teil der Attraktion für den Zuschauer. Da es sich meist um unangepasste Individuen und brisante Themen handelt, sind solche Dokumentarfilme eigentlich immer auch sehr unterhaltend. Das verbessert ihre Chancen, im Kino gezeigt zu werden.

Auch viele Natursendungen bevorzugen den partizipatorischen Stil, zum Beispiel *Jeff Corwins tierische Abenteuer* und *Crocodile Hunter*, in denen Experten über Tiere sprechen und mit ihnen interagieren. Auch diese Experten bedeuten einen zusätzlichen Unterhaltungswert.

REALITY-TV

- *Reality-TV* zeigt komische oder dramatische reale Ereignisse ohne Drehbuch und mit echten Menschen anstelle von Schauspielern. Diese werden Situationen ausgesetzt, auf die sie reagieren müssen, zum Beispiel im „Dschungelcamp", oder mit zehn Fremden in einen „Container" gesperrt. Das Vergnügen des Zuschauers besteht darin, sie dabei zu beobachten.
- TV-Produzenten reizen an diesen Formaten die geringen Kosten und die kurze Produktionsdauer. Für Aufsehen sorgten auch sogenannte Living-History-Formate wie *Abenteuer 1900*, in denen eine Gruppe Menschen beobachtet wird, die versucht, wie in früheren Zeiten zu leben. Dadurch, dass sie die Härten dieser Lebensumstände am eigenen Leib spüren und darüber in die Kamera sprechen, vermitteln sie dem Zuschauer ein lebendiges Bild von der Vergangenheit.
- Formen des Reality-TV sind auch Versteckte-Kamera-Formate wie *Verstehen Sie Spaß?* und Help- oder Coaching-Formate wie *Die Super Nanny*. Sie alle stellen Mischformen aus den vier Dokumentarfilmarten dar.

> **>>> Aufgabe 3**
>
> Glauben Sie, dass es Ihrem Film nutzt oder schadet, wenn Sie ihn moderieren? Weshalb? Wenn Sie auftreten wollen, worüber könnten Sie am besten reden?

> **>>> Aufgabe 4**
>
> Notieren Sie wahllos fünf Dokumentarfilme, die Sie kennen, und bestimmen Sie, um welche Formen es sich handelt. Passen einige in mehrere Kategorien und wenn ja, warum?
>
> **Beispiel:**
> *Ken Burns'* Bürgerkrieg-*Reihe ist ein Beispiel für einen dramatischen Dokumentarfilm. Er verwendet Archivfotos und Zitate von Persönlichkeiten aus jener Zeit, wie Abraham Lincoln und Walt Whitman, die aus dem Off von Schauspielern gesprochen werden.*

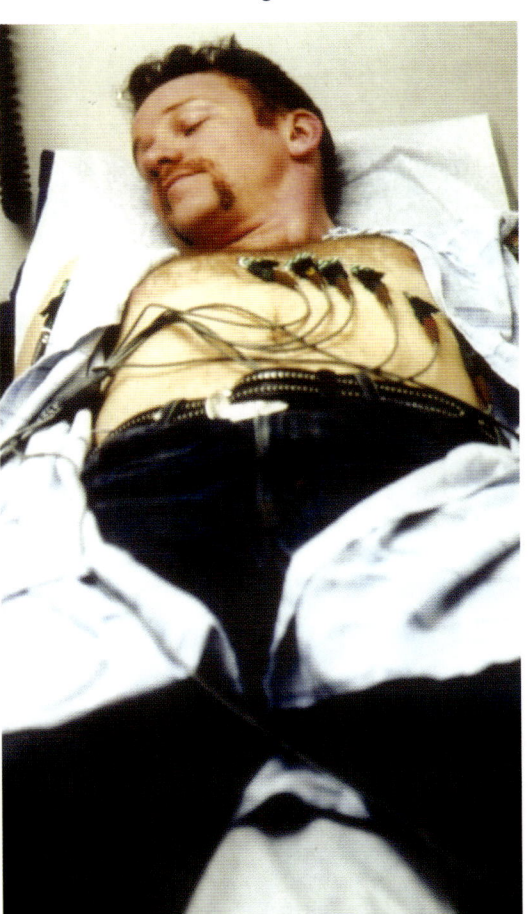

Super Size Me (2004)
Um die These seines partizipatorischen Dokumentarfilms zu belegen, nahm Filmemacher Morgan Spurlock in einem Selbstversuch über 10 kg zu und gesundheitliche Probleme in Kauf.

DOKUMENTARFILMARTEN

Sturz ins Leere (2003)
Der Film kombiniert Reinszenierungen und Interviews mit den Bergsteigern Joe Simpson und Simon Yates. Er erzählt die Geschichte ihrer qualvollen Bergtour in den peruanischen Anden 1985.

weis „Reinszenierung" eingeblendet werden. Sobald die Schauspieler in den Spielszenen miteinander sprechen, weicht die Darstellung von den verbrieften Fakten ab und gehört zum Genre des „Dokudramas", das eine fiktionale Form, basierend auf wahren Begebenheiten, bezeichnet.

Filme über Dinosaurier, die das Leben der ausgestorbenen Tiere, soweit es durch deren fossile Überreste belegt ist, mithilfe von Computeranimationen nachstellen, gelten als dramatische Dokumentarfilme.

Ziel des dramatischen Dokumentarfilms ist es, dem Zuschauer auf neue Art und Weise eine Welt zu zeigen, die nicht die seine ist. Dramatische Dokumentarfilme können zusätzlich expositorisch und partizipatorisch sein.

Das Dokudrama

Dokudramen und Filmbiografien gelten nicht als dokumentarisch. Dokudramen können zwar einen dokumentarischen Stil nachahmen, zum Beispiel indem sie Interviews simulieren, haben aber mehr Gemeinsamkeiten mit dem fiktionalen Film.

Dramatischer Dokumentarfilm

Ein dramatischer Dokumentarfilm behandelt historische Ereignisse und verwendet dafür verschiedene Mittel wie Archivmaterial, Darstellungen, aber auch Reinszenierungen. Seine Informationen zu historischen Fakten präsentiert er meistens deshalb in einer dramatischen Form, weil vergleichbare Zeugnisse nicht oder nicht mehr existieren.

Wenn Sie einen Film über eine verstorbene Person drehen, verfügen Sie womöglich über Fotos und Filmaufnahmen und können Angehörige und Zeitzeugen befragen. Wenn Sie sich jedoch mit einem Gegenstand aus einer Zeit befassen, aus der es kein Bildmaterial gibt, zum Beispiel mit den Hexenprozessen von Salem, sind Reinszenierungen ein probates Mittel. Sie werden meist in Verbindung mit dem Offkommentar eines interviewten Experten oder eines Erzählers gezeigt. Der Zuschauer weiß in der Regel, dass er keine Originalaufnahmen von vor 400 Jahren sieht. Zur Verdeutlichung kann aber am Bildrand der Hin-

American Splendor (2003)
In diesem Dokudrama über den Cartoonisten Harvey Pekar wird Pekar meistens von einem Schauspieler dargestellt. Es beinhaltet aber auch Interviews mit der realen Person. Die Darstellung entspricht im Detail nicht der Realität, da die Schauspieler Dialoge aus einem Drehbuch sprechen.

STICHWORTE:
Die vier Dokumentarfilmarten

1. Expositorisch
> Interaktion mit gefilmten Personen, Interviepartner beantworten Fragen
> Mit oder ohne Begleitkommentar
> Chronologische Wiedergabe der Ereignisse
> Klarer Standpunkt

2. Beobachtend
> Keine Einmischung des Filmemachers
> Keine direkt gestellten Fragen
> Längere Kameraeinstellungen
> Synchroner Ton, das heißt, Ton und Geräusche entsprechen dem, was zu sehen ist

3. Partizipatorisch
> Der Filmmacher selbst oder ein Moderator fungieren als Katalysator
> Subjektive Perspektive, meist die des Filmemachers
> Höherer Unterhaltungswert für den Zuschauer

4. Dramatisch
> Schilderung historischer Fakten bzw. der Vorstellung, die man von ihnen hat
> Besondere Erzähltechniken, Reinszenierungen von Ereignissen
> Standpunkt des Filmemachers ist weniger von Belang

THEMA UND STIL FESTLEGEN

Lektion 2: **Ein Thema finden**

Ihr Dokumentarfilm kann von allem und jedem handeln. Seien es Lemmingwanderungen in der Arktis oder die Einführung des Weltfriedenstags der Vereinten Nationen; alles das wurde schon filmisch bearbeitet. Er kann sich auch um eine Person drehen oder erklären, wie etwas funktioniert. Die Möglichkeiten sind unbegrenzt und die Entscheidung kann schwerfallen.

> **Ziel**
> Ein verwertbares Thema finden, für das Sie sich begeistern können und das für Ihr Zielpublikum von Interesse ist.

> > > **Aufgabe 5**

Notieren Sie zehn Dinge, die sich in erreichbarer Nähe Ihres Wohnorts befinden und sich für einen Dokumentarfilm eignen würden. Erläutern Sie kurz, weshalb Sie denken, dass diese Themen für die Öffentlichkeit interessant sein könnten.

Ein Thema in Angriff zu nehmen, mit dem Sie sich auskennen oder für das Sie sich besonders interessieren, ist immer ein guter Ansatz. Sie müssen aber auch die entsprechenden Zugangsmöglichkeiten und finanziellen Mittel haben. Wenn Sie in Iowa, USA, leben und über ein begrenztes Budget verfügen, ist ein Film über Elefanten in der Savanne unrealistisch. Wenn Geld keine Rolle spielt – nichts wie hin und genießen Sie den Aufenthalt! Vielleicht finden Sie Ihr Thema aber vor der Haustür. Halten Sie Augen und Ohren offen und sehen Sie sich in Ihrer Umgebung um. Dies vorausgeschickt, zählt vor allem, dass der Funke überspringt, denn Sie werden Monate, wenn nicht Jahre mit dem Projekt verbringen.

Ergreifen Sie jede Gelegenheit
Wenn in Ihrer Nachbarschaft eine Familie lebt, der es nach 20 Jahren endlich gelungen ist, den größten Kürbis der Welt zu züchten, ist das ein Thema für Ihren Film – falls die Familie dafür aufgeschlossen ist.

Vermeiden Sie das Offensichtliche
Machen Sie einen Bogen um solche Themen, die schon häufig bearbeitet wurden, wie Menschen mit Suchtproblemen oder Umweltverschmutzung. Sie mögen beim Publikum beliebt sein, aber Verleiher werden Ihren Film unter Umständen trotzdem ablehnen, weil sie bereits Dutzende Filme zum gleichen Gegenstand haben. Wenn Sie sich dennoch entschließen, ein bekanntes Thema zu beackern, drücken Sie ihm Ihren Stempel auf, sodass es sich von anderen Projekten dazu abhebt. Wenn Sie zum Beispiel einen Film über „Obdachlose und ihre Haustiere" drehen, werfen Sie einen neuen Blick auf ein altes Thema.

Wen wollen Sie erreichen?
Bei der Entscheidung für ein Thema sollte eine Frage nicht unberücksichtigt bleiben: Wer soll sich den Film ansehen? Drehen Sie ihn für sich und Ihre Freunde oder wollen Sie mehr Menschen erreichen? Wollen Sie über ein Thema aufklären oder hauptsächlich unterhalten? Sich eine Vorstellung davon machen, wer das Publikum ist, ist der erste Schritt, wenn es darum geht, die Zielvorgaben für Ihren Film zu formulieren (s. auch Seite 16–17).

EIN THEMA FINDEN

105 Themen, die sich für einen Dokumentarfilm eignen

1. Öffentliche Verkehrsmittel
2. Tafelwasser
3. Sesamkernallergien
4. Alleinerziehende Väter
5. Flughafensicherheit
6. Hospiz zu Hause
7. Behindertenorganisationen
8. Pflegebedürftige Haustiere
9. Gleichgeschlechtliche Ehen
10. Minderheitenförderung
11. Gesundheitsdienste für Senioren
12. Zweisprachiger Unterricht
13. Energiekosten sparen
14. Kosten im Gesundheitswesen
15. Spät Eltern werden
16. Entschädigung für Sklaverei
17. Zuwanderer im Arbeitsmarkt
18. Computerspiele und ihre Auswirkungen
19. Menschen als Ware
20. eBay-Abhängigkeit
21. Sweatshop-freie Ware
22. Straußenfarmen
23. Angeborenes menschliches Verhalten
24. Bienennavigation
25. Biolumineszenz
26. Schichtarbeit
27. Immuntherapie bei Krebs
28. Das Ökosystem des Gartens
29. Abwasseraufbereitung
30. Ein Heim für Pitbulls
31. Evolution und Anpassung
32. Geburtenkontrolle
33. Menschliches Klonen
34. Angst vor pränatalen Tests
35. Der Lebenszyklus von Moos
36. Woher hat die Gothic-Szene ihren schlechten Ruf?
37. Mündige Minderjährige
38. Überehrgeizige Eltern
39. Tod und Sterben
40. Haustierversicherungen
41. Nicht wie ein Tourist wirken
42. Pfleger und Pflegerinnen
43. Gartenbau in der Stadt
44. Sterbehilfe bei Tieren
45. Weltkriegsveteranen
46. Amerikanische Heilige
47. Entführte Reporter
48. Genetische Veranlagung zu Arthritis
49. Ursachen für Fischpopulationen mit Deformationen
50. Koffeinsucht
51. Graffitikünstler
52. Sinti und Roma im 21. Jahrhundert
53. Das Verschwinden der Mittelklasse
54. Bedeutung von Träumen
55. Ausbildung von Ponys zu Blindenführern
56. Heutige Cowboys
57. Die digitale Revolution
58. Science-Fiction-Conventions
59. Nationale Verbrechensbekämpfung
60. Benzinpreise
61. Die Geschichte des Piercings
62. Spiritualität der Aborigines
63. Intelligenz und Gehirn
64. Heidentum in der modernen Welt
65. Heilen mit Meditation
66. Ökospiritualität
67. Nanotechnologie
68. Subjektive Realität
69. Was ist Transhumanismus?
70. Die Maya heute
71. Adrenalinjunkies
72. Alter und Erinnerung
73. Gibt es so etwas wie Altruismus?
74. Angststörungen
75. Künstliche Kreativität
76. Automatisches Verhalten
77. Verhaltensmodifikation
78. Nahtod-Erfahrungen
79. Neue Glaubenssysteme
80. Körpersprache
81. Gewichtszunahme in Großbritannien
82. Verhaltensstörungen
83. Die Geschichte der Klempnerei
84. Sind Zwillinge wirklich gleich?
85. Beeinflussung durch Farben
86. Kommunismus
87. Konformität
88. Exotische Haustiere
89. In der Wildnis leben
90. Ungewöhnliche Karrieren
91. Tierische Selbsterkenntnis
92. Die Schnelllesemethode
93. Stereotypen
94. Chinesische Mathematik
95. Fälschungen
96. Der moderne Zoo
97. Die Größe des Universums
98. Froschrufe
99. „Das Mädchen von nebenan"
100. Kinder und Technik
101. Tödliche Blutkrankheiten
102. Das Stigma des Suizids
103. Gruftis im 21. Jahrhundert
104. Durch TV-Nachrichten erzeugte Angst
105. Schütteltrauma

Ungeeignete Themen

1. **Gesundheitsrisiken durch Fastfood**
   Wurde bereits viel beachtet in *Super Size Me* verarbeitet und ist ständig in den Nachrichten.
2. **Krise des US-Gesundheitssystems**
   Übermäßige Medienpräsenz und von Michael Moore in *Sicko* wirkungsvoll abgehandelt.
3. **Tierschutz**
   Der Sender Animal Planet und Organisationen wie PETA decken dieses Gebiet gut ab.
4. **Irakkrieg**
   Ist durch hohe Medienpräsenz und viele Dokumentationen in der Öffentlichkeit zu bekannt.
5. **Obdachlose**
   Fällt vielen angehenden Dokumentarfilmemachern als Erstes ein, besonders, wenn sie an gesellschaftskritischen Dokumentationen interessiert sind

Thema und Stil festlegen

Lektion 3:
Sein Publikum kennen

Sie wollen mit Ihrem Dokumentarfilm ein möglichst großes Publikum erreichen. Nachdem Sie sich für ein Thema entschieden haben, müssen Sie als Nächstes das Zuschauerinteresse ins Auge fassen. Wer wird sich den Film ansehen? Wer soll ihn sich ansehen? Und aus welchem Grund werden sich die Leute ihn ansehen wollen?

> **Ziele**
> - Welches Publikum wollen Sie erreichen – wer wird sich den Film ansehen?
> - Wie attraktiv ist das Thema, für das Sie sich entschieden haben?

Angenommen, Sie drehen einen Film über das vermehrte Auftreten von Diabeteserkrankungen und die Auswirkungen auf das Gesundheitssystem. Hoffen Sie, das Thema der Allgemeinheit ins Bewusstsein zu bringen und womöglich zu Lebensstiländerungen anzuregen? Oder wollen Sie lediglich informieren?

Um den Film für den Zuschauer interessant zu machen, brauchen Sie einen Begriff davon, wer dieser Zuschauer sein könnte. Auf der Erde leben über 6 Mrd. Menschen, es gibt also ein Publikum für jedes Thema. Für die Planung Ihres speziellen Filmprojekts sollten Sie den Kreis systematisch eingrenzen.

>>> **Aufgabe 6**

Notieren Sie fünf Themen, die Sie interessieren, und machen Sie eine Liste von Personen, von denen Sie denken, dass sie den Film anschauen würden.

Publikumsforschung
Stellen Sie sich Ihr Zielpublikum vor. Bedenken Sie Alter, Geschlecht, Bildung, wirtschaftliche Situation sowie politische, kulturelle und religiöse Ansichten.

SEIN PUBLIKUM KENNEN

Finden Sie Ihren Durchschnittszuschauer
Orientieren Sie sich an den Kenngrößen links, um zu überlegen, wer Ihre Zuschauer sind und wie Sie Ihren Film auf dieses Publikum zuschneiden. An welche Personen mit welchem Wissensstand richten Sie sich? Sind sie jünger als 12 Jahre? Älter als 60? Welche Tabus herrschen in der Gesellschaft, innerhalb derer Sie agieren?

Wenn Sie über eine Krankheit aufklären möchten, zum Beispiel über Legasthenie, besteht Ihr Publikum aus Betroffenen, aber auch deren Familien- und Freundeskreis. Sie wenden sich also sowohl an Kinder als auch an Erwachsene. Ihr Film könnte sogar als Lehrmaterial in Schulen und Bibliotheken verwendet werden. Wenn Sie Ihren Film auf Englisch drehen, erreichen sie in der westlichen Welt ein umso größeres Publikum.

Wer mit einem Film über Satanismus im Bible Belt im Südwesten der USA auf einen Kassenschlager hofft, dürfte enttäuscht werden. Wenn Sie sich einem kontroversen Thema widmen möchten, dann sollten Sie sich an ein kleines, erwachsenes Nischenpublikum, das sich für alternative Blickwinkel begeistert, oder an Festivalkreise richten (s. Seite 128–129).

Bevor Sie Ihren Dokumentarfilm planen, müssen Sie die Zusammensetzung Ihres Publikums kennen und Aspekte wie die oben genannten bedenken, denn Sie müssen Botschaft und Informationen eine Form geben, die Erwartungen Ihrer Zuschauer erfüllt, besser noch übertrifft.

> **STICHWORTE: Eingrenzung des Zielpublikums**
>
> \> Alter
> \> Geschlecht
> \> Bildung
> \> Kultur
> \> Politik
> \> Religion
> \> Gesundheit

MARKTORIENTIERUNG

- *Wen Sie mit Ihrem Film erreichen möchten, hat unmittelbare Auswirkungen auf die Produktion. Wo wollen Sie den Film zeigen? Wie soll er seine Zielgruppe erreichen?*
- *Auch wenn Sie eine spezielle Zuschauergruppe im Blick haben, sollte Ihr Film allgemeine Markttauglichkeit besitzen. Wollen Sie ihn bei Filmfestivals einreichen, in der Hoffnung, die Jury von den Socken zu hauen? Eignet er sich für das öffentlich-rechtliche Fernsehen? Oder planen Sie, ihn über das Internet selbst zu vertreiben?*

Lektion 4: Recherchieren

Nachdem Sie Ihr Thema und Ihre Zielgruppe bestimmt haben, wird es Zeit, die Informationen zusammenzutragen, die Sie später präsentieren wollen. Beginnen Sie Ihre Recherche damit, Fragen zu stellen, und machen Sie sich mit der Materie vertraut. Am Ende müssen Sie zum Experten für Ihr Thema geworden sein.

> **Ziel**
> - Das Thema von allen Seiten erfassen und damit den Grundstein für eine Dokumentation legen, die für Ihr Publikum informativ und interessant ist.

> **Stichworte:**
> **Erforschen Sie Ihr Thema**
> - Sammeln Sie in Büchern und im Internet Fakten.
> - Befragen Sie Experten.
> - Begutachten Sie die gesammelten Informationen und wählen Sie aus, was Sie für das Beste halten.
> - Legen Sie den Umfang der Produktion fest.
> - Wird der Film Glaubwürdigkeit besitzen?
> - Sind Ihre Informationen für das Thema repräsentativ?

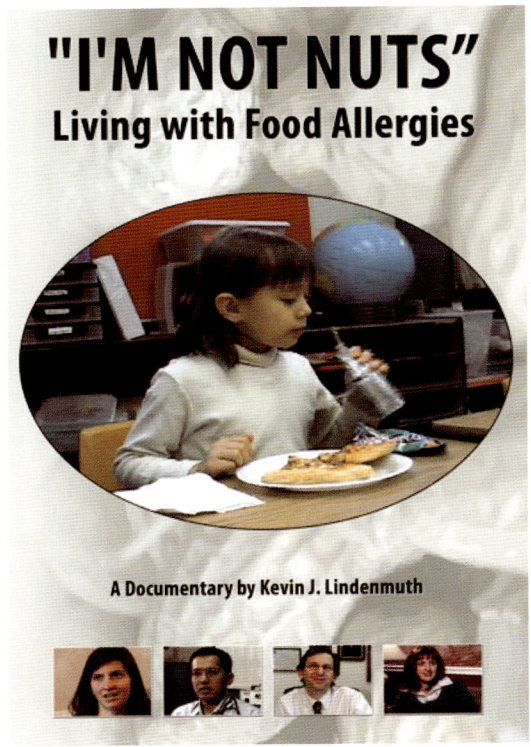

Aus der Praxis
Die Inhalte dieser Lektion werden am Beispiel des Dokumentarfilms „I'm Not Nuts": Living with Food Allergies (2009) konkretisiert. Der Fokus des Films liegt auf Kindern, da Lebensmittelallergien meist im Kindesalter diagnostiziert werden. Wie man diese Allergien im Alltag bewältigt, zeigt sich in den Antworten, die Eltern und Allergologen auf eine Reihe von Warum-Fragen geben.

Was muss gesagt werden?
Zunächst sollten Sie festlegen, auf welchem Niveau Sie die Informationen ansiedeln, die Sie vermitteln möchten. Richtet sich der Film an Menschen, die wenig bis gar nichts über das Thema wissen, oder an solche, die bereits damit vertraut sind? Wollen Sie Informationen in Form von Zahlen und Fakten liefern oder soll Ihr Film aus einer Reihe von Interviews bestehen und eine mehr philosophische oder emotionale Reaktion auf Meinungen oder Erfahrungen der Befragten hervorrufen? Lesen Sie so viel Hintergrundmaterial wie möglich. Wenn Sie selbst gut Bescheid wissen, fällt es Ihnen leichter, den Zuschauern das, was sie wissen müssen, verständlich zu präsentieren.

Nehmen wir „I'm Not Nuts": Living with Food Allergies (2009) als Beispiel: Der Film wird sowohl von Menschen mit Lebensmittelallergien als auch von deren Angehörigen und Freunden gesehen werden, von Heranwachsenden bis zu Großeltern. Er eignet sich als Lehrmaterial für Schulen und Bibliotheken. Er wird vermutlich gezielt ausgesucht, statt zufällig und zum Vergnügen angeschaut zu werden. Er ist an Familien gerichtet, in denen Lebensmittelallergien vorkommen, und die deshalb als „Experten" gelten können, da sie täglich mit dem Thema konfrontiert sind. Allergologen können ihn ihren Patienten empfehlen. Einige der Informationen mögen diesen Menschen, die selbst betroffen sind, bereits bekannt sein, für andere aber, die vielleicht zum ersten Mal von den von einer Lebensmittelallergie ausgehenden Gefahren hören, sind sie neu. Der Film richtet sich an ein größtmögliches Publikum.

Informationsbeschaffung

Dokumentarfilme sollen grundsätzlich informativ sein. Damit Ihr Film diesen Anspruch erfüllt, sollten Sie so viele konkrete und verlässliche Informationen wie möglich liefern. Zur Recherche gehört, dass Sie Fakten sammeln, Fachliteratur studieren und das Internet durchforsten. Später müssen Sie dann entscheiden, welches die wichtigsten Aspekte sind, die Sie dem Zuschauer mitteilen möchten, und in welcher Reihenfolge sie gezeigt und besprochen werden sollen. Es ist sinnvoll, Kernpunkte, Theorien und unterschiedliche Sichtweisen aufzuschreiben. Das ist die Art von Information, die Sie weitergeben müssen.

Bei der Allergie-Dokumentation gehören Statistiken und wissenschaftliche Daten dazu, die Fragen beantworten wie: „Wie viele Menschen in den Vereinigten Staaten und wie viele weltweit leiden unter Lebensmittelallergien?", „Gibt es Unterschiede von Land zu Land?", „Werden die Gefahren von Betroffenen und Beratern richtig eingeschätzt?" und: „Welches sind die häufigsten Missverständnisse bei dieser Krankheit?" Die Recherche und die Lektüre von Büchern anerkannter Ärzte sowie der relevanten Websites ergab, das bei diesem Thema Theorien von besonderer Bedeutung sind. Theorien über den Anstieg von Allergien, über die acht häufigsten Allergene und darüber, was im Körper geschieht, wenn ein Allergen aufgenommen wird. Alle diese Informationen gehören in einen Dokumentarfilm.

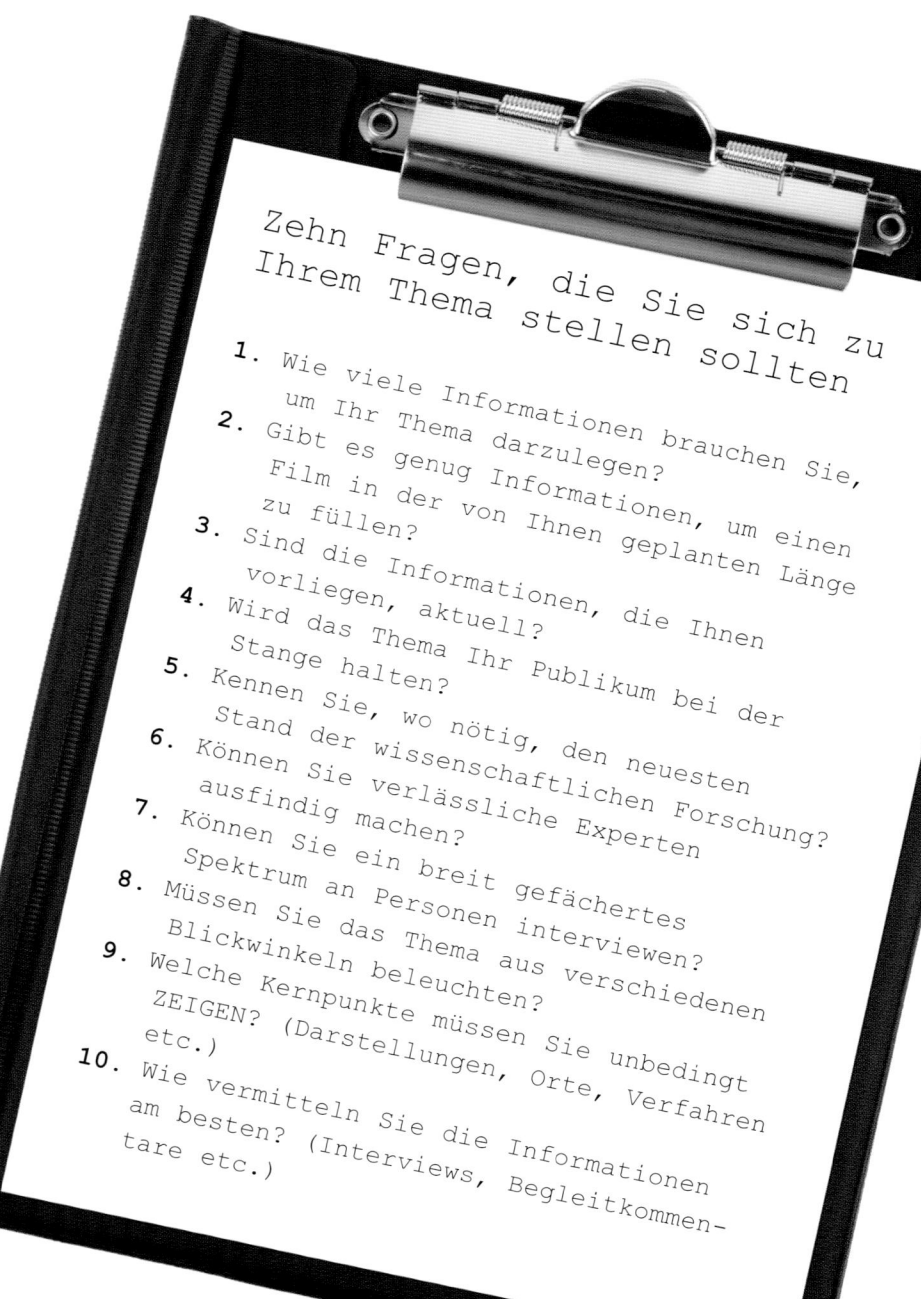

Zehn Fragen, die Sie sich zu Ihrem Thema stellen sollten

1. Wie viele Informationen brauchen Sie, um Ihr Thema darzulegen?
2. Gibt es genug Informationen, um einen Film in der von Ihnen geplanten Länge zu füllen?
3. Sind die Informationen, die Ihnen vorliegen, aktuell?
4. Wird das Thema Ihr Publikum bei der Stange halten?
5. Kennen Sie, wo nötig, den neuesten Stand der wissenschaftlichen Forschung?
6. Können Sie verlässliche Experten ausfindig machen?
7. Können Sie ein breit gefächertes Spektrum an Personen interviewen?
8. Müssen Sie das Thema aus verschiedenen Blickwinkeln beleuchten?
9. Welche Kernpunkte müssen Sie unbedingt ZEIGEN? (Darstellungen, Orte, Verfahren etc.)
10. Wie vermitteln Sie die Informationen am besten? (Interviews, Begleitkommentare etc.)

>>> Aufgabe 7

Wählen Sie ein Thema und notieren Sie vor Beginn der Recherche zehn Fragen, die Ihnen dazu spontan einfallen.

Thema und Stil festlegen

Interviews

Wenn Sie alle Informationen zusammengetragen und den roten Faden gefunden haben, sollten Sie, basierend auf Ihren Ergebnissen, einen Fragenkatalog ausarbeiten.

Bei unserem Beispiel richten sich einige der Fragen an Allergologen, andere an Familien, in denen Allergien auftreten, und wieder andere direkt an allergiekranke Kinder und Erwachsene. Die Fragen an die Ärzte drehen sich um wissenschaftliche Hintergründe und Statistiken. Den Familien werden Fragen zu ihren Erfahrungen gestellt. Sie lauten ähnlich, können aber je nach den Umständen in der Familie auch variieren, zum Beispiel, wenn es um Säuglinge oder Jugendliche als Betroffene geht. Vielen Personen werden dieselben Fragen vorgelegt, da sie sie aufgrund ihrer persönlichen Erfahrungen unterschiedlich beantworten werden.

Ist dieser Schritt getan, geht es darum, Menschen zu finden, die zu dem gewählten Thema besonders gut Auskunft geben können und damit Ihrem Film Glaubwürdigkeit verleihen. Das heißt, Recherche bedeutet nicht nur die Suche nach relevanten Informationen, sondern auch Suchen nach passenden Interviewpartnern. Die Personen zu finden, die Entscheidendes zu Ihrem Film beitragen oder ehrlich und aufrichtig Auskunft geben werden, macht einen wesentlichen Teil Ihrer Arbeit aus.

Bedenken Sie bei der Suche nach Interviewpartnern immer auch Ihre Möglichkeiten. Kann/Muss alles vor Ort gedreht werden oder sind Reisen möglich/notwendig? Diverse Faktoren können den Kreis der infrage kommenden Personen einschränken oder erweitern.

> **Tipp**
>
> **Seien Sie auf Veränderungen gefasst**
>
> Es kann vorkommen, dass Sie im Laufe Ihrer Recherchen Ihre ursprüngliche Vorstellung von Ihrem Film aufgeben oder sich einem anderen Aspekt zuwenden als zunächt gedacht. Ihre Ideen können sich ändern, vertiefen oder ausdehnen, je weiter Sie mit den Vorbereitungen vorankommen.

Eine gute Mischung
Wenn Ihr Dokumentarfilm ein so weit verbreitetes Thema wie Lebensmittelallergien behandelt, sollten sich Ihre Interviewpartner in Alter und ethnischer Zugehörigkeit unterscheiden. Rechts sehen Sie einen Querschnitt der Personen, die in „I'm Not Nuts": Living with Food Allergies befragt werden: direkt betroffene Kinder (1, 2, 4 und 5) und Eltern (1 und 4), die mit der Allergie und den Auswirkungen zurechtkommen müssen, und Experten (3 und 6) – Ärzte, Mitarbeiter im Gesundheitswesen und Selbsthilfegruppen, die Fachwissen vermitteln und dem Thema (und Ihrem Film) Seriosität verleihen.

Schritt für Schritt

Interviewpartner finden

Vorgehensweisen, die Ihnen helfen, geeignete Interviewpartner zu finden:

1. Präsentieren Sie Ihre Idee überzeugend: „Verkaufen" Sie Ihren Film den potenziellen Mitwirkenden so gut wie möglich. Liefern Sie alle wichtigen Informationen, aber fassen Sie sich kurz – Sie wollen Ihr Gegenüber ja nicht langweilen.

2. Nehmen Sie frühzeitig Kontakt auf: Gute Interviewpartner sind Gold wert.

3. Streuen Sie breit: Schreiben Sie so viele potenzielle Interviewpartner an wie möglich. Je mehr Antworten Sie bekommen, desto mehr Auswahl haben Sie.

4. Sichern Sie sich die Experten: Holen Sie die wichtigsten Interviewpartner als Erste an Bord. Sie garantieren Substanz und liefern den Großteil der Fakten.

5. Treffen Sie die Interviewpartner persönlich: Sie sollten vor Beginn der Dreharbeiten wissen, wie Ihre Interviewpartner aussehen und reden. Film ist ein visuelles Medium. Briefe, Texte oder ein Foto sagen nichts darüber aus, wie die Person vor der Kamera wirkt. Bringen Sie zu Ihrem ersten Treffen eine Kamera mit und nehmen Sie ein paar Minuten Ihres Gesprächs auf.

Pitching

Mit diesem Pitch wurden potenzielle Interviewpartner für die Allergie-Dokumentation angeschrieben: örtliche Allergie-Selbsthilfegruppen, Kliniken und ein paar landesweite Selbsthilfeorganisationen, die Spezialisten in der Gegend empfehlen konnten. Es kamen einige Antworten von Ärzten, die Selbsthilfegruppen berieten, und durch sie davon erfuhren, und die wiederum Familien (in verschiedenen Altersgruppen) kannten, die zu Interviews bereit waren. Einer der Ärzte hatte eine Tochter mit einer Lebensmittelallergie, konnte also auch aus persönlicher Erfahrung über das Thema sprechen.

Stellen Sie sich und Ihr Projekt vor (erwähnen Sie, wo der Film gezeigt werden soll: im Fernsehen, bei Festivals etc.).

Schildern Sie Ihre bisherigen Projekte. Werben Sie für sich!

Nennen Sie einen Zeitrahmen.

Vergessen Sie Ihre Kontaktinformationen nicht. Sie können im Briefkopf oder am Schluss Ihres Anschreibens genannt sein.

Stellen Sie weitere Informationen zur Verfügung, damit der Empfänger bei Bedarf tiefer einsteigen kann.

Guten Tag, mein Name ist Kevin Lindenmuth. Ich produziere gerade einen Dokumentarfilm mit dem Titel „I'm Not Nuts": Living with Food Allergies, der im Fernsehen gesendet werden wird. Ich würde gern ein Mitglied Ihrer Organisation interviewen, sowie Eltern und Kinder, deren Alltag von Lebensmittelallergien beeinträchtigt wird.

Ein paar Worte zu meiner Person: Ich habe bereits sechs Dokumentarfilme produziert, zwei davon über Multiple Sklerose, von denen fünf im Fernsehen gezeigt wurden. Ich bin ein unabhängiger Filmemacher/Regisseur aus Brighton, Michigan, habe über ein Dutzend Features produziert und zwei Bücher veröffentlicht.

Bitte geben Sie mir so bald wie möglich Bescheid, ob jemand in Ihrer Organisation interessiert daran ist, interviewt zu werden. Ich würde die Dreharbeiten gern bis April 2007 abschließen. In meinem letzten Film habe ich den stellvertretenden Vorsitzenden der National MS Society in Michigan interviewt und diese Organisation kurz vorgestellt. Auf ähnliche Weise könnte dieser Film Ihre Organisation und Ihre Arbeit einer breiten Öffentlichkeit bekannt machen.

Im Anhang finden Sie weitere Informationen zum Projekt sowie Links zu meinen früheren Arbeiten.

Ich freue mich, bald von Ihnen zu hören.
K. J. Lindenmuth

● **Schritt für Schritt**

Interviewfragen vorbereiten

Die Fragen, die Sie Ihren Interviewpartnern stellen, sollen Ihrem Film Substanz verleihen, Sie sollten sie also sorgfältig vorbereiten. Bedenken Sie folgende Punkte:

1. Die Anzahl: Als Faustregel gilt, Sie sollten mindestens acht, aber nicht mehr als 15 Fragen haben, um den Interviewpartner nicht zu überfordern.
2. Der Stil: Ihre Fragen sollten klar und einfach formuliert sein. Dies gilt insbesondere, wenn Sie möchten, dass Ihr Gegenüber die Frage in seiner Antwort aufgreift und so in einen Kontext stellt.
3. Die Reihenfolge: Ihre Fragen sollten logisch aufeinanderfolgen. Geht es zum Beispiel um die Ausbildung eines Blindenhundes, sollten Sie bei der Arbeit mit den Welpen beginnen.
4. Wiederholung: Eventuell müssen Sie einige der Fragen mehreren Personen stellen und dann im Schnitt die besten Antworten bzw. Informationen auswählen.
5. Fragen zuschneiden: Manche Fragen müssen Sie speziell auf eine Person zuschneiden. Während des Interviews können Ihnen auch spontan neue Fragen einfallen. Möchten Sie dem nachgehen, hören Sie auf Ihr Bauchgefühl, solange Sie auch alle die Informationen erhalten, die Sie ursprünglich vorgesehen hatten.

Rechts finden Sie eine Liste von formulierten Fragen für die Allergie-Dokumentation. Vergleichen Sie die Fragen für die Familien mit denen für die Experten.

Fragen an die Familien

Obwohl sich die Fragen in vielen Fällen ähneln, gibt es immer auch ein paar spezielle, die an vorangegangene Gespräche anknüpfen.

1. Wie haben Sie Ihre Allergie bekommen?
2. Was hat Ihr Arzt Ihnen über Allergien erzählt?
3. Was tun Sie, um sicherzugehen, dass Sie und Ihre Tochter nicht mit diesen Lebensmitteln in Berührung kommen? Welche Vorsichtsmaßnahmen müssen Sie treffen?
4. Wie reagieren andere auf die Allergie? Gibt es Probleme mit Menschen, die keine Allergien haben oder denen es schwerfällt, die Schwere und das Lebensbedrohliche der Allergie zu verstehen?
5. Wie hat sich die Allergie (die Sie vor Ihrer Schwangerschaft nicht hatten) auf Ihr Leben ausgewirkt und was glauben Sie, wie sie sich auf das Ihrer Tochter auswirken wird?
6. Was hilft Ihnen dabei, mit den Allergien fertigzuwerden?
7. Wollen Sie weitere Kinder bekommen, die auch von Allergien betroffen sein könnten?
8. Welche Unterstützung haben Sie von Selbsthilfegruppen und aus anderen Richtungen erhalten?

Fragen an die Ärzte

Diesem Arzt wurden viele derselben Fragen gestellt, wie zwei anderen Ärzten, doch einige waren speziell, da er erst kürzlich zu einem bestimmten Aspekt geforscht hatte.

1. Kann jedes Lebensmittel Allergien auslösen? Warum ist jemand allergisch auf ein Lebensmittel?
2. Wie reagiert der Körper auf eine Lebensmittelallergie?
3. Was verursacht Lebensmittelallergien? Sind sie umweltbedingt oder angeboren?
4. Beeinflusst die Ernährung der Mutter während Schwangerschaft und Stillzeit, ob ihr Kind eine Lebensmittelallergie bekommt?
5. Welche Missverständnisse herrschen über Lebensmittelallergien?
6. Nehmen Lebensmittelallergien in den USA und weltweit zu oder erkennen wir sie heute nur besser?
7. Warum werden Lebensmittelallergien wohl weniger ernst genommen als zum Beispiel Insektenstichallergien?
8. Was ist die erste Reaktion von Eltern, bei deren Kind Sie eine Lebensmittelallergie diagnostizieren? Befürchten sie, dass ihr Kind kein „normales" Leben führen können wird?
9. Was sagen Sie, um sie zu beruhigen oder ihnen zu zeigen, wie sie damit zurechtkommen können?

Schritt für Schritt
Zusammenfassung schreiben

Nachdem Sie alle relevanten Informationen und Interviewpartner gefunden haben, sollten Sie Fokus und Inhalt des Projekts festlegen und einen Entwurf zu Papier bringen.

Eine Zusammenfassung von Fokus und Inhalt könnte folgendermaßen aussehen:

Wählen Sie einen einprägsamen Titel.

„I'm Not Nuts": Living with Food Allergies

Fokus

Ziel dieses Dokumentarfilms ist es, in der allgemeinen Öffentlichkeit ein Bewusstsein für die Schwere dieser Allergien zu wecken, mit falschen Vorstellungen, die viele Menschen von Lebensmittelallergien haben, aufzuräumen und zu zeigen, dass man damit leben kann. Er wird außerdem weitere Quellen für Unterstützung und Aufklärung aufzeigen.

Inhalt

Der Film wird den Blickwinkel von Betroffenen und Experten zeigen. In 85 Minuten wird er sich auf einige Familien im Mittleren Westen der USA sowie auf von Medizinern vorgetragene Informationen konzentrieren. Sowohl Kinder als auch Erwachsene mit Allergien werden vorgestellt.

Bei den Kindern liegt der Fokus darauf, wie die Eltern mit den Allergien umgehen und was sie tun, um die Auswirkungen zu minimieren. Einerseits müssen Eltern die Situation für das allergiekranke Kind „normalisieren", andererseits müssen sie anderen Familienmitgliedern (zB Großeltern) und allen Personen, mit denen ihr Kind zu tun hat, den Ernst der Situation verständlich machen.

Listen Sie kurz die Kernpunkte auf, mit denen Sie sich beschäftigen wollen.

Der Film wird folgende Themen ansprechen:
* Auswirkungen auf den Tagesablauf von Eltern, Kind und Geschwistern
* Kindern und anderen Familienmitgliedern erklären, wie eine Reaktion zu vermeiden ist
* Wie viel Zeit und Aufwand es kostet, ein Essen außerhalb vorzubereiten, einen Ausflug ins Grüne, einen Besuch bei Familie und Freunden
* Probleme in Kindergarten/Schule/der Öffentlichkeit
* Fehlendes Verständnis von Familienmitgliedern, die sich mit der Krankheit nicht auskennen oder falsche Vorstellungen haben

Mehrere Ärzte werden erklären, was bei einer allergischen Reaktion im Körper abläuft, weshalb Allergien auftreten, was man dagegen tun kann und welche Aussichten auf Prävention und mögliche Heilung es gibt.

Der Film wird Herausforderungen und Bewältigungsstrategien auf medizinischer, emotionaler und sozialer Ebene zeigen.

Man sieht die Schwierigkeiten der Betroffenen und ihrer Familien. Aber auch die positiven Erfahrungen, die durch die Bewältigung des Alltags mit Allergien gemacht werden, kommen zur Sprache.

Fassen Sie in höchstens zwei Absätzen zusammen, worum es im Film geht. Machen Sie es spannend!

THEMA UND STIL FESTLEGEN

Lektion 5: Einen Stil wählen

Wenn Sie ein Thema gefunden haben, müssen Sie entscheiden, welcher Stil am besten dazu passt. Dabei kommt es darauf an, dass der Stil das gewählte Thema und die Botschaft Ihres Dokumentarfilms optimal ergänzt.

> **Ziel**
> > Herausfinden, welcher Stil am besten zu Ihrem Projekt passt.

Filmen und Schneiden

Mit „Stil" ist die Ästhetik des Films gemeint, die Art, wie dem Zuschauer Ideen, Bilder und Töne vermittelt werden. Der Stil eines Dokumentarfilms wird sowohl beim Filmen als auch beim Schneiden geschaffen. Beides ist gleich bedeutsam. Geht es zum Beispiel um Graffitikünstler in Birmingham, die ständig vor der Polizei auf der Flucht sind, könnten Stilmittel wie verwackelte Interviews vor der Handkamera, schnelle Schnitte und Zeitraffer eingesetzt werden, um das eilige Entstehen der Wandbilder widerzuspiegeln. Wenn aber jemand über sein Leben mit Depressionen erzählt, wären Naturaufnahmen, etwa von einem bewölkten Himmel oder regnerischen Tagen, die die Gefühle, die zur Sprache kommen, unterstreichen, passender.

Ähnlich deutlich ist der Unterschied zwischen einem Film, der ausschließlich aus Foto- und Filmmaterial aus dem Archiv besteht, und einem, der historische Ereignisse durch wirklichkeitsgetreue Reinszenierungen zeigt. Auch die Art des Filmens, Einstellungsgrößen und -perspektiven, bestimmen den Stil. Bestehen Ihre Interviews hauptsächlich aus Totalen oder Großaufnahmen? Bewegt sich die Kamera oder wird von einem Stativ aus gefilmt? Wird Tageslicht benutzt oder verwenden Sie zusätzlich künstliche Lichtquellen, um die gewünschte Stimmung zu erreichen?

Es ist nichts Ehrenrühriges daran, Film- und Schnittweise ihrer Lieblingsdokumentarfilme nachzuahmen. Sie werden jedoch bald bemerken, dass, wie bei jeder gestalterischen Tätigkeit, stets eigene Vorlieben miteinfließen. Einen „vorgeschriebenen" Dokumentarfilmstil gibt es nicht.

Stile vergleichen

Die Beispiele zeigen Standbilder aus zwei Filmen, die unterschiedlich aufgenommen wurden. Eine Gemeinsamkeit ist, dass beide Tageslicht verwenden. Die Graffiti-Sequenz (Bilder 1–4, oben) ist mit einer Handkamera gefilmt. Sie beginnt vor einem alten, verlassenen Gebäude, zeigt die außen angebrachten Graffitis und „geht" dann nach innen, um dort weitere Pieces zu zeigen. Die fahrigen Aufnahmen passen zur Sprayer-Szene. Die Sequenz darunter (Bilder 1–4, unten) zeigt eine Reihe von Stativaufnahmen von einem Sonnenuntergang an einem Sommerabend. Die unbewegliche Kameraposition entspricht der entspannten Stimmung.

Einen Handlungsbogen spannen

Um welches Thema es auch immer geht, Ihr Film muss eine Geschichte erzählen. Sie sollte wie in einem fiktionalen Film aufgebaut sein und einen Auftakt, einen Mittelteil, in dem die Sache verhandelt wird, und eine Auflösung haben – einen Handlungsbogen also, der das Interesse des Zuschauers weckt und ihn dranbleiben lässt. Diese Geschichte bestimmt den Aufbau des Films (s. Seite 102) und beeinflusst daher auch die Planung (s. Seite 36). Ihre Bedeutung können Sie daran ermessen, dass auch Sie selbst vermutlich zu Beginn Ihrer Beschäftigung mit dem gewählten Gegenstand von einer Geschichte hinter der Geschichte gefangen genommen wurden. Besinnen Sie sich darauf!

Planen Sie für Ihren Film ein Drehbuch, so kann Ihnen dieses bei der Entwicklung der Geschichte eine Hilfe sein: Die Figuren werden eingeführt, ihre Probleme werden dargestellt und dann gelöst (oder auch nicht). Beispielsweise könnten Sie einen Film über eine Rockband drehen, deren Sänger am Tourette-Syndrom leidet. Das Drehbuch legt fest, dass der Film zunächst seine Erkrankung beschreibt, dann erzählt, wie er sich mit den Syptomen arrangiert, um am Ende zu zeigen, wie er sich die besonderen Umstände zunutze macht. Das ist ein Handlungsbogen.

Auch ein Film, der Menschen interviewt, die den Einsturz des World Trade Center am 11. September 2001 mitangesehen haben, hat einen Handlungsbogen. Jeder der Befragten hat seine persönliche Geschichte, aber darüber spannt sich ein größerer Bogen: Es ist die Geschichte der Gesellschaft, die diese Katastrophe bewältigen muss.

Direct Cinema

Einer der populärsten Dokumentarfilmstile ist das Direct Cinema oder Cinéma Vérité. Beide Begriffe bezeichnen Filme, die eine Person oder Personengruppe begleiten und deren Verhalten nach Art des beobachtenden Dokumentarfilms möglichst unbeteiligt einfangen. Mittlerweile ist dieser Ansatz allerdings so verbreitet, dass er auf fast jeden Dokumentarfilm zutrifft, der keine Reinszenierungen zeigt oder aus Archivmaterial besteht.

Cinéma Vérité
Diese Bildfolge aus einem Film über das Leben mit Allergien zeigt einen Jungen, der mit seiner Mutter eine Himbeertorte aus Zutaten backt, auf die er nicht allergisch ist. Die Kamera drängt sich nicht auf und fängt die Interaktion der Gefilmten ein, wie sie passiert. Das Material wird in chronologischer Reihenfolge geschnitten.

KRISENMANAGEMENT

Während des gesamten Produktionsprozesses können immer wieder Situationen auftreten, in denen Sie Konflikte und Spannungsfelder aufzulösen haben. Bereits das Zusammenstellen der Experten am Anfang einer Produktion kann kompliziert werden. Nehmen wir an, Sie drehen einen Film über Seekühe in Florida und schreiben dazu zwei Zoologen an, die für das Thema unentbehrlich sind. Es zeigt sich, dass einer aus Rivalität oder Groll auf den anderen nicht mitwirken will, wenn der andere dabei ist, obwohl Ihr Film den Konflikt zwischen den beiden gar nicht berührt. Sie müssen sich für einen – den wichtigeren – Experten entscheiden. Im Zweifel ist es derjenige, der sich nicht ziert.

Oder Sie arbeiten an einem Film darüber, wie verschiedene Personen, die die Diagnose Krebs erhalten haben, und ihre Familien das Leben meistern. Sie wollen einen Informationsfilm drehen, der anderen Familien in der gleichen Situation hilft. Ein überregionales Krebshilfezentrum ist kooperationsbereit. Es empfängt Sie mit offenen Armen und die Mitarbeiter und Patienten erweisen sich als großartige Mitwirkende. Nachdem der Film fertig ist, will die Organisation plötzlich nichts mehr damit zu tun haben, da er nicht ihrer Philosophie entspreche. Sie sind völlig überrascht, da Sie das überhaupt nicht beabsichtigt haben und eigentlich gehofft hatten, bei dieser Organisation Unterstützung für die Verbreitung des Films zu finden.

Beide Beispiele zeigen, warum alle Entscheidungen den Film betreffend immer von Ihnen selbst getroffen werden sollten. Auch wenn Sie den familientauglichsten Film über die Geschichte des Teddybären drehen wollen – Sie können sicher sein, dass Sie irgendjemandem auf den Schlips treten werden. Kümmern Sie sich also nicht darum, was andere denken, und drehen Sie den Film, den Sie selbst gern sehen würden.

Mockumentary: Fiktionale Filme im Dokumentarstil

Der Begriff „Dokumentarstil" wird für fiktionale Filme verwendet, die wirken wollen wie ein Dokumentarfilm, der mit einer Handkamera gedreht und bei dem das Geschehen kommentiert wird. Besonders gut kam dieser Stil in den letzten Jahren beim Publikum von Horrorfilmen an, von *Blair Witch Project* (1999) bis zu *Paranormal Activity* (2007), *Quarantäne* (2008) oder *Cloverfield* (2008). Die Ereignisse in den auf diese Weise gedrehten Filmen wirken besonders real auf die Zuschauer, obwohl die Handlung vollkommen fiktiv ist.

Einen Stil wählen

Die Kunst der Illusion
Mag es auch aussehen, als hätte sich der „Filmemacher" die Kamera gegriffen und draufgehalten: Diese Spielfilme sind sorgfältig geplant und nutzen häufig die neuesten Special Effects, um das Geschehen echt wirken zu lassen.

>>> Aufgabe 8

Schreiben Sie auf, wie Sie Ihren gesamten Film aufnehmen und schneiden und was Sie damit erreichen wollen. Richten Sie sich dabei nach Ihrem Publikum? Oder finden Sie es einfach interessant, oder beides?

THEMA UND STIL FESTLEGEN

Lektion 6: Mit und ohne Drehbuch

Ob ein Dokumentarfilm ein Drehbuch braucht, hängt von verschiedenen Faktoren ab: von Ihrem Stil als Regisseur und Filmemacher, vom Thema und von der Dokumentarfilmart, die Sie wählen.

> **Ziel**
> Sich für oder gegen ein Drehbuch entscheiden. Was sind die Vor- und Nachteile dieser beiden Herangehensweisen? Welche ist für die Vermittlung Ihrer Informationen die Richtige?

> **Hauptmerkmale eines Dokumentarfilms mit Drehbuch**
> > Ist sehr konkret.
> > Der Dreh muss genauer geplant werden.
> > Legt den Schnitt fest.

Mit Drehbuch

Das Drehbuch beschreibt den gesamten Film: was gefilmt wird, die einzelnen Bilder, besondere Effekte, die von einer Szene zur nächsten führen, die Dauer der Interviews und was in den Interviews und gegebenenfalls im Begleitkommentar zur Sprache kommt. Es macht damit auch starke Vorgaben für Dreh und Schnitt, da sich das Filmmaterial quasi aus dem Drehbuch ergibt.

Dokumentarfilme, die von etwas Vergangenem handeln – einem historischen Ereignis oder dem Leben einer Person –, folgen oft einem Drehbuch. Und solche, die auf einem Sachbuch basieren, wie Irwin Allens Oscar-prämierte Dokumentation *The Sea Around Us* von 1952, nach dem gleichnamigen Buch von Rachel Carson. Auch spekulative Dokumentarfilme wie *The World Without Us*, der mutmaßt, was nach dem Verschwinden der Menschheit auf der Erde geschehen könnte, haben ein Drehbuch. Diese Filme verlangen vom Filmemacher meist eine besonders ausführliche Vorbereitung. Ein partizipatorischer Dokumentarfilm mit Drehbuch kann aber auch eine wahre Geschichte erzählen, die sich entwickelt, etwa eine Suche nach Antworten, oder die Beschäftigung mit einem Rätsel, das am Ende irgendwie gelöst wird.

FILMTIPP

The Undertaking (2007), basierend auf einem Sachbuch des Dichters und Bestatters Thomas Lynch, ist – wie die meisten auf einem Buch basierenden Dokumentationen – ein Dokumentarfilm, der einem Drehbuch folgt. Dabei zeigt der einstündige Film jedoch nur einen Bruchteil des gedrehten Materials.

Die Grenzen des Drehbuchs
Wenn Ihr Film hauptsächlich aus Interviews besteht, steht im Drehbuch nicht viel mehr als Ihre Fragen – die Antworten sollen schließlich von den Befragten selbst kommen.

KLINGT ES NATÜRLICH?

● *Denken Sie daran, dass ein Dialog, den andere laut aussprechen sollen, etwas anderes ist als ein Text, den jemand für sich allein liest.*
● *Lesen Sie sich das Geschriebene immer wieder laut vor und versuchen Sie, es natürlich klingen zu lassen und nicht wie etwas, das jemand vorträgt.*

Ohne Drehbuch

Der beobachtende Dokumentarfilm ist der einzige, für den man kein Drehbuch schreiben kann. Ohne Drehbuch zu filmen bietet sich aber auch an, wenn etwas dokumentiert wird, das gerade geschieht, weshalb der Ausgang und damit der Inhalt des Filmmaterials vorher weitgehend ungewiss sind. Bei einem Film ohne Drehbuch stehen nur das grobe Konzept und eventuell ein Fragenkatalog vorher fest.

Sie wissen zwar im Wesentlichen, was gesagt werden wird und welche Informationen kommen werden, aber keine Details. Im Schnitt müssen Sie dann entscheiden, wer die besten Informationen/Antworten geliefert hat. Die gesamte Herangehensweise ist organischer; der Film nimmt während der Arbeit Form an und macht so die Produktion zu einer Entdeckungsreise.

Hauptmerkmale eines Dokumentarfilms ohne Drehbuch
> Kann einem Konzept bzw. Entwurf folgen.
> Weiß, was er vermitteln will, erreicht es aber erst, wenn das Material gefilmt und geschnitten ist.
> Materialsichtung, -auswahl und Schnitt sind aufwendiger.
> Mehr Spontaneität.

● >>> Aufgabe 9
Schreiben Sie im Hinblick auf Ihren Dokumentarfilm Gründe für und gegen ein Drehbuch auf. Was ist die richtige Methode für Ihr Projekt?

Vergleichen Sie

Unten sehen Sie Bilder aus einem Film über Schildkröten – Shelling out for turtles – und die zwei Herangehensweisen: mit und ohne Drehbuch.

Wichtig: Beide Versionen können viele gleiche Bilder verwenden, doch die Ausführung mit Drehbuch ist spezifischer. Da man ohne Drehbuch vorher nicht genau weiß, was gesagt wird, wird erst beim Schnitt über die bildliche Umsetzung entschieden. Bei der Version mit Drehbuch machen Sie eine Liste und filmen alles, was im Drehbuch beschrieben wird.

Ob mit oder ohne Drehbuch – in der Regel werden die gleichen Aufnahmen gebraucht. Die vier Bilder unten passen zu Frage 2 des Films ohne Drehbuch, aber auch zur Einführung des Erzählers im Film mit Drehbuch.

```
Ohne Drehbuch:
Shelling out for turtles

Fragen an den Experten,
einen Herpetologen oder
Veterinär

1. Seit wann gibt es
   Schildkröten?

2. Wie viele verschiedene
   Arten werden als Haustiere
   gehalten?

3. Was macht Schildkröten
   als Haustiere interessant?

4. Wie alt kann eine
   Schildkröte in Gefangen-
   schaft werden?
```

```
Mit Drehbuch: Shelling out for turtles

Erzähler: Schildkröten, die als Haustiere
    sehr beliebt sind, leben bereits
    seit 215 Mio. Jahren auf der Erde
    und sind damit älter als Schlangen
    und Echsen. Wie auch Haie und Scha-
    ben haben Sie sich im Laufe der Zeit
    kaum verändert, was bedeutet, dass
    sie optimal an ihre Umgebung ange-
    passt sind. Es gibt rund 300 ver-
    schiedene Spezies, in allen möglichen
    Größen, die an Land und im Wasser
    leben.

[Bildmaterial: Aufnahmen von unterschied-
lichen Hausschildkröten und ihren Gehegen]

Erzähler: Im Gegensatz zu Katzen oder
    Hunden werden Schildkröten bis zu
    150 Jahre alt, die Pflege bedarf also
    einer gewissen Hingabe und Langmut.
    Welchen Reiz übt das gepanzerte
    Haustier auf seine Besitzer aus?

[Bildmaterial: Aufnahme von Katze/Hund,
noch mehr Schildkrötenaufnahmen]
```

THEMA UND STIL FESTLEGEN

Lektion 7: Mit und ohne Kommentar

Der Kommentar eines Dokumentarfilms soll die Geschichte erzählen, ohne die visuellen Eindrücke zu stören. Ob Ihr Film einen Kommentar benötigt oder nicht, hängt von Einzelheiten ab.

> **Ziel**
> Entscheiden, ob Ihr Film einen Kommentar benötigt. Was gewinnen Sie dadurch? Soll er nur in das Thema einführen oder als „Stimme" des Films die ganze Zeit über präsent sein?

Kommentar

Ein Kommentar wird hauptsächlich in Filmen mit Drehbuch verwendet, in denen viele Fakten und Informationen vermittelt werden sollen. Beispielsweise erklärt in vielen Naturdokumentationen ein Erzähler, was gerade auf dem Bildschirm geschieht. Ein Kommentar kann die Vorgänge auch dramatischer gestalten. Historische Dokumentarfilme brauchen einen Kommentar, um Fakten spannend zu vermitteln. In einem biografischen Dokumentarfilm hilft der Kommentar dem Zuschauer, eine Beziehung zu der gezeigten Person aufzubauen. Wenn Sie nur begrenzte Zeit haben, um Informationen zu einem Sachverhalt unterzubringen, kann ein Kommentar notwendig sein. Auch Filme ohne Drehbuch können einen Kommentar als Einleitung haben. Wenn Ihr Gegenstand voraussetzt, dass Sie am Anfang des Films schnell viele Informationen liefern, verwenden Sie dafür am besten einen Kommentar.

Ein Kommentar ist ein mächtiges Instrument. Da der Erzähler sich direkt an den Zuschauer wendet, ist der einem größeren Einfluss ausgesetzt, als wenn er nur die Bilder betrachten würde. Daher ist der Kommentar wichtiger Bestandteil des expositorischen Dokumentarfilms.

Der Erzähler kann auch ein zusätzliches Element hinzufügen, insbesondere wenn es sich um eine bekannte Persönlichkeit handelt – zum Beispiel Patrick Stewart in seiner Eigenschaft als Captain der USS Enterprise Jean-Luc Picard in einer Dokumentation über den Mars. Wenn Sie sich für einen Erzähler entscheiden, müssen Sie beachten, welche Art Stimme am besten zu Ihrem Film passt. Sollte es ein Mann oder eine Frau sein? Passt eine raue Stimme besser oder eine sanfte? Brauchen Sie jemanden mit einem bestimmten Akzent, und wenn ja, mit welchem?

Kein Kommentar

Ihr Film braucht nicht zwingend einen Kommentar. Die Geschichte kann auch durch Interviews und Filmmaterial erzählt werden, je nachdem, wie der Film „rüberkommen" soll. Sie können auch Texte einblenden, etwa zu Beginn, um einige Erklärungen zu liefern, oder um einzelne Kapitel zu kennzeichnen, zum Beispiel in Form einer Frage, die anschließend von Interviewpartnern beantwortet wird. Texteinblendungen sind unaufdringlicher als ein allwissender Kommentar und können eine effektive Alternative darstellen.

Dinosaurier – Im Reich der Giganten (1999)
Da Dinosaurier nicht sprechen können, ganz zu schweigen davon, dass sie vor über 65 Mio. Jahren ausgestorben sind, ist ein Film über diese Urtiere ein Fall für einen Kommentar.

FILMTIPPS

In der Reihe *Dinosaurier – Im Reich der Giganten* (1999) hört man Kenneth Branagh, einen arrivierten Schauspieler, der in Shakespeare-Rollen bekannt wurde. Dasselbe Filmmaterial wird, für Kinder aufbereitet, in *Prehistoric Planet* (2002) gezeigt. Es spricht der Komiker Ben Stiller, was dem Film eine ganz andere Stimmung verleiht. Vergleichen Sie beide.

Autism is a World (2004)
Die Erzählerin liest, was die Hauptfigur, eine Autistin, geschrieben hat, da diese nicht gut sprechen kann. Der Kommentar besteht aus ihren Worten, es ist aber nicht ihrer Stimme, die man hört. Ein besonders wirkungsvoller Einsatz des Kommentars, da die gewandte Sprache im Kontrast zur Erscheinung der Porträtierten steht.

STIMME UND SPRECHER

- Wenn Sie einen Kommentar verwenden, achten Sie darauf, dass die Stimme zum Thema passt. Wenn Sie über Trinkwassermangel in Mexiko berichten, wäre weder eine komische noch eine erotische Stimme geeignet. Das Thema ist zu ernst.
- Das Sprechen des Kommentars verlangt besondere Fähigkeiten und sollte nach Möglichkeit von jemandem mit jahrelanger Erfahrung übernommen werden. Übersteigt das Ihre Mittel, entdecken Sie vielleicht bei Ihrem Lokalradiosender oder beim Campus-TV oder -Radio der Universität ein Stimmtalent.

KOMMENTAR IN DER ERSTEN, ZWEITEN UND DRITTEN PERSON

ERSTE PERSON versetzt den Zuschauer in die Welt des Erzählers und etabliert diesen als Figur des Dokumentarfilms:

„Ich werde ihn fragen."

ZWEITE PERSON spricht den Zuschauer ganz direkt an – „erzählt" ihm, was er sehen wird und welche Informationen in den Bildern stecken (häufig in Naturdokumentationen):

„Sie sehen das Tier in seinem natürlichen Lebensraum."

DRITTE PERSON ist jede Stimme außerhalb der Handlung (jede Art von Offkommentar). Häufig in beobachtenden Dokumentarfilmen. Der Kommentar erklärt dem Zuschauer, was gerade geschieht:

„Sie geht zurück in den Schönheitssalon."

SCHRITT FÜR SCHRITT

Zwei Arten, eine Erzählung wiederzugeben

Im Beispiel erinnert sich der Befragte an seine Kindheit in Nazideutschland. Das Interview beginnt mit Archivmaterial über den Zweiten Weltkrieg und die Hitlerjugend (rechts eine Auswahl, Bilder 1–3). Die letzte Aufnahme (4) zeigt den Befragten, wie er im Alter von vier Jahren mit einer Waffe spielt. Das Bild blendet über zu dem Mann von heute (5) und zeigt so, dass inzwischen mehr als 60 Jahre vergangen sind, wir ihn aber dennoch mit seiner Vergangenheit in Verbindung können.

Ich-Erzähler
„Was ich aus dem Leben im Krieg nie vergessen werde, ist die Hitlerjugend. Sie faszinierte mich und ich wollte unbedingt dabei sein. Ich war beeindruckt von den Uniformen, dem Marschieren, der Musik, den patriotischen Liedern und der unglaublichen Kameradschaft. Ich wuchs ohne Vater auf und meine Mutter war nie zu Hause, daher hatte ich das Gefühl: ‚Das ist meine Familie.'"

Allwissender Erzähler
Was er aus seinem Leben im Krieg nie vergessen wird, ist die Hitlerjugend. Sie faszinierte ihn und er wollte unbedingt dabei sein. Ihn beeindruckten die Uniformen, das Marschieren und die Musik, die patriotischen Lieder und die Kameradschaftlichkeit. Da sein Vater fort war und seine Mutter kaum zu Hause, war die Jugendorganisation für ihn wie eine Ersatzfamilie.

Schreiben Sie den Kommentar für einen Teil Ihres Films einmal aus der Ich- und einmal aus der allwissenden Perspektive, wie oben. Welche Variante erscheint Ihnen im Hinblick auf Ihr Thema und das Publikum, das Sie erreichen möchten, wirkungsvoller?

Bilder 1–3: Wenn Sie eine Montage von Einzelbildern planen: Es gibt kostenlose bzw. günstige Online-Archive. Viele Bildarchive verfügen auch über Filmmaterial.

Lektion 8: Visualisieren

Sie müssen eine Vorstellung davon haben, wie sich Ihr Film gestalterisch entfalten soll. Wie soll er wirken, wenn er fertig ist? Da Sie beim Drehen und Schneiden immer wieder darauf zurückgreifen können müssen, ist es wichtig, dass das Bild in Ihrem Kopf schon vorher voll ausgearbeitet ist.

> **Ziele**
> - Vor Drehbeginn brauchen Sie im Kopf eine ausgeformte Idee davon, wie Ihr Film aussehen, klingen und „sich anfühlen" soll.
> - Entwickeln Sie eine Vorstellung von der Grundstimmung des Films.

Wo anfangen
Steht die Idee für Ihren Film fest, sollten Sie bald beginnen, ihn sich vor Ihrem inneren Auge vorzustellen. Erinnern Sie sich noch, woran Sie als Erstes dachten? Schreiben oder zeichnen Sie jeden Ihrer Einfälle in ein Notizbuch, um sie während der Arbeit am Projekt auszubauen.

Visualisierung
Wenn Sie planen, Personen zu befragen, denken Sie dabei eher an Interviews im Sitzen oder sollen Ihre Figuren an einem bestimmten Ort herumlaufen und dabei reden? Die Überlegung hat Konsequenzen: Daraus ergeben sich Drehorte, Kamerapositionen, Filmtechniken.

Wird Ihr Film größtenteils aus Bildern mit Offkommentaren bestehen und kaum Interviews enthalten, wie häufig bei historischen Dokumentationen, die hauptsächlich Fotos und Wochenschau-Material zeigen? Wie wird erzählt – in der ersten, zweiten oder dritten Person (s. Seite 31)?

Vergessen Sie nicht, dass Dokumentarfilme ein visuelles Medium sind und der anspruchsvolle Zuschauer von heute erwartet, viele verschiedene Bilder in einem Film zu sehen.

Das Gezeigte kann außerdem viel eindrucksvoller sein als das Gesagte. Nehmen wir an, Sie interviewen eine Person zum tragischen Unfalltod ihres Partners. Was sie sagt, mag wichtig für den Film sein, aber sie in Tränen ausbrechen zu sehen, nimmt den Zuschauer viel stärker mit.

Die Perspektive des Filmemachers
Wie Sie sich Ihren Film vorstellen, hängt stark von Ihrer Persönlichkeit ab. Recherche, Fakten und Inhalt des Films werden durch Sie gefiltert. Wenn drei verschiedene Personen einen Dokumentarfilm zum selben Thema drehen, werden sie höchstwahrscheinlich alle unterschiedliche Vorstellungen von dem Projekt haben, bei denen ihre eigenen Erfahrungen und Vorlieben eine Rolle spielen, und die davon beeinflusst sind, was ihnen an anderen Dokumentarfilmen gefallen hat. Sie können sich um größtmögliche Objektivität bemühen, es wird immer Ihre Perspektive sein.

Man on Wire *(2008)*
Der Film ist ein gelungenes Beispiel dafür, wie wichtig Visualisierung ist. Er zeigt Interviews mit dem Hochseilartisten Philippe Petit und seinen Helfern, die erzählen, wie sie 1974 einen illegalen Hochseilakt zwischen den Zwillingstürmen des World Trade Centers in New York durchführten. Die Interviews sind kombiniert mit ihren eigenen Aufnahmen von damals, was ihre Erzählung sehr anschaulich macht.

> **>>> Aufgabe 10**
>
> Sehen Sie sich eine Szene eines Dokumentarfilms an und überlegen Sie sich drei Alternativen, wie diese Szene auch hätte aufgenommen werden können.

Visualisieren

● Schritt für Schritt

Visuelle Outline für eine Szene erstellen

Wie stellen Sie sich eine bestimmte Szene vor Ihrem inneren Auge vor? Sie haben zwei Möglichkeiten, eine visuelle Outline zu erstellen. Entweder schreiben Sie in Stichpunkten auf, was Sie alles einfangen wollen und was am Ende dabei herauskommen soll. Oder Sie skizzieren, was Ihnen vorschwebt. Beide Methoden sind gleich gut geeignet. In beiden Fällen gilt: Bleiben Sie beim Dreh flexibel. Sie filmen schließlich das „echte Leben" und inszenierte Aufnahmen gehen in Richtung Reinszenierung oder Manipulation.

Das Beispiel ist aus einem Film über New York am Morgen. Unten sehen Sie zwei visuelle Outlines derselben Eröffnungssequenz (Bilder rechts): Einmal wurden die Szenen aufgelistet, einmal als Storyboard gezeichnet.

1 Establishing Shot vom Central Park, vom Dach eines der umliegenden Häuser.
2–4 Eine Abfolge von Totalen im Park: Menschen beim Laufen, Joggen, Fahrradfahren.
5 Nähere Einstellungen von Menschen mit ihren Hunden – eine Montage von verschiedenen Aufnahmen soll zeigen, dass es in der Stadt viele Hundebesitzer gibt.
6 Als Letztes eine Reihe von Halbnah- und Großaufnahmen von Menschen, die mit ihren Vierbeinern spielen.

Stichpunktlisten oder Skizzen?
Die Zeichnungen (oben rechts) beinhalten dieselben Informationen wie die Liste (links), wobei Skizzen vor allem dann gut geeignet sind, wenn Sie Ihre Vision einem Kameramann erläutern wollen.

THEMA UND STIL FESTLEGEN

Lektion 9: Einen Titel finden

Ihr Film wird mit dem Titel, den Sie ihm geben, identifiziert werden. Er ist daher von großer Bedeutung und kann Ihnen sogar helfen, einen Verleih zu finden und mehr DVDs zu verkaufen.

> **Ziel**
> Einen einprägsamen und einzigartigen Titel finden. Hebt der Titel Ihren Film aus der Masse heraus und wird er Zuschauer ansprechen?

Der Titel einer National-Geographic-Dokumentation über einen Mann, der ein Jahr bei einem Wolfsrudel lebte, lautet direkt und auf den Punkt *A Man Among Wolves*. Auch *The Last Great Ape*, über die kürzlich entdeckten kongolesischen Bonobos, ist prägnant und eindeutig. Im Fall von *The Devil and Daniel Johnston*, ein Film über einen psychisch kranken Musiker und seinen Kampf mit dem Teufel, ist der Titel eine humorvolle Anspielung auf den Spielfilm bzw. die Erzählung *The Devil and Daniel Webster*, in dem ein Mann für Ruhm und Reichtum dem Teufel seine Seele verkauft. Die Ironie des Titels passt zum Film.

Der in einer Wissenschaftsreihe gezeigte Film *Alien From Earth* hat einen etwas geheimnisvolleren Titel, dem der Zuschauer nicht entnehmen kann, dass es um die Entdeckung eines Hobbit-ähnlichen, prähistorischen Menschen geht. Wer diesen Titel im Fernsehprogramm liest, schaltet aber vielleicht gerade ein, um zu sehen, worum es geht. Ist ein Dokumentarfilm die Adaption eines Buches, wird zur Wiedererkennung häufig dessen Titel beibehalten.

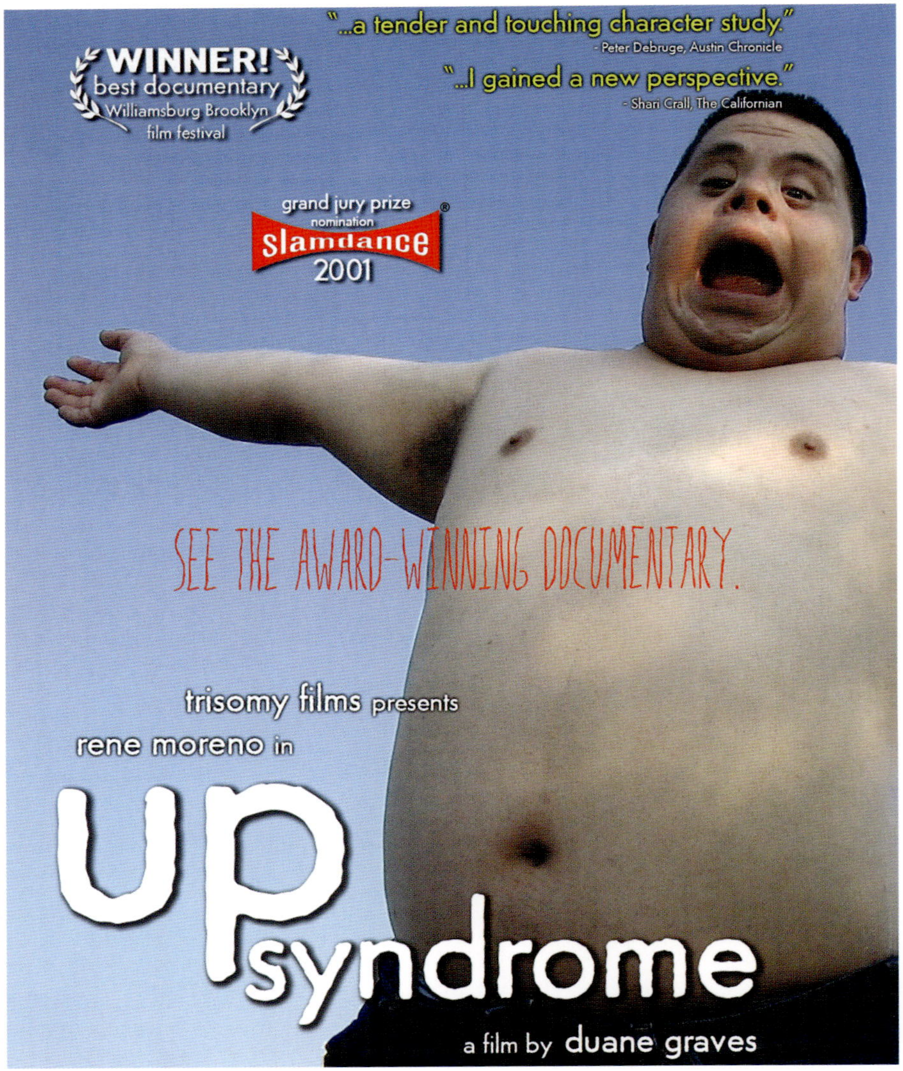

Up Syndrome (2000)
Der Inhalt dieses witzigen, mitreißenden und außergewöhnlichen Porträts, das der Filmemacher von seinem charismatischen Kindheitsfreund mit Downsyndrom drehte, wird im Titel wunderbar ausgedrückt: Das Ersetzen von „Down" durch „Up" steht für eine positive Einstellung zum Leben mit Trisomie 21.

Schritt für Schritt

Aufmerksamkeit wecken

- *Suchen Sie im Internet nach Filmen, die Ihrem vom Thema her ähneln. Ein einzelnes Wort oder ein Satz könnte genügen, um Sie für Ihren Titel zu inspirieren. Setzen Sie auf Originalität und denken Sie sich einen Titel aus, der im Kopf bleibt und der Grundstimmung des Films entspricht. Vermeiden Sie langweilige, banale Titel. Sie wollen schließlich auffallen.*
- *Manchmal kommt man sofort auf einen Titel, dann wieder stolpern Sie erst beim Schnitt über einen Satz oder etwas, das irgendjemand sagt, und merken, dass es ein großartiger Titel wäre.*
- *Bevor Sie Ihr Herz an einen Titel hängen – prüfen Sie, ob es nicht bereits eine Produktion mit diesem Titel gibt.*

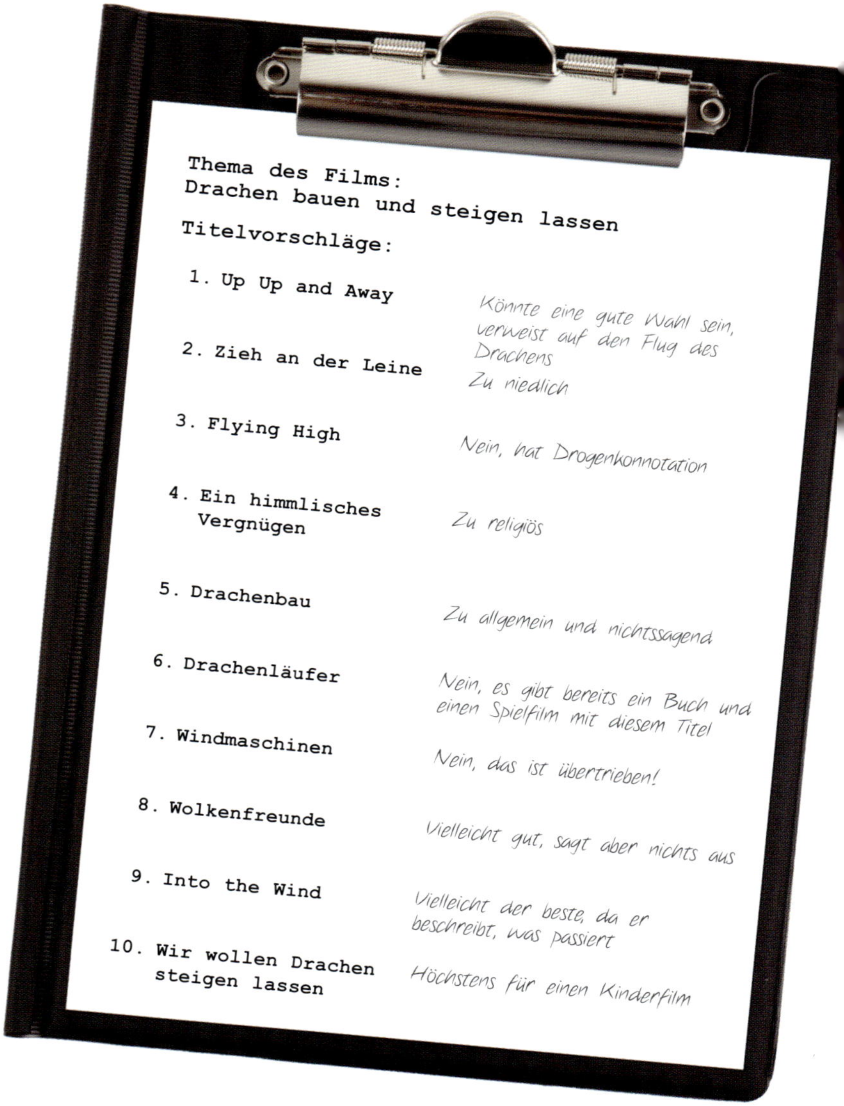

Gute Titel

Pucker Up: The Fine Art of Whistling (2005)
Dieser lustige und eingängige Titel eignet sich bestens für einen Film über eine der weitverbreitetsten Musikformen – das Pfeifen.

Life in the Freezer (1993)
Ein spaßhafter, aber absolut treffender Titel für einen Dokumentarfilm über Natur und Tierwelt in der Antarktis.

In Search Of The Great Beast: Aleister Crowley, The Wickedest Man In The World (2009)
Der Titel sagt genau, worum es im Film geht: ein biografischer Bericht über den Okkultisten Aleister Crowley, der sich den Beinamen „The Great Beast" gab.

The Make-Believers (2009)
Dieser Film zeigt, wie leicht Betrug im Internet ist. Der Filmemacher Glenn Andreiev benutzt eine erfundene Website, um Menschen zur Preisgabe ihrer Identität zu bewegen. Der Titel enthüllt zwar nicht sofort, worum es in dem Film geht, weckt aber Interesse und passt zum Thema.

>>> Aufgabe 11

Formulieren Sie zehn Titelvorschläge für Ihren Film und notieren Sie, was für jeden Titel spricht. Suchen Sie die drei Ihrer Ansicht nach besten aus und fragen Sie Freunde und Familie, welchen sie bevorzugen. So werden Sie in die richtige Richtung gelenkt.

Thema des Films: Drachen bauen und steigen lassen

Titelvorschläge:

1. Up Up and Away — Könnte eine gute Wahl sein, verweist auf den Flug des Drachens
2. Zieh an der Leine — Zu niedlich
3. Flying High — Nein, hat Drogenkonnotation
4. Ein himmlisches Vergnügen — Zu religiös
5. Drachenbau — Zu allgemein und nichtssagend
6. Drachenläufer — Nein, es gibt bereits ein Buch und einen Spielfilm mit diesem Titel
7. Windmaschinen — Nein, das ist übertrieben!
8. Wolkenfreunde — Vielleicht gut, sagt aber nichts aus
9. Into the Wind — Vielleicht der beste, da er beschreibt, was passiert
10. Wir wollen Drachen steigen lassen — Höchstens für einen Kinderfilm

Lektion 10: **Konzept schreiben**

Ihr Konzept enthält alle Informationen, die Sie für die Produktion Ihres Films, mit oder ohne Drehbuch, benötigen.

> ### Ziel
> > Sämtliches Material in Schrift und Bild sammeln, das Sie zur Konstruktion Ihres Dokumentarfilm benötigen. Ist ein Storyboard erforderlich?

> ### Stichworte: Checkliste für Ihr Konzept
> > Drehbuch oder Outline
> > Shot-List(s)
> > Fragen, die beantwortet, und Punkte, die behandelt werden sollen
> > Storyboard
> > Liste aller Beteiligten, von den Interviewpartnern bis zum Produktionsteam

Es gibt kein Schema, nach dem eine Dokumentarfilmproduktion läuft. Für das individuelle Konzept tragen Sie zusammen, was Sie bis dahin für die Arbeit an Ihrem Projekt verwendet haben. Gemeint sind Ihre Notizen, der Fragenkatalog, Ihre Überlegungen zur Botschaft des Films und zum optischen Eindruck, den Sie erreichen möchten. Dazu können Storyboards (s. Seite 38), ein Drehbuch, eine Shot-List, Listen zu Archivmaterial und Musik kommen. Außerdem eine Kalkulation, wie viel Filmmaterial Sie zu drehen planen, Hinweise für den Schnitt und wie Sie sich die Übergänge zwischen den Szenen vorstellen. Mit anderen Worten, alles, womit Sie den Film quasi im Voraus gestalten können.

Seien Sie auf alles vorbereitet
Ein Konzept kann ein paar Seiten umfassen oder Drehbuchlänge haben, je nachdem, wie komplex die Produktion ist. Ein Film mit Drehbuch und Kommentar benötigt mehr Informationen im Vorfeld als eine beobachtende Dokumentation, die ein einmaliges Ereignis behandelt. Betrachten Sie Ihr Konzept immer als eine Art Skelett, das Sie mit Fleisch füllen wollen. Der Entwurf wird sich in mehrfacher Hinsicht als nützlich erweisen, etwa, wenn Sie für sich und Ihre Sache werben müssen, wenn Sie Interviews führen oder einen Dreh vorbereiten. Sie werden festellen, dass Sie darin die Antworten auf viele Fragen finden, die Ihnen verschiedene Leute über das Projekt stellen werden.

Denken Sie daran: Ihr Konzept wird Ihnen beim Filmen und Schneiden helfen, den Überblick zu bewahren – dennoch Sie müssen flexibel bleiben, denn es können jederzeit Schwierigkeiten auftreten, die es notwendig machen, sich vom Konzept zu lösen. Wenn sich beispielsweise ein Interview, das Sie unter freiem Himmel führen wollten, nicht verschieben lässt, es aber in Strömen regnet, müssen Sie umdenken und möglicherweise in ein Gebäude in der Umgebung ausweichen.

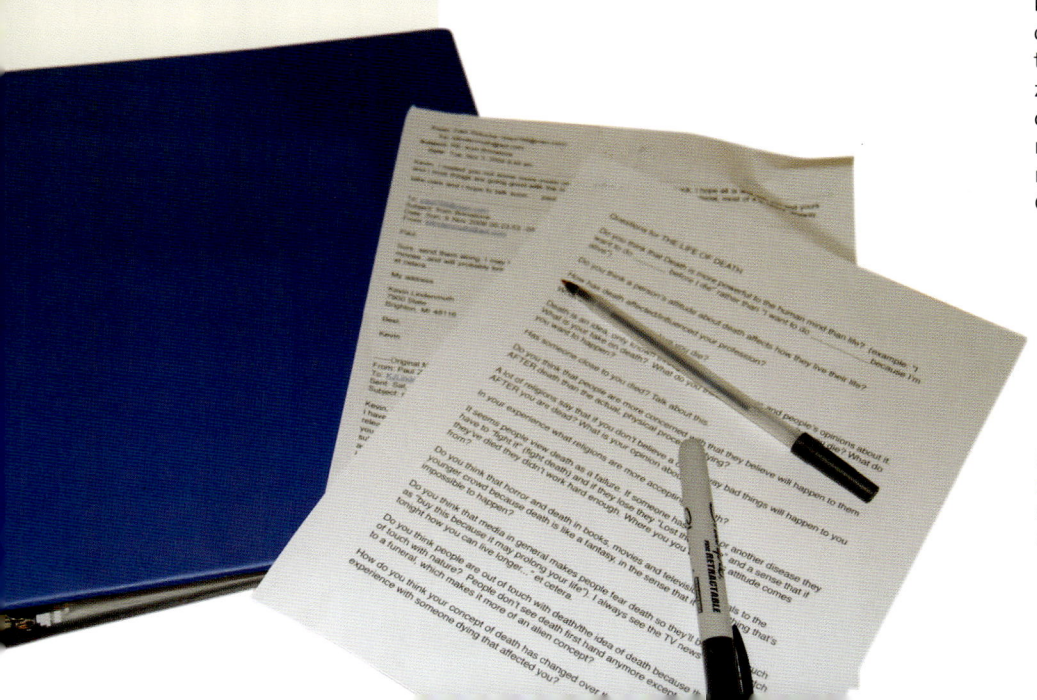

Legen Sie eine Mappe an
Es ist ratsam, die gesammelten Informationen in einem Ordner abzuheften, damit Sie bei Bedarf schnell darauf zugreifen können.

Schritt für Schritt

Eine Shot-List zusammenstellen

Die Shot-List ist eine Art Einkaufsliste für Ihre Produktion. Sie führt alle Bilder auf, die Sie für Ihren Film benötigen. Sie kann auf verschiedene Arten angelegt werden.

- **Vorher planen:** Wenn Sie ein Drehbuch erstellen, kann das die Shot-List bereits beinhalten. Sie können darin zum Beispiel angeben, dass Sie eine Aufnahme von einem Gebäude sowie eine Innenansicht der Lobby und Bilder von Menschen, die in dem Gebäude an ihren Schreibtischen arbeiten, benötigen. Vielleicht können Sie diese Aufnahmen nebenbei bekommen, während Sie andere Szenen am selben Ort drehen? Prüfen und sortieren Sie Ihre Liste rechtzeitig entsprechend.
- **Während des Drehs:** Bei einem Film ohne Drehbuch wissen Sie nicht, welche Aufnahmen Sie brauchen, bis Sie ein Interview aufgezeichnet haben. Während Sie filmen oder schneiden, fällt Ihnen womöglich auf, dass Sie zusätzliches Material benötigen. Notieren Sie sich alle Bilder, die Ihnen in den Sinn kommen. Wenn beispielsweise ein Interviewpartner von einer prägenden Kindheitserinnerung erzählt, kommt Ihnen vielleicht die Idee, zur Unterstreichung des Gesagten ein Foto der Person als Kind oder eventuell sogar private Filmaufnahmen aus der Zeit zu zeigen. Fügen Sie diese Bilder Ihrer Shot-List hinzu.
- **Erweitern:** Ihre Shot-List kann schon in der Vorproduktion den gesamten Film umfassen, besonders, wenn Sie Archivmaterial verwenden. Schlüsseln Sie die Shot-List für die Produktion in einzelne Szenen oder Interviews auf. Ergänzen Sie dann, welches B-Roll-Material (s. Seite 97) Sie filmen müssen, während Sie vor Ort sind. Auch in der Postproduktion können Ihnen noch Bilder einfallen, die Sie zusätzlich gebrauchen könnten. Formulieren Sie diese Liste kurz, aber so präzise wie nötig.

Allergie-Dokumentation: Zusätzliche Aufnahmen

1. Interviewpartnerin unterrichtet eine Gruppe Lehrer (verschiedene Aufnahmen)

2. Aufnahmen von ihrer Tochter (über die sie spricht)

3. Aufnahmen von einem Grundschulklassenzimmer

4. Aufnahmen von einer Adrenalinspritze

5. Vorführung der Injektion

Beispiel für Shot-List

In diesem Film ohne Drehbuch erklärt eine Mutter an Schulen, wie wichtig der richtige und rechtzeitige Einsatz der Adrenalinspritze bei einer Person mit schweren anaphylaktischen Reaktionen (Bienen-, Nahrungsmittel- und andere Allergien) ist. Nachdem das Interview mit ihr gefilmt und gesichtet worden war, wurde eine Liste mit fehlenden Aufnahmen angelegt. Vergleichen Sie die Liste und die Bilder. Zu den Bildern wird während des Interviews hinübergeblendet.

Das Storyboard

Ein Storyboard ist eine Abfolge von Zeichnungen, die zeigt, wie die Bilder, die Sie sich vorstellen, sich zusammenfügen sollen. Besonders hilfreich ist das bei komplizierten Szenen, bei denen es aufs Detail ankommt, oder solchen, in denen viel Action herrscht. Ein Storyboard bietet sich auch dann besonders an, wenn Sie auf einen bestimmten Stil oder Look für Ihren Film aus sind.

Ein Storyboard kann per Hand auf einem Skizzenblock ausgeführt werden oder aus dreidimensionalen Computerdarstellungen bestehen. Es ordnet Personen und Objekte in einer Szene an und beschreibt ihre Bewegungen. Es führt auch Kamerafahrten, Einstellungsgröße (Großaufnahme, Totale), -perspektive und sogar Übergänge wie Überblendungen oder Jump Cuts (s. Seite 88) auf, die beim Schneiden verwendet werden sollen.

Ob ein Storyboard benötigt wird, entscheided der Filmemacher selbst. Der eine möchte alles im Voraus planen, der andere kann besser und kreativer arbeiten, wenn er improvisiert und Probleme löst, wenn sie auftreten.

>>> Aufgabe 12

Fügen Sie Ihrem Entwurf Shot-List und Storyboard hinzu. Was erscheint Ihnen daran besonders nützlich? Was fehlt Ihnen?

In dem Beispiel, das Sie auf Seite 39 sehen, hat John Borowski den Storyboards für seinen Film *Albert Fish* weitere Informationen zu den einzelnen Aufnahmen hinzugefügt. Er listet Requisiten, Kostüme und Make-up auf, die beim Dreh benötigt werden. Borowski zeichnet seine Storyboards per Hand und scannt sie dann ein. Die Szenen-Beschreibungen ergänzt er am Mac. Zur Visualisierung der letzten Aufnahme seines Films (Bild 3) verwendete Borowski eine Aufnahme von Fishs Silhouette aus dem Archiv.

Ihr Storyboard muss kein Kunstwerk sein! Zeichnungen sind eine Möglichkeit, die visuellen Elemente Ihres Films rasch und effektiv zu veranschaulichen.

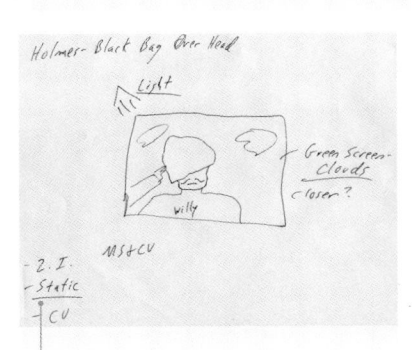

Mit zusätzlichen Anmerkungen können Sie Ideen weiter ausführen und komplizierte Darstellungen erläutern.

Vom Storyboard auf die Leinwand
Drei Bilder aus dem Storyboard und aus dem fertigen Film. Für die Reinszenierungen in seiner Dokumentation H. H. Holmes: America's First Serial Killer (2004) verwendete John Borowski Szenenbilder, Modelle und Greenscreens. Er zeichnet seine Storyboards selbst und betrachtet sie als unerlässlich für seiner Filme. In die Zeichnungen werden so viele Informationen wie möglich gepackt; darunter stehen Angaben zu alternativen Perspektiven und Kamerafahrten für dieselbe Einstellung.

KONZEPT SCHREIBEN

Hier zeigt Borowski den Protagonisten über eine Bibel gebeugt in seiner Zelle. Durch den gekonnten Einsatz von Licht schafft der Regisseur die passende Atmosphäre.

In dieser Szene wird uns der junge Fish vorgestellt. Rückblenden sind eine Möglichkeit, Vermutungen zu äußern, wie ein Mensch wurde, was er ist bzw. war.

Der Regisseur zeigt in Bildern die soziale Isolation des Protagonisten, zum Beispiel wenn dieser aus dem Fenster seiner leeren Wohnung starrt.

ALBERT FISH – Produzent/Regisseur: John Borowski – Drehort: Entertanium Studios

SET:	Gefängniszelle
AUFNAHME:	Fish liest Bibel in Gefängniszelle
BESCHREIBUNG:	Fish sitzt über die Bibel gebeugt, hält Rosenkranz in der Hand. Dunkel – Lichtschächte – möglichst nur Umrisse
EINSTELLUNGEN:	Totale, Medium Shot, Kamerafahrt
SCHAUSPIELER:	Fish
KOSTÜM:	Grauer Anzug – ?
REQUISITEN:	Bibel, Rosenkranz, Feldbett
MAKE-UP:	Schnurrbart

ALBERT FISH – Produzent/Regisseur: John Borowski – Drehort: Entertanium Studios

SET:	Keddens Wohnung
AUFNAHME:	Totale von Kedden
BESCHREIBUNG:	Kedden sitzt am Rand des Bettes. Hand des jungen Fish mit einer Peitsche erscheint im Bild. Fenster als Lichtquelle.
EINSTELLUNGEN:	Statische Totale – Kamerafahrt?
SCHAUSPIELER:	Kedden, der junge Fish
KOSTÜM:	Kedden Anzug und Hut, junger Fish Malerkleidung?
REQUISITEN:	Peitsche, Bett, weißes Laken

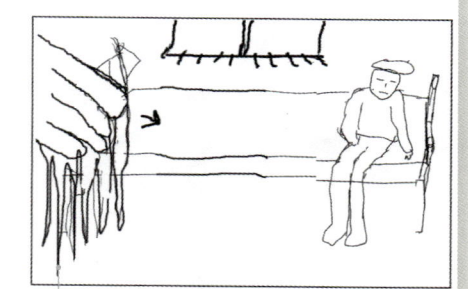

ALBERT FISH – Produzent/Regisseur: John Bcrowski – Drehort: Leere Wohnung

SET:	Leere Wohnung
AUFNAHME:	Fish steht in leerer Wohnung
BESCHREIBUNG:	Kamera zoomt weg von Fish, der aus dem Fenster sieht, bis zu einer Totalen vom leeren Zimmer.
EINSTELLUNGEN:	Großaufnahme und Medium Shot von Fish am Fenster. Zoom weg von Fish bis zur Totalen, am Ende Totale ohne Fish und Überblende
SCHAUSPIELER:	Fish
KOSTÜM:	Anzug, Mantel, Schuhe – alles in Grau
MAKE-UP:	Schnurrbart

Obwohl nur grob ausgeführt, stellt die hier gezeichnete Szene die spätere Filmszene (unten) gut erkennbar dar.

Auch diese Zeichnung lässt sich gut ins Filmische übertragen.

Diese Skizze aus dem Storyboard unterscheidet sich deutlich vom Endresultat. Die Kernelemente der Szene wurden jedoch beibehalten.

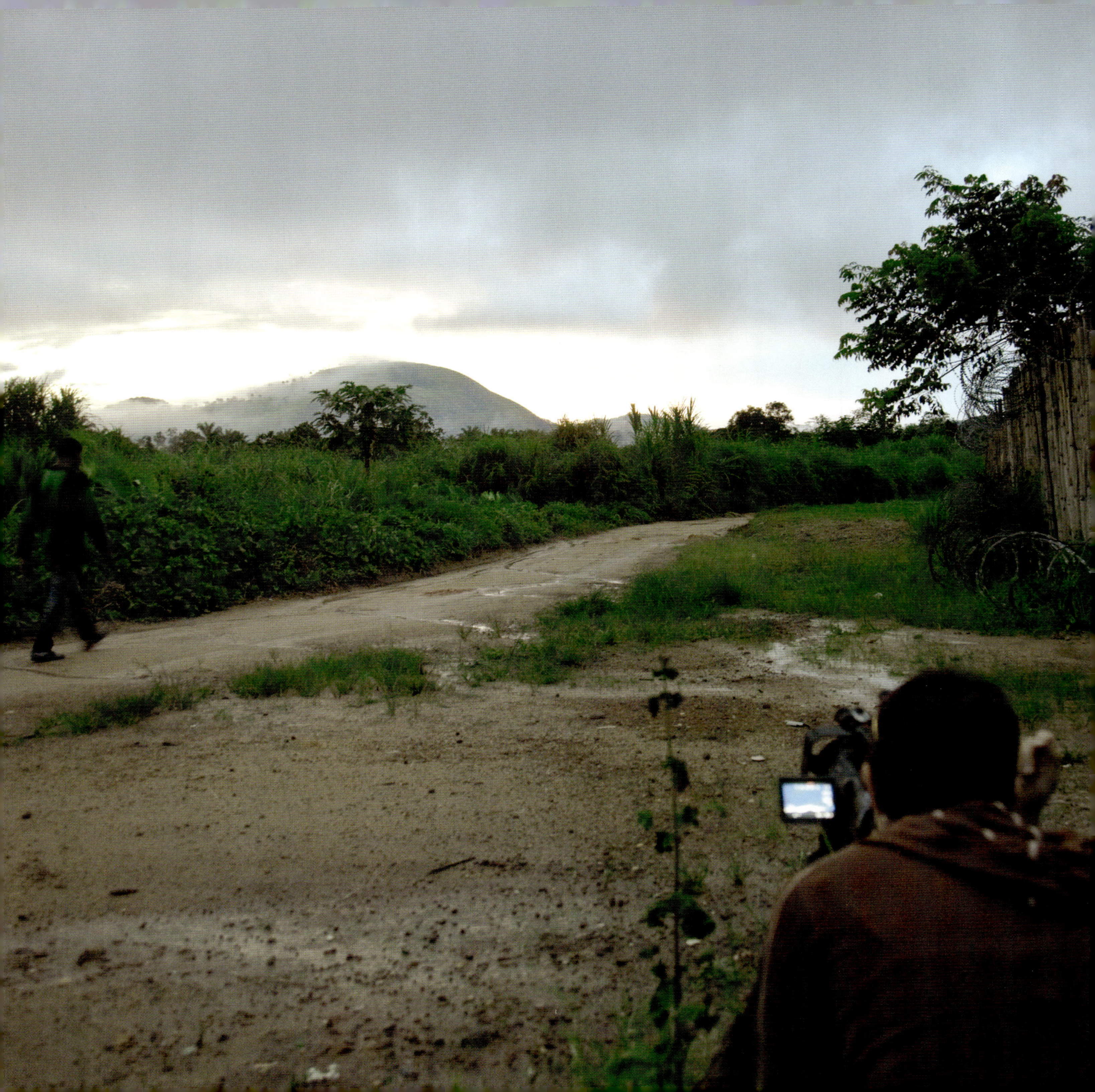

TEIL 2

AUSRÜSTUNG UND BANDFORMAT

Noch vor 50 Jahren musste ein Dokumentarfilm in jedem Fall auf Film gedreht werden, was wegen der anfallenden Leihgebühren für die Ausrüstung, der Anschaffung des Filmmaterials und der Entwicklungskosten eine teure Angelegenheit war. Außerdem war das Equipment sperrig, und zur Bedienung von Schärfe ziehen bis zur Kontrolle des Tons wurden mehrere Personen benötigt. Am nervenaufreibendsten war aber, dass man nie wusste, wie das Material geworden war, ehe es Wochen oder Monate später aus dem Labor kam. Video war zwar billiger, konnte sich aber erst nach Jahrzehnten als akzeptables Format für professionelle unabhängige Produktionen durchsetzen.

Heute ist eine Videoausrüstung in Broadcast-Qualität günstig und einfach zu bekommen, ein Segen für den Dokumentarfilmeinsteiger. Im Grunde können Sie alles Benötigte im nächsten Elektronikmarkt erwerben. Die Auswahl ist so groß, dass die Aufgabe, sich für die geeignete Kamera, das passende Stativ, Mikrofone und Lichtzubehör zu entscheiden, etwas Einschüchterndes hat. Am Anfang sollten Sie ausschließlich solche Geräte kaufen, die Sie für die geplante Produktion tatsächlich benötigen. Glücklicherweise ist das deutlich weniger Equipment als für einen Spielfilm. Die Beschaffung ist heutzutage ein eher unproblematischer Aspekt der Produktion eines Dokumentarfilms.

DV-Formate

Bei der Entscheidung für das passende Equipment sind vor allem Videoformate von Bedeutung. Verwenden Sie keine alten analogen Formate, da diese schon heute kaum mehr gebräuchlich sind. Heute sind alle Speichermedien DV-Formate (Digital Video), ob traditionelle Videobänder oder Speicherkarten. Digitale Medien haben den Vorteil, dass sie sich nicht abnutzen und ohne Qualitätsverlust immer wieder überspielt werden können.

Manche hochwertige Dokumentationen werden zwar noch auf Film gedreht, Sie sollten dennoch den neueren DV-Formaten SD (Standard Definition) und HD (High Definition) den Vorzug geben. Wenn Sie auf Film drehen, müssen Sie das Material später ohnehin digitalisieren.

Bei der Wahl des Formats sollten Sie berücksichtigen, was Sie mit dem Endergebnis vorhaben. Standard Definition (Digi-Betacam, DVCAM, DVCPRO und MiniDV) ist noch ausreichend, wenn Sie Ihren Film auf DVD veröffentlichen oder ans Fernsehen verkaufen wollen. Für Filme, die auf Leinwand laufen sollen, ist ausschließlich HD geeignet. Nehmen Sie sich Zeit und informieren Sie sich gründlich, bevor Sie eine Entscheidung bezüglich Equipment und Format treffen. Fragen Sie sich: „Was brauche ich unbedingt, um meinen Film Realität werden zu lassen?"

INHALT	SEITEN
Kameras und Stative	42–45
Audiogeräte	46–49
Beleuchtung	50–53
Schnittausrüstung	54–57

Lektion 11: Kameras und Stative

Die Wahl der Kamera hängt von drei Fragen ab. Was muss die Kamera können? Wo wollen Sie das Endergebnis zeigen? Was können Sie sich leisten bzw. worüber verfügen Sie bereits? Die Entscheidung kann großen Einfluss auf die Wertigkeit Ihres Films haben. Wenn das Bild schlecht ist, liegt das eher an der Kamera als am Bandformat. Von einer preisgünstigen Verbraucherkamera sollten Sie absehen.

Grundausstattung
Die drei wichtigsten Ausrüstungsgegenstände sind Kamera, Stativ und Licht.

Band oder Festplatte?

Wenn Ihr Budget begrenzt ist, werden Sie Ihre erste Produktion wahrscheinlich auf MiniDV drehen, mit handlichen 60-Minuten-Bändern. Eine gute MiniDV-Kamera kostet rund 1200 Euro. Filmen Sie auf MiniDV in jedem Fall in SP (Standard Play), nicht im LP-Modus (Longplay), da Letzterer Bild- und Tonqualität deutlich verschlechtert, weil weniger Informationen auf das Band aufgenommen werden.

Manche Digitalkameras nehmen statt auf Band direkt auf Flash-Speicher oder Festplatte auf. Denken Sie daran, dass deren Kapazität meist auf etwa eine Stunde beschränkt ist. Wenn die Festplatte voll ist, müssen Sie das gefilmte Material auf einen Computer oder eine externe Festplatte laden und die Festplatte der Kamera löschen, um weiter aufnehmen zu können. Sie brauchen also mehr Zeit und Equipment, zum Beispiel einen Laptop, auf den Sie Ihr Material laden können. Normalerweise ist eine zusätzliche Person dafür zuständig, alle Dateien fehlerfrei auf einen Computer zu übertragen. Für ein mehrstündiges Live-Event wäre eine solche Kamera keine gute Wahl. Es gibt Kameras, bei denen eine parallele Aufzeichnung auf Band und auf Festplatte möglich ist. Das hat einige Vorteile, darunter Zeit- und Geldersparnis, weil Extra-Arbeitsgänge wegfallen.

Bedienelemente

Sie sollten eine Kamera wählen, bei der Sie die Grundfunktionen wie Schärfe, Belichtung und Mikrofonlautstärke von Hand einregeln können. Die automatischen Einstellungen können dennoch gute Anhaltspunkte liefern – etwa, wenn Sie eine sitzende Person im Mittelpunkt des Bildes filmen wollen. Verwenden Sie den Autofokus, um auf sie scharf zu stellen, und schalten Sie ihn dann aus. Spätestens wenn Sie mit der Schärfe kreativ umgehen wollen, brauchen Sie den manuellen Fokus, zum Beispiel für eine Schärfeverlagerung bei einem Establishing Shot, bei dem Sie zuerst auf eine Blume und dann auf das Haus dahinter scharf stellen.

Bildschirmformat und Bildfrequenz müssen ebenfalls bedacht werden. Bei vielen Kameras können Sie zwischen Breitwand (16:9) und der alten Fernsehnorm (4:3) wählen. Die Bildfrequenz kann ebenfalls eingestellt werden. Wenn Sie mit 25 Bildern pro Sekunde filmen, sieht das Ergebnis aus wie Video, mit 24 Bildern pro Sekunde wirkt es eher, als wäre es auf Film gedreht worden.

> ### Ziel
> - Eine Kamera mit allen nötigen Funktionen auszusuchen, die für Ihren Film optimal geeignet ist.

> ### Tipp
> **Akkus**
> Notieren Sie sich die Leistung des voll geladenen Akkus Ihrer Kamera. Sie sollten immer zwei geladene Akkus dabeihaben. Zusätzlich können Sie sich ein Schnellladegerät zulegen, das in jede Steckdose passt und zwei Akkus gleichzeitig aufladen kann.

Aufnahmeformate
Aufnahmeformate für Kameras sind unter anderem (von links nach rechts), DVCAM und MiniDV.

Prosumer- oder Profikamera?

Der Begriff „Prosumer" bezeichnet eine Kamera, die sich sowohl für Profis als auch für Amateure eignet. Sie bietet automatische Einstellungen für Schärfe, Belichtung, Zoom und Ton (für den normalen Verbraucher), erlaubt aber zugleich eine manuelle Handhabung für anspruchsvollere Einstellungen. Prosumerkameras sind größer als Verbraucherkameras.

Die Unterschiede zwischen Amateurfilmkameras und Profi-TV-Kameras werden immer kleiner. Viele Reality-Shows, Dokumentationen und Fernsehserien werden mit Prosumerkameras gedreht, insbesondere, wenn mehrere Kameras gebraucht werden. Eine Kamera zu bedienen erfordert einiges Geschick. Jemand, der mit einer Prosumerkamera, die 2000 Euro kostet, gut umgehen kann, erreicht bessere Ergebnisse als ein Anfänger mit einer 50 000-Euro-Kamera.

Hauptmerkmale einer Prosumerkamera

> Manuelle Einstellungsmöglichkeit von Schärfe, Belichtung und Ton
> Liefern bei schlechten Lichtbedingungen ein rauschärmeres Bild und arbeiten mit 3-Chip-Technologie für eine bessere Auflösung
> Die Bedienungselemente sind gut erreichbar, so sollte sich zum Beispiel der Zoom an der Seite befinden, an der die Hand die Kamera hält.
> Ton: Diese Kameras haben ein eingebautes Mikrofon und einen Eingang für ein externes Mikro.
> Preis: Teurer als Verbraucher-, aber billiger als Profikameras

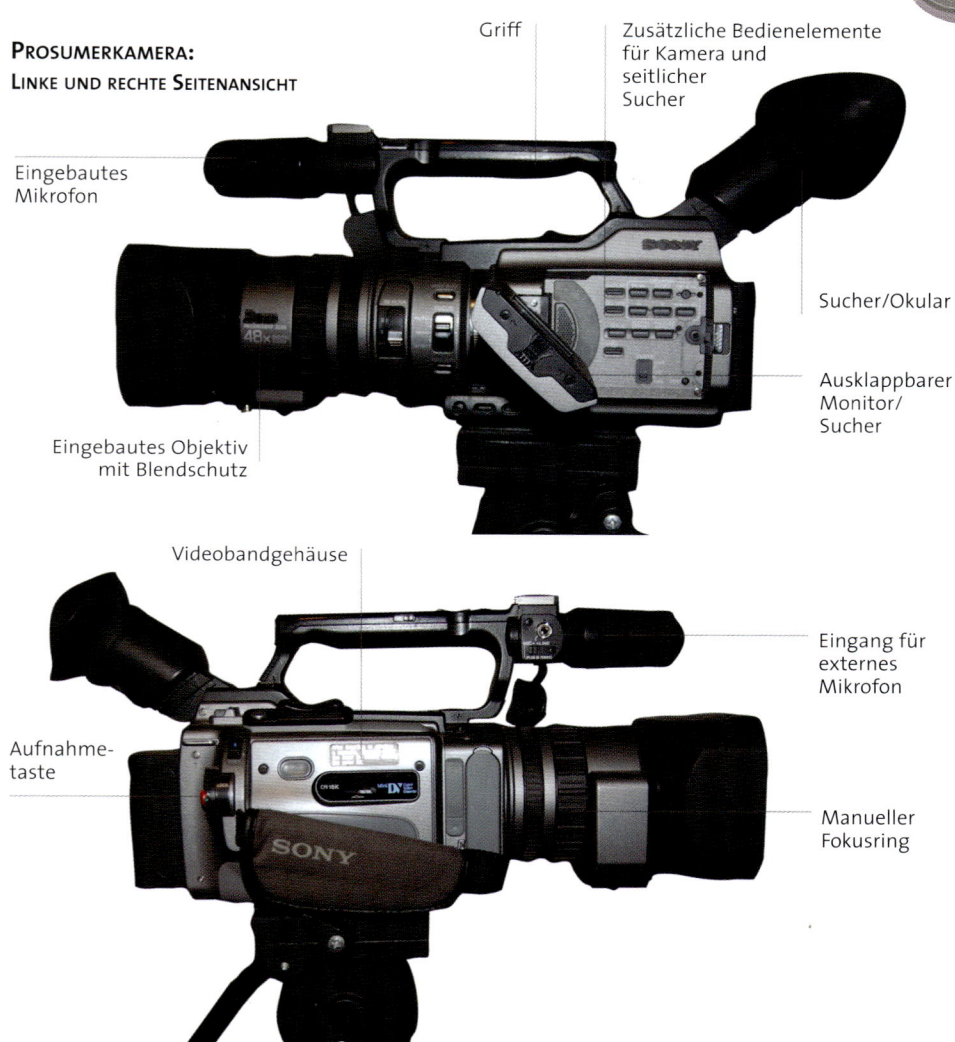

PROSUMERKAMERA: LINKE UND RECHTE SEITENANSICHT

- Eingebautes Mikrofon
- Eingebautes Objektiv mit Blendschutz
- Griff
- Zusätzliche Bedienelemente für Kamera und seitlicher Sucher
- Sucher/Okular
- Ausklappbarer Monitor/Sucher

- Aufnahmetaste
- Videobandgehäuse
- Eingang für externes Mikrofon
- Manueller Fokusring

PROFIKAMERA

Profikameras bieten auswechselbare Objektive, größere Sensoren, bessere Bild- und Tonanschlüsse und leicht erreichbare manuelle Bedienungselemente. Sie sind größer als Prosumerkameras und werden oft auf der Schulter getragen.

AUSRÜSTUNG UND BANDFORMAT

● **SCHRITT FÜR SCHRITT**

Schlechte Lichtbedingungen

Wenn Sie Ihren Film bei ungünstigen Lichtbedingungen drehen möchten, brauchen Sie eine Kamera, die dafür geeignet ist. Folgende Punkte sind beachtenswert.

1. Objektiv: *Je geringer die Lichtstärke, desto mehr Licht ist nötig.*
2. HD-Kameras brauchen mehr Licht für ein gutes Bild: *Fürs Filmen unter schlechten Lichtbedingungen sind sie weniger geeignet.*
3. Testen Sie die Kamera vorher: *Leihen Sie eine Kamera, die Sie kaufen möchten, vorher aus und testen Sie sie.*
4. Lesen Sie Besprechungen: *Finden Sie so viel wie möglich über die in Betracht kommende Kamera heraus und bitten Sie andere Filmemacher um Empfehlungen.*

Der LCD-Bildschirm (rechts)
Wenn Ihr Bild auf dem LCD-Bildschirm Ihrer Kamera gut aussieht, dann liegen Sie nicht ganz falsch. Trotzdem können Bildschärfe und Farbgebung abweichen. Der Monitor ist lediglich ein Kontrollinstrument.

Achtung Zebras!
Um sicherzugehen, dass Ihre Aufnahme nicht zu hell ist, sollten Sie die Zebra-Funktion nutzen, und zwar im 100%-Modus. Diese Kontrolleinstellung findet sich häufig an der Seite der Kamera. Wenn Sie den Schalter betätigen, werden im Sucher alle Stellen, die bei einer Aufnahme überbelichtet würden, mit einem Zebramuster markiert. Um die Helligkeit auszugleichen, müssen Sie die Blende so weit schließen, dass die Streifen fast verschwinden. Eine unterbelichtete Aufnahme ist immer besser als eine überbelichtete (Letztere können Sie später nicht mehr korrigieren).

>>> Aufgabe 13

Schreiben Sie fünf bis sechs Ansprüche auf, die Sie für Ihren Film an die Kamera haben, zum Beispiel:

> Muss 24 Bilder pro Sekunde filmen können
> Breitwandoption
> Weitwinkelobjektiv
> Muss bei schlechten Lichtbedingungen rauscharm arbeiten
> Muss auf Band aufnehmen
> Lange Akkulaufzeit

Ihre Bedürfnisse aufzuschreiben hilft Ihnen, eine den Erfordernissen entsprechende Kamera zu finden.

Schritt für Schritt

Filmen mit Stativ

Wenn Sie noch nicht viel Erfahrung haben, verwenden Sie ein Stativ. Sie können die beste Kamera der Welt zur Verfügung haben, wenn die Kamerabewegungen ruckartig und ungleichmäßig sind, wirkt Ihr Film auf den Zuschauer unprofessionell.

Die Grafik unten zeigt die ideale Platzierung des Stativs für ein Interview.

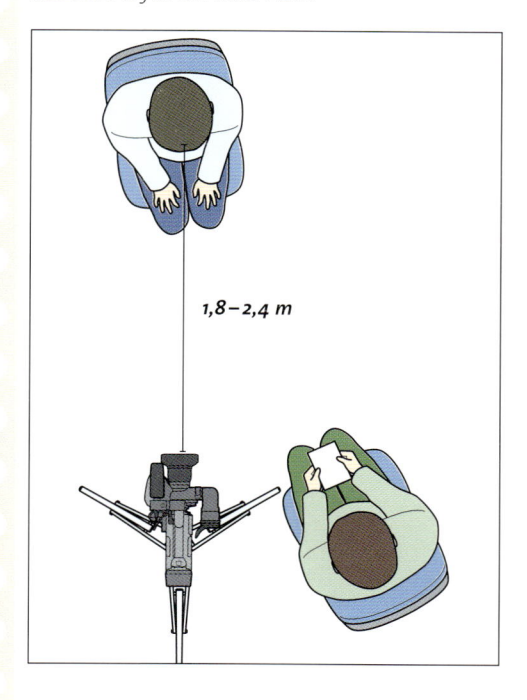

1,8 – 2,4 m

Das Stativ platzieren
Das Stativ bzw. die Kamera sollte etwa 2 m von der interviewten Person entfernt stehen, der Interviewer sollte rechts oder links von der Kamera sitzen, damit der Befragte ihn und nicht die Kamera ansieht. Die Kamera sollte sich auf Augenhöhe oder etwas unterhalb der gefilmten Person befinden.

Lektion 12: Audiogeräte

Der Ton eines Films ist womöglich sogar noch wichtiger als das Bild. Wenn bei einem Film, der nur mittelmäßig aussieht, der Ton stimmt, bleibt ein Zuschauer mit größerer Wahrscheinlichkeit dran, als wenn er zu einem klaren und gestochen scharfen Bild einen dumpfen oder schwankenden Ton bekommt. Ein schlechter Ton setzt die Qualität Ihres Films deutlich herab.

Mikrofone

Das Kameramikrofon eignet sich für Umgebungsgeräusche, wenn Sie zum Beispiel in freier Natur drehen und Vogelstimmen aufnehmen möchten; für ein Interview brauchen Sie ein externes Mikrofon, das Sie an die Kamera anschließen. Bei einer Prosumerkamera mit MiniDV erfolgt dies über eine Mini-AV-Buchse – meistens Stereobuchsen, da zwei Audiokanäle verfügbar sind. Die Buchse befindet sich bei fast allen Modellen in der Nähe des Kameramikrofons. Sobald Sie ein Kabel hineinstecken, nimmt das eingebaute Mikrofon nicht mehr auf. Sie können sich auch einen XLR-Adapter (eine kleine Box mit zwei XLR-Eingängen) zulegen, der sich unter oder hinten an der Kamera befestigen und mit einem Mini-Klinkenstecker an diese anschließen lässt. XLR ist die Standardsteckverbindung beim professionellen Ton. Der Adapter ermöglicht es Ihnen, das externe Mikrofon auf einem und das Kameramikrofon auf dem anderen Kanal aufzunehmen, entweder als zusätzliche Sicherheit oder weil Sie den atmosphärischen Ton des Aufnahmeortes simultan aufnehmen möchten. Sie können auch zwei externe Mikrofone an den Adapter anschließen, zum Beispiel um zwei Personen gleichzeitig zu interviewen.

Für Ihren Film werden Sie zwei verschiedene Mikrofontypen benötigen. Zum einen das kleine Lavalier- oder Ansteckmikrofon, das sich an Hemd oder Krawatte einer Person befestigen lässt. Dort muss es gut platziert sein und die Person darf sich nicht bewegen, damit das Mikro nicht gegen den Stoff reibt und kratzende Geräusche erzeugt. Sie können es mit einem Kabel direkt mit der Kamera verbinden oder ein drahtloses Modell benutzen, um Kabelsalat zu vermeiden.

Die zweite Sorte ist das Richt- oder Angelmikrofon, das an eine Tonangel gehängt oder auf einen Mikrofonständer gesteckt wird, der außerhalb des Bildes steht. Diese Mikrofone können 70 bis 700 Euro kosten. Je teurer ein Mikrofon, desto besser ist es auch. Orientieren Sie sich am Wert Ihrer Kamera: Für Ihre Audioausrüstung sollten Sie etwa ein Viertel oder mehr des Preises der Kamera veranschlagen.

Verwenden Sie auf jeden Fall für alle Interviews die gleiche Mikrofonart, da Ihr Material ansonsten vom Klang her deutlich unterschiedlich wird.

> **Ziel**
>
> > Finden Sie heraus, welche Art Mikrofon(e) Sie für Ihren Film benötigen, abhängig davon, wo und wie gedreht wird. Wie erhalten Sie den bestmöglichen Ton?

XLR-Stecker
Diese Stecker werden verwendet, um Profimikrofone mit dem Equipment zu verbinden.

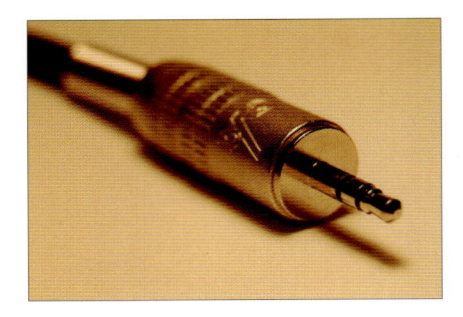

Mini-Klinkenstecker
Die meisten Prosumerkameras haben nur eine Mini-Klinkenbuchse. Über ein Adapterkabel kann man trotzdem ein externes Mikrofon mit XLR-Stecker anschließen.

AUDIOGERÄTE

TON AUFNEHMEN

Je nach Situation benötigen Sie unterschiedliche Mikrofontypen. Rechts sehen Sie verschiedene Arten der Tonaufzeichnung mit einer Markierung der Bereiche, aus denen die jeweiligen Mikrofone Ton aufnehmen.

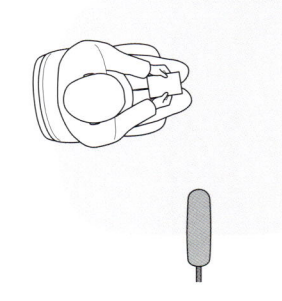

Richtmikrofon
Hängt meistens an einer Tonangel und wird verwendet, um einen einzelnen Sprecher ohne Hintergrundgeräusche aufzunehmen. Der Aufnahmebereich ist sehr begrenzt.

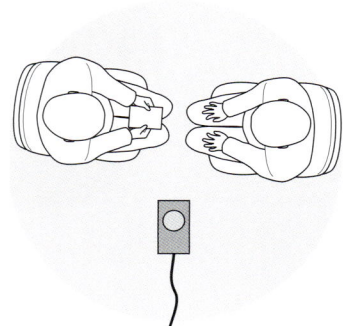

Kugelmikrofon
Der Aufnahmebereich ist breiter gestreut und kann zwei oder mehr Sprecher zugleich erfassen (zum Beispiel ein Gespräch), sowie Hintergrundgeräusche. Eingebaute Kameramikrofone haben Kugelcharakteristik.

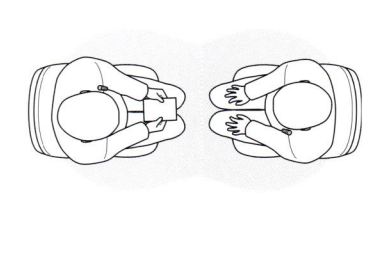

Lavalier- oder Ansteckmikrofon
Diese kleinen Mikrofone werden für Interviews verwendet und an der Kleidung befestigt. Sie sind stark ausgerichtet und nehmen nur in einem kleinen Bereich auf, sodass kaum Hintergrundgeräusche dabei sind. Häufig werden sie mit einem drahtlosen Sender (siehe oben) verwendet, um sich lange Audiokabel zu sparen.

Tonanpassung
Der Tontechniker nimmt ein Gespräch mit einem Richtmikrofon auf, das zur Abschirmung von Windgeräuschen in einer Windschutzhaube steckt.

Kopfhörer

Gute Kopfhörer sind eine lohnende Investition, da Sie den Ton während der Aufnahme hören müssen. Was Sie hören – also auch jedes Störgeräusch –, nehmen Sie im selben Moment auf, ob Sie wollen oder nicht. Wenn Sie eine Person im Büro interviewen und zwischendurch die Klimaanlage anspringt, denken Sie daran, dass Sie dieses Geräusch im Schnitt nicht loswerden. Sie sollten das Problem also gleich beseitigen, indem Sie noch einmal von vorn anfangen.

> **>>> Aufgabe 14**
>
> Wählen Sie drei beliebige Sequenzen aus Ihrem Film aus und schreiben Sie auf, welche Mikrofonart sich für die jeweiligen Situationen weshalb am besten eignet.

Beispiele:
- Wenn Sie jemanden in einem Großraumbüro interviewen, verwenden Sie am besten ein Ansteckmikrofon, das nur den Sprecher und keinen Hintergrundlärm aufzeichnet.

- Filmen Sie B-Roll-Material von spielenden Kindern im Park und wollen dabei nur die Umgebungsgeräusche einfangen, reicht das eingebaute Kameramikrofon aus.

- Führen Sie ein Interview mit einer Person, die im Gehen spricht, sollte es ein Richtmikrofon an einer Tonangel sein, das ständig nachgeführt werden muss.

> **> Tipp**
>
> **Für Ruhe sorgen**
>
> Bei Tonaufnahmen müssen Sie Störgeräusche wie Telefonklingeln oder das Brummen eines Kühlschranks ausschließen. In einem Büro mit mehreren Angestellten können Sie zu diesem Zweck zum Beispiel Schilder mit der Aufschrift „Bitte um Ruhe – Tonaufnahme" aufhängen.

Qualität lohnt sich
Wenn Ihr Budget klein ist, sind Sie vielleicht Kameramann und Tontechniker in einer Person. Trotzdem sollten Sie 35 bis 100 Euro in ein Paar Profikopfhörer investieren. Es sollten Stereokopfhörer sein, und sie sollten Ihr Ohr ganz abdecken, damit Sie nur das hören, was übers Mikrofon aufgenommen wird. Da Sie die Kopfhörer über mehrere Stunden tragen müssen, sollten sie verstellbar sein und bequem sitzen.

AUDIOGERÄTE

SCHRITT FÜR SCHRITT

Bringen Sie Ihre Angel mit

Bei Aufnahmen, in denen viel Bewegung herrscht und wenig Zeit für den Aufbau bleibt, benutzen Sie für den Ton am besten eine Tonangel. Das ausgerichtete Mikrofon hängt an einer erschütterungsfreien Halterung am oberen Ende der Angel, an der entlang das Kabel zum externen Audioanschluss der Kamera führt.

- In unerfahrenen Händen kann die Tonangel zum Problem werden, zum Beispiel kann das Kabel Geräusche erzeugen, wenn der Tontechniker die Angel nicht ruhig hält. Anfänger üben also besser vor dem Dreh oder benutzen stattdessen einen Mikrofonständer.
- Die Verwendung eines Mikrofonständers empfiehlt sich besonders für Interviews im Sitzen. Richten Sie das Mikrofon auf den Mund der Person, achten Sie aber darauf, dass es in der Aufnahme nicht zu sehen ist.

Mikrofonständer
Wenn das Interview im Sitzen stattfindet und niemand da ist, um die Tonangel zu halten, können Sie einen festen Mikrofonständer verwenden, der das Mikrofon am Platz hält.

Tonangel oder ...
Es ist wichtig, dass Sie das Richtmikrofon direkt auf den Mund des Sprechers richten. Denken Sie sich dazu eine gerade Linie, die in Verlängerung des Mikrofons von dessen Spitze zum Mund des Sprechers führt. Achtung: Das Mikro darf nicht im Bild sein – was schwieriger ist als es aussieht!

Lektion 13: **Beleuchtung**

Sie brauchen beim Dreh eine Lichtquelle, das kann – vor allem bei Außenaufnahmen – Tageslicht sein oder Kunstlicht oder beides. Je dunkler eine Aufnahme, desto schlechter die Auflösung und desto verrauschter das Bild. Für die Kamera sollte ein Bild so gut ausgeleuchtet sein wie möglich, damit es scharf und klar wird.

> **Ziel**
> Welche und wie viele Lichtquellen brauchen Sie, um Ihren Film an den verschiedenen Drehorten gut auszuleuchten?

Für Interviews brauchen Sie auf jeden Fall zusätzliches Licht, für B-Roll-Material nicht unbedingt.

Grundausrüstung
Zwei bis drei Scheinwerfer mit Stativen, (Flügel-)Toren und Folien, das ist die Grundausstattung für Dokumentarfilme bzw. Interviews. Sie werden als Führungslicht (vorn), Aufhellung (seitlich) und Effektlicht (hinten) eingesetzt. Am hellsten ist das Führungslicht, die Aufhellung ist halb so stark, das Effektlicht liegt bei 50–100 Prozent der Leistung des Führungslichts. Wenn Ihr Führungslicht also 500 Watt hat, sollten die Aufhellung 250 und das Effektlicht 250–500 Watt haben.

Scheinwerferarten
Wie bei Kamera und Mikrofon gibt es auch Scheinwerfer in unterschiedlichen Preisklassen. Als Richtwert sollten Sie für einen Scheinwerfer Stativ, Toren und verschiedenen Folien mit rund 200 Euro rechnen. Üblich sind Halogenlampen, es gibt aber auch Modelle mit Leuchtstoff- und LED-Lampen. Ein Ersatzbrenner kostet zwischen 8 und 25 Euro und Sie sollten immer genügend Ersatz vorrätig haben. Ein Hinweis: Profischeinwerfer heizen sich stark auf und müssen vor dem Einpacken 10–15 Minuten abkühlen. Die empfindlichen Ersatzbrenner sollten gut gepolstert verpackt werden.

Lichtausrüstung
Eine Beleuchtungsgrundausstattung bekommen Sie im Fachhandel für Foto- und Videoausrüstung. Sie besteht aus drei Scheinwerfern mit Toren, Folien, Kabeln und Stativen, die alle zusammen in einem Koffer Platz finden.

> **Tipp**
> **Sicherheit geht vor**
> Beim Umgang mit heißen Scheinwerfern ist Vorsicht geboten. Außerdem müssen alle Kabel fest eingesteckt sein und dürfen nicht im Weg liegen, damit niemand darüber stolpert. Lampenstative niemals über Kabel stellen, da sie sonst schnell versehentlich umgeworfen werden, wenn eines der Kabel bewegt wird.

Tragen Sie Handschuhe, wenn Sie mit Scheinwerfern hantieren, und halten Sie sie weg vom Körper. Sie sind extrem hell und glühend heiß.

Es gibt Lampen, die auf die Kamera montiert werden und meist mit separater Batterie laufen. Sie haben Nachteile: Ihr Licht ist sehr flach und Sie dürfen nicht weit von Ihrem Motiv entfernt sein. Für verdunkelte Räume, in denen Sie keine Lampenstative aufstellen können, können sie jedoch die Lösung sein.

Da moderne Kameras selbst bei schlechten Beleuchtungsverhältnissen noch relativ gute Aufnahmen machen, können Sie im Notfall sogar einfache Klemmlampen mit gewöhnlichen Glühlampen verwenden. Der Nachteil ist, dass Sie wenig Leistung und keine Flügeltore zum Ausrichten des Lichts haben.

Vermeiden Sie es, unterschiedliche Lichtquellen wie Halogen- und Leuchtstofflampen gleichzeitig einzusetzen. Da sie unterschiedliche Farbtemperaturen haben, kann es zu Problemen beim Weißabgleich kommen.

Stimmungsvoll
In dieser Interviewsituation erzeugt die ausgewogene Kombination von Tages- und Kunstlicht eine gelungene Lichtstimmung.

LICHTFÜHRUNG

1 Lichtführung mit zwei Scheinwerfern
Das Führungslicht steht neben der Kamera und das Effektlicht hebt die Person vom Hintergrund ab.

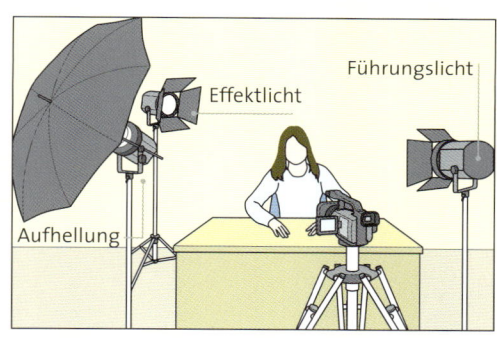

2 Lichtführung mit drei Scheinwerfern
Aufbau wie bei 1, hinzu kommt ein Aufhellungslicht, das hier von einem Reflexschirm zurückgeworfen wird.

3 Lichtführung mit vier Scheinwerfern
Zum Aufbau mit drei Scheinwerfern kommt ein sogenanntes Spitzlicht, das die Person noch stärker vom Hintergrund abhebt.

Ausrüstung und Bandformat

Lichtsetzung für Interviews in Innenräumen

- Bei Innenaufnahmen ist die Lichtsetzung besonders wichtig. Das vorhandene Licht ist meistens nicht ausreichend und Sie benötigen zwei bis drei Scheinwerfer. Das Hauptlicht sollte 250–500 Watt haben, das Effektlicht die Hälfte, bei Bedarf kann ein weiteres Licht als Aufhellung oder für den Hintergrund verwendet werden.
- Je mehr Lichtquellen, desto kreativer können Sie das Licht setzen. Wichtig ist, dass der Person keine Schatten aufs Gesicht fallen und ihre Augen das Licht reflektieren, dadurch wirkt sie lebendig und authentisch.
- Bei Brillenträgern müssen Sie Lichtreflexionen in den Gläsern vermeiden. Mehr zum Bildaufbau auf Seite 92–93.

FILMTIPP

Hands on a Hard Body (1997)
Dieser Dokumentarfilm zeigt zwei Dutzend Teilnehmer eines Ausdauerwettbewerbs um einen brandneuen Nissan Hardbody Truck. Im Freien gedreht, wurde bei diesem Film, anders als bei vielen anderen, nur mit natürlichem Licht gearbeitet.

Licht bei Innenaufnahmen
Rechts sehen Sie einen Aufbau mit vier Scheinwerfern. Jedes der vier Lichter erfüllt einen anderen Zweck, alle zusammen bewirken den gewünschten Lichteffekt. Der vierte Scheinwerfer (Führungslicht) steht außerhalb des Bildes..

> Tipp
Halten Sie Wäscheklammern parat
Nichts geht über Holzwäscheklammern, wenn es darum geht, Folien am Scheinwerfer zu befestigen. Die kleinen Helfer sind günstig und mit zwei Stück pro Scheinwerfer klemmt man die Folie an die Flügeltore. Achten Sie darauf, dass Sie keine Plastikklammern kaufen, die nur wie Holz aussehen, da diese schmelzen und Feuer fangen. Holzklammern halten den hohen Temperaturen stand, sollten aber dennoch so weit wie möglich von der Glühlampe entfernt befestigt werden.

Effektlicht einsetzen
Bei diesem Interview leuchtet ein Scheinwerfer die Küche hinter der Person aus.

Mit einer gelben Farbfolie vor dem Scheinwerfer bekommt das Bild eine warme Farbe, die gut zum Holz im Raum passt.

Ein Hintergrundlicht beleuchtet die Kommode hinter der interviewten Person. Die blaue Farbfolie sorgt für mehr Kontrast.

Der Aufheller balanciert das Führungslicht aus und minimiert die Schatten auf dem Gesicht.

Das Effektlicht beleuchtet die Person von hinten. Für eine wärmere Wirkung wurde eine oranger Farbfolie davorgeklemmt.

Stilisiertes Licht

Vielleicht möchten Sie die Interviews in Ihrem Film durch ein besonderes Licht aus dem übrigen Material hervorheben. Sie können zum Beispiel durch Schablonenlichtblenden, die vor den Scheinwerfer geklemmt werden, Schatten im Hintergrund erzeugen oder verschiedene Farbfolien montieren. Je mehr Scheinwerfer Sie verwenden, desto länger dauert der Aufbau. Die Umstände können Sie aber auch dazu zwingen, mit nur einem, an der Kamera befestigten Licht auszukommen, etwa wenn Sie jemanden in einem Kohlebergwerk filmen.

Hier wird das Führungslicht mit einem Reflektor verwendet. Der Kamera gegenüber steht ein Aufheller.

Ein Effektlicht mit oranger Farbfolie davor wirft warmes Licht auf die Person, das Hintergrundlicht mit blauer Farbfolie leuchtet das Büro aus.

Reflektoren

Bei Außenaufnahmen benötigen Sie Reflektoren, mit denen Sie das natürliche Licht verändern und steuern können. Normalerweise sollte eine zweite Person die Bedienung übernehmen. Sie können den Reflektor aber auch an einem Scheinwerferständer anbringen, was allerdings bei windigem Wetter schwierig ist. Als Reflektor kann auch ein großes Stück weiße Pappe dienen.

>>> Aufgabe 15

Nehmen Sie sich drei Interviews in Innenräumen vor. Wie viele Lichtquellen brauchen Sie durchschnittlich für eine gute Beleuchtung?

Tageslicht reflektieren
Bei dieser Außenaufnahme wird das Sonnenlicht als Hauptlichtquelle (und damit „Führungslicht") mit einem Reflektor reflektiert, umgelenkt und auf den Interviewpartner gerichtet.

Reflektor bei Nachtaufnahme
Ein großer quadratischer Reflektor wirft das Licht von drei Scheinwerfern zurück, wodurch eine große Lichtquelle mit weichem Licht geschaffen wird.

Lektion 14: **Schnittausrüstung**

Wenn Ihre Aufnahmen auf digitalem Videomaterial vorliegen, müssen Sie sie auch digital, das heißt mithilfe eines Softwareprogramms, weiterverarbeiten bzw. schneiden.

> **Ziel**
> Ein Schnittprogramm auswählen, mit dem Sie Ihr Material so gestalten können, wie Sie es geplant haben. Dabei schadet es nichts, wenn das System ein wenig besser ist als unbedingt erforderlich.

> **Stichworte:**
> **Für den Schnitt brauchen Sie**
> - Genügend Speicher auf dem Computer
> - Eine externe Festplatte
> - Schnittsoftware
> - FireWire-Anschlüsse

Für den digitalen Videoschnitt am PC brauchen Sie ein nichtlineares Schnittprogramm. Nichtlinear bedeutet, dass Sie ohne Qualitätsverlust auf jeden beliebigen Ausschnitt zugreifen und das Material nach Belieben neu zusammenfügen können. Aufnahmen auswechseln, eine Überblendung oder Trickblende vornehmen oder eine Szene komplett neu schneiden, das alles funktioniert mit ein paar Klicks. Der Prozess ähnelt der Textverarbeitung – mit Bildern und Geräuschen anstelle von Wörtern. Das Programm hält jeden Schnitt in einer Schnittliste fest und behält die Originalvideo- und -audiodaten bei.

Die Ausrüstung

Der wichtigste Ausrüstungsgegenstand ist Ihr Mac oder PC. Überlegen Sie vor dem Kauf, wie leistungsfähig der Rechner für Ihr Projekt sein muss. Dazu kommt die Schnittsoftware. Die einfachen Schnittprogramme, die zu jedem neuen Rechner kostenlos mitgeliefert werden, sind vor allem für Amateurvideos geeignet. Sie werden ein vielseitigeres Schnittprogramm benötigen, unter anderem mit mehr Video- und Audiospuren. Durchschnittliche Schnittsysteme bieten meist mehr als genug davon. Setzen Sie ein Budget fest und schreiben Sie eine Liste, was Ihr Schnittprogramm können muss.

Professionelle Schnittsysteme bieten zur Schnittsoftware ein Computersystem, das auf Filmschnitt ausgerichtet ist. Hardware und Software sind aufeinander abgestimmt. Wenn Sie an Ihrem eigenen Computer arbeiten möchten, vergewissern Sie sich, dass genügend Arbeitsspeicher für das Programm und genügend Festplattenplatz das komplette Material zur Verfügung stehen. Dies gilt besonders im Fall von HD-Material, das doppelt so viel Platz braucht wie gewöhnliches digitales Material. Eine externe Festplatte mit 1 TB (Terabyte) oder mehr ist vermutlich angebracht. Je mehr Speicherkapazität Sie haben, desto besser. Videoaufnahmen benötigen viele Megabyte pro Minute!

Drei Bildschirme sind besser als einer
Hier arbeitet ein Cutter mit einem professionellen Avid-Schnittprogramm. Der erste Monitor zeigt die Menüfelder des Schnittprogramms, der mittlere Material und Schnitt samt Timeline, der dritte das fertig geschnittene Ergebnis.

Schnittsysteme: die Hardware

Sie brauchen ein System, das ausschließlich zum Schneiden verwendet wird. Ansonsten werden Sie immer wieder mit lästigen Programmabstürzen zu tun haben, bei denen jedesmal Arbeit verloren geht. Besonders wenn Sie mit HD arbeiten, sollten Motherboard und Rechenleistung so schnell wie möglich sein, zum Beispiel mit Doppel- oder Vierkernprozessor auf einer Windows-Plattform mit 4 GB Arbeitsspeicher. Bedenken Sie: Ihre Möglichkeiten beim Schnitt hängen davon ab, wie gut Ihr System ist. Hier sehen Sie eine Grundausstattung.

Hauptmonitor, der die Timeline und Informationen anzeigt

Zusätzlicher Monitor, der das geschnittene Material zeigt

Externes Mischpult, das den Ton pegelt. Dient zur Kontrolle dessen, was Sie über Lautsprecher und Kopfhörer hören, da der Ton ebenfalls mithilfe der Software geschnitten wird

Externer Lautsprecher

Mindestanforderungen an Ihr Schnittsystem

> Muss Format Ihres Filmmaterials erkennen
> Schnittwerkzeuge müssen Übergänge und Titel beinhalten
> DVD-Brennfunktion, Exportieren fürs Webstreaming
> Muss Broadcast-Qualität ermöglichen

Schnittsysteme: die Software

Die drei führenden nichtlinearen Schnittsoftwareprogramme sind:
- Final Cut Pro 7 (Apple, Inc.)
- Premiere Pro CS5 (Adobe)
- Avid Liquid Pro 7 (Pinnacle)

Alle drei Profisysteme kosten rund 1000 Euro. Jedes davon kann SD, HD und gemischte Formate schneiden, Special Effects und Grafiken erstellen und für Streaming, DVD und TV ausgeben. Obgleich sich die Systeme ähneln, hat doch jedes seine Besonderheiten und seine Fangemeinde. Es ist also letztendlich eine Frage des Geschmacks, ähnlich der PC-kontra-Mac-Debatte. Als Entscheidungshilfe finden Sie rechts eine Liste mit einigen Merkmalen.

Betriebssystem
Auf einem PC benutzen die meisten Cutter Windows XP, das als das stabilste Microsoft-Betriebssystem gilt. (Kaum ein Cutter arbeitet mit Vista oder Windows 7.) Beim Mac arbeitet Final Cut Pro (FCP) auf MAC OS X Version 10.5.6 und höher.

Mindestspeicher
Für den Schnitt sollten Sie auf Ihrer/n Festplatte(n) mindestens 1 TB Speicherplatz zur Verfügung haben. Videodateien sind groß, Ihr Computer braucht Kapazität, um diese Dateien effektiv zu verarbeiten.

Material transferieren
Wenn Sie auf Band gefilmt haben, brauchen Sie einen Videorekorder, auf dem Sie die Bänder abspielen können, um sie in Ihr Schnittsystem zu importieren. Wenn Ihr Material auf Speicherkarte oder Festplatte gespeichert wurde, müssen Sie die Dateien nur noch in Ihr Schnittsystem verschieben. Ein Rekorder kostet unter Umständen mehr als eine Kamera. Sie haben auch die Möglichkeit, die Bänder über die VTR-Funktion der Kamera abzuspielen.
Um Kamera und Computer zu verbinden, benötigen Sie ein FireWire-Kabel, über das Sie Ihre Video-/Audiodaten importieren.

Schnitt-programm	Mac/PC	Betriebssystem	Anmerkungen
Apple Final Cut Pro 7	nur Mac	Mac OS X Version 10.5.6 oder später	> Erste Wahl unter professionellen Cuttern > Am einfachsten in der Handhabung > Abgespeckte Version Final Cut Express ist bereits für ein paar hundert Euro erhältlich – ihr fehlt unter anderem „Cinema Tools", das Sie für einen Dokumentarfilm aber auch kaum brauchen. > Sie können Ihr Material von Final Cut Express auf Final Cut Pro übertragen, falls Sie nachträglich aufrüsten möchten.
Adobe Premiere Pro CS5	Mac und PC	Mac OS 10.5.6 oder später, Windows Vista, XP	> Lässt sich nahtlos mit anderer Adobe-Software wie After Effects, Encore und Photoshop verbinden. > Komplizierter als die anderen, bedarf der Einarbeitung. > Hardware muss in tadellosem Zustand sein und sollte ausschließlich zum Schneiden verwendet werden.
Pinnacle Avid Liquid Pro 7	Mac und PC	Microsoft Windows XP SP2	> Integrierte Hardware- und Softwareplattform, garantiert gute Leistung und Strapazierfähigkeit.

Das Schnittsystem bzw. Ihr Computer muss eine DVD-Brennfunktion besitzen – in dieser Form werden später Rezensionsexemplare angefertigt – und einen FireWire-Anschluss haben, über den Sie die Daten vom Videorekorder auf den Rechner importieren. Egal, für welche Ausrüstung Sie sich entscheiden: Niemals sollte Ihr Filmmaterial bei der Bearbeitung an Qualität einbüßen.

Unterstützung

Wenn Sie sich kein eigenes Schnittsystem leisten können, lassen sich vielleicht Filmstudenten oder Mitarbeiter Ihres lokalen TV-Senders anwerben. Gehen Sie sicher, dass diese ein nichtlineares System verwenden und dass sie genügend Zeit mitbringen und nicht mittendrin aussteigen. Stellen Sie von Anfang an klar, dass sie nach Ihren Vorgaben bzw. mit Ihnen zusammen schneiden. Es ist Ihr Projekt, Sie entscheiden, wie das Ergebnis aussehen soll. Seien Sie trotzdem offen für Vorschläge. Vielleicht haben die anderen gute Ideen, insbesondere wenn sie schon einige Erfahrung im Schneiden haben. Finden Sie Gleichgesinnte, die Ihre Vision teilen. Das Letzte, was Sie brauchen, sind Auseinandersetzungen und Machtkämpfe über Inhalte – damit verschwenden alle ihre Zeit und sind am Ende frustriert. Seien Sie auf alle Eventualitäten vorbereitet. Speichern Sie fertig Geschnittenes und Ursprungsmaterial immer auch auf einer externen Festplatte, damit Sie die Möglichkeit haben, notfalls auf einen anderen Schnittplatz auszuweichen.

Wenn Sie ausreichend Geduld und Zeit aufbringen, können Sie sich das Schneiden mit einem Programm gut selbst beibringen. Bereits nach kurzer Zeit werden Sie mit allen Funktionen vertraut genug sein, sodass es Ihnen beim nächsten Projekt leichter von der Hand gehen wird.

Final Cut
Vom Benennen der Aufnahmen über die Montage von Clips im Rohschnitt bis zu Farbkorrekturen und dem Hinzufügen von Überleitungen und Soundeffekten bietet das Videoschnittprogramm Final Cut (unten eine Bildschirmansicht) ein erstaunliches Bündel von Möglichkeiten.

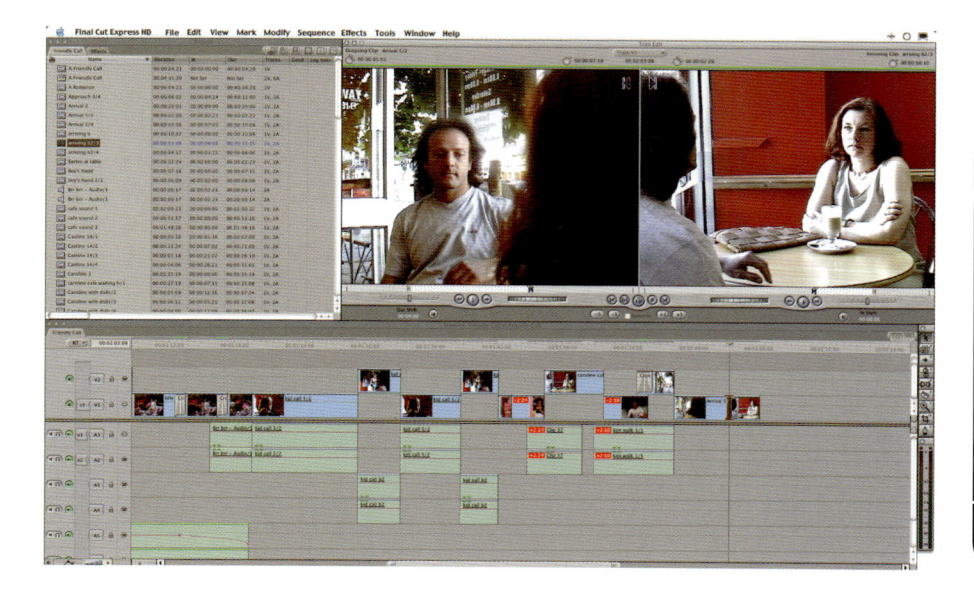

Tipp

Material von MiniDV transferieren

Die empfindlichen MiniDV-Bänder sollten Sie nicht öfter als ein- oder zweimal abspielen, da das Band beim wiederholten Abspielen Schäden erleiden kann. Am sichersten (und zeitsparendsten) ist es, wenn Sie das gesamte Band auf einmal erfassen und erst danach aussortieren, was Sie nicht benötigen. Andernfalls ist das Risiko, dass Sie das Band beschädigen, groß.

>>> Aufgabe 16

Sehen Sie sich Ihr Konzept an und listen Sie die fünf wichtigsten Funktionen auf, die Ihr Schnittsystem (Hardware und Software) bieten muss, zum Beispiel verschiedene Band- oder digitale Formate erkennen, Spezialeffekte, Überleitungen oder Videospeicher. Nicht vergessen: Wenn Sie in HD filmen, brauchen Sie üppigere Kapazitäten.

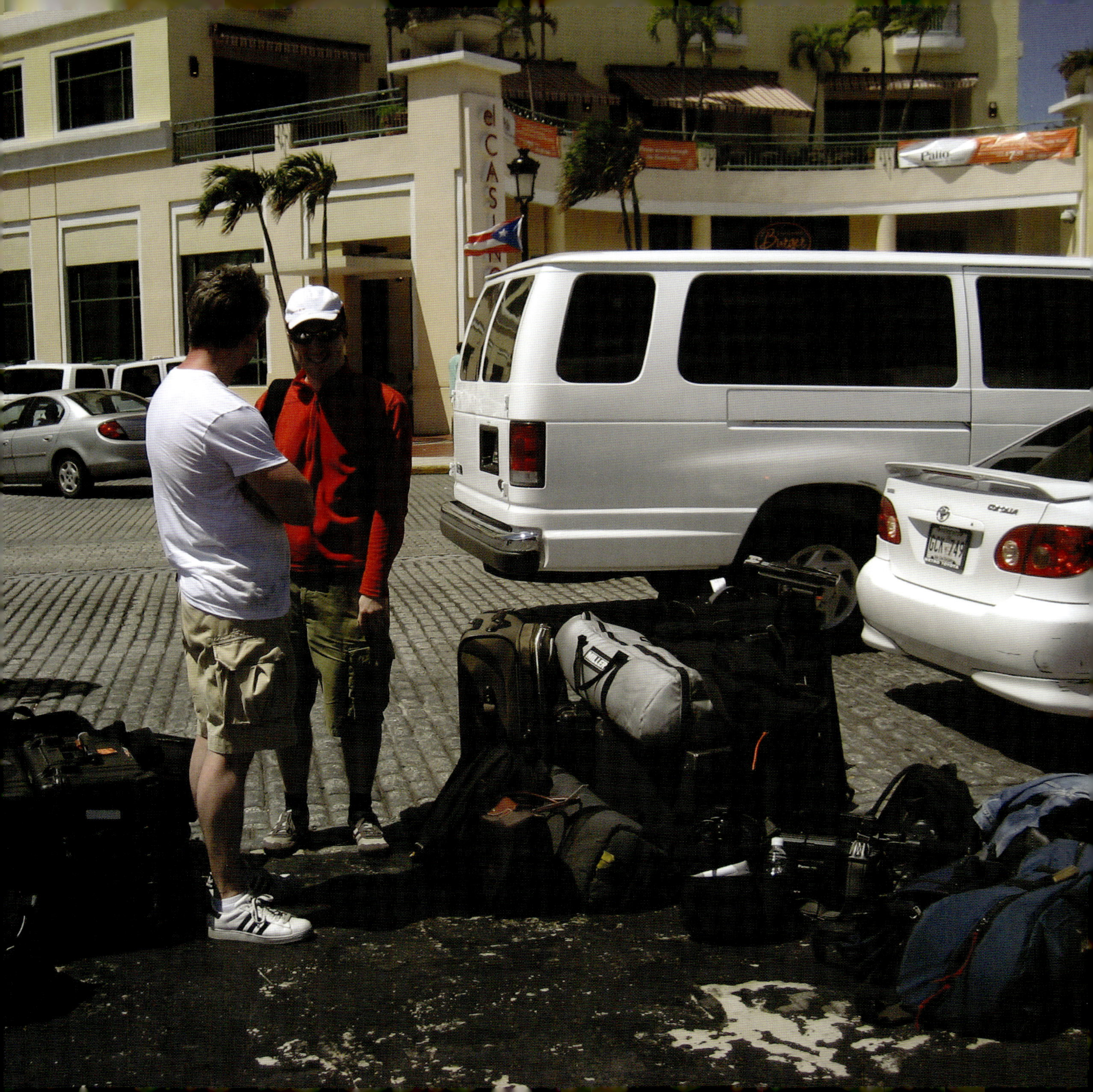

TEIL 3
VORPRODUKTION

In der Vorbereitungsphase geht es darum, einen Schlachtplan für Ihren Filmdreh auszuarbeiten. Im Konzept haben Sie festgehalten, wie das Endergebnis aussehen soll. Die Vorproduktion umfasst die Zeitplanung, das Zusammenstellen des Teams – sofern Sie mit einem arbeiten –, das Koordinieren der Interviews, das Festlegen von Drehorten und Einholen von Drehgenehmigungen sowie eine Kalkulation des benötigten Filmmaterials. Arbeiten Sie mit Notizbuch und Kalender. Ihr Ziel sollte sein, das gesamte Material innerhalb weniger Monate zu drehen.

Organisatorische Leitung
Vorproduktion bedeutet vor allem, Mitwirkende, Orte und Arbeitsmittel zu organisieren und zu koordinieren. Je sorgfältiger die Vorbereitung eines Filmprojektes, desto reibungsloser die Produktion. Sehen Sie die Vorproduktion als vorbeugendes Aspirin gegen Produktionskopfschmerzen.

Zeitplanung
Der Drehplan beinhaltet Ihre Zeitplanung für Tage, Wochen, Monate. Planen Sie so detailliert wie möglich. Oft genug werden Sie dabei die Terminplanung anderer Personen zu berücksichtigen haben. Teilen Sie Ihren Interviewpartnern frühzeitig mit, wann Sie drehen möchten, und erfragen Sie, wann diese zur Verfügung stehen. Die meisten werden entgegenkommend reagieren und Ihnen mehrere Termine anbieten, denn ihre Beteiligung haben sie ja bereits zugesagt.

Seien Sie bei der Zeitplanung realistisch. Zehn Personen an einem Tag zu interviewen, ist keine gute Idee. Als Faustregel gilt: Es dauert immer länger als gedacht. Für ein zweistündiges Interview müssen Sie eventuell ein Stunde Anfahrt, eine Stunde für den Aufbau vor Ort, eine halbe Stunde zum Einpacken und eine Stunde Rückfahrt rechnen, das sind schon fünfeinhalb Stunden.

Team
Ein Team zusammenzustellen, ist nicht einfach. Machen Sie einen Aushang im Filminstitut der Universität, setzen Sie eine Anzeige ins Internet. Und machen Sie dabei kein Geheimnis daraus, ob Sie bezahlte oder unbezahlte Tätigkeiten anbieten. Präsentieren Sie Ihr Projekt möglichst verlockend. Eine Crew, die mit Begeisterung dabei ist, ist Gold wert. Auf Fragen, die Ihnen Interessenten stellen könnten, sollten Sie Antworten parat haben; Ihr Konzept ist da eine nützliche Stütze.

Wenn Sie Ihr Team beisammen haben, klären Sie die Zeiträume, in denen die einzelnen Mitglieder zur Verfügung stehen. Wenn der Kameramann gleichzeitig auch die Kamera zur Verfügung stellt und nur an einigen wenigen Tagen Zeit hat, kann es schwierig werden. Sie sollten dann zumindest Ausweichpläne haben, zum Beispiel für den Fall, dass der Kameramann auf dem Weg zum Drehort eine Autopanne hat, oder Sie den Dreh an einem Tag abblasen müssen, weil das Wetter schlecht ist.

INHALT	SEITEN
Eigen- oder Fremdfinanzierung	60–63
Finanzierung einer Fernsehproduktion	64–65
Drehtage planen	66–67
Genehmigungen	68–69
Versicherungen	70–71
Aus der Praxis: Vorbereitung	72–75

Lektion 15: Eigen- oder Fremdfinanzierung

Ob Sie Ihren Film selbst finanzieren oder bei der Finanzierung auf andere Quellen setzen – es empfiehlt sich, ein Unternehmen zu gründen. In welcher Form, hängt von der Art des Filmprojektes und von den Investoren ab, die Sie ins Boot holen wollen.

Einzelunternehmen
Unkompliziert und günstig ist die Gründung eines Einzelunternehmens. Die Betriebsausgaben Ihres Unternehmens können Sie steuerlich absetzen. Nachteilig dabei ist allerdings, dass Sie für Ihr Unternehmen mit Ihrem persönlichen Vermögen haften, zum Beispiel wenn es infolge eines Unfalls verklagt wird.

Personengesellschaft
Die Gründung einer Personengesellschaft bedeutet mehr Aufwand, denn sie erfolgt mit Abschluss eines Gesellschaftervertrags. Eine häufig gewählte Gesellschaftsform ist die GmbH, die Gesellschaft mit beschränkter Haftung. Eine GmbH gilt als juristische Person, das heißt, sie kann Eigentum erwerben, Verträge abschließen, vor Gericht klagen und verklagt werden und wird als Personengesellschaft besteuert. Für ihre Verbindlichkeiten haften Sie als Gesellschafter nur beschränkt, das heißt nicht über die geleistete Kapitaleinlage hinaus.

Es gibt zwei Arten von GmbHs: gewinnorientierte und gemeinnützige. Ein gewinnorientiertes Unternehmen gibt Anteilseignern und Investoren von seinem Gewinn ab. Die Gesellschafter profitieren von den Erträgen nach Maßgabe des Gesellschaftervertrages.

Eine gemeinnützige GmbH ist ein steuerbegünstigter Zweckbetrieb. Ihr Vorteil liegt in der Befreiung von Körperschafts- und Gewerbesteuern sowie dem Recht, Zuwendungsbestätigungen für Spenden ausstellen zu können. Wenn Gewinne erzielt werden, dürfen diese nicht ausgeschüttet werden, sondern müssen zeitnah in die Gesellschaft reinvestiert werden, etwa mit dem Kauf weiterer Ausrüstung oder durch Betreiben eines Büros. Die Voraussetzung für die Gründung einer gemeinnützigen GmbH ist die Feststellung von Gemeinnützigkeit. Das heißt, die Gesellschaft muss dem Allgemeinwohl dienen, sei es auf karitative, pädagogische, religiöse oder wissenschaftliche Weise. Wenn Sie einen Nutzen Ihrer Dokumentation für die Öffentlichkeit darlegen können, besteht die Möglichkeit, für die Produktion eine gemeinnützige GmbH zu gründen. Falls Sie nur diesen einen Film drehen wollen, müssen Sie diese Gesellschaft nach Fertigstellung wieder auflösen. Es ist aber auch möglich, weitere Filme mit dieser Produktionsfirma zu drehen.

> **Ziel**
> > Überlegen Sie, wieviel Zeit und Energie Sie auf die Suche nach einer Finanzierungshilfe für Ihr Vorhaben verwenden möchten. Welcher Weg ist für Sie und für das Projekt realistisch?

> **STICHWORTE: Mini-GmbH**
> > In Deutschland gibt es seit wenigen Jahren eine Variante der herkömmlichen GmbH, die vor allem für Existenzgründer und ihre ersten kleineren Projekte geeignet ist: die Unternehmergesellschaft (haftungsbeschränkt), auch Mini-GmbH genannt.
> > Vorteil gegenüber der gewöhnlichen GmbH ist ein geringeres Stammkapital.
> > Im Gegenzug dafür, dass die Stammeinlage nahezu beliebig gering ausfallen kann, müssen jährlich mindestens 25 Prozent des Jahresüberschusses als Rücklage eingestellt werden.

Investorensuche

Es schadet nichts, sich nach Finanzierungsmöglichkeiten umzusehen, selbst wenn Sie solche nicht unbedingt brauchen. Schließlich soll Ihr Film so gut wie möglich werden, und wenn Sie für die Produktion zusätzliches Geld bekommen können, umso besser. Das Schlimmste, was passieren kann, ist, dass Sie abgelehnt werden. Mit einem Investor haben Sie jedoch wahrscheinlich ein größeres Budget zur Verfügung, was mehr Reisen, bessere Ausrüstung und, bei Bedarf, mehr Mitarbeiter ermöglicht. Potenzielle Geldgeber können örtliche Firmen, aber auch wohlhabende Verwandte sein. Bereiten Sie sich auf Fragen vor und beantworten Sie diese ehrlich und genau. Eine schriftliche Beschreibung des Films und Ihrer Vermarktungsideen ist hilfreich. Ihr Gegenüber soll sich den Film vorstellen können, präsentieren Sie ihm Ihr Material dazu in einem Portfolio. Fügen Sie eine Etatkalkulation bei: Welche Reisekosten fallen an? Brauchen Sie einen neuen Computer oder Extraausrüstung zum Schneiden? Haben Sie für sich selbst ein Gehalt vorgesehen? Bezahlen Sie das Team? Sämtliche Ausgaben sollten im Budget aufgelistet werden.

Lassen Sie sich auf keine Vereinbarungen ein, die Ihnen Unbehagen bereiten. Üblicherweise erhalten alle Investoren zusammen 50 Prozent des Gewinns, bei zwei gleichwertigen Investoren bekommt also jeder 25 Prozent. Auch wenn Sie vorhaben, Ihre Ausgaben wieder einzuspielen und einen Gewinn zu erzielen – garantieren Sie nichts

Vermeiden Sie Product-Placement

Nehmen Sie niemals Geld an, für das Sie im Gegenzug ein Produkt der Firma in Ihrem Film platzieren sollen. Zum Beispiel ein Trainingsgerät, das in einer Dokumentation über Fitnesstraining in mehreren Aufnahmen zu sehen ist. Nicht nur gerät Ihr Film dadurch in den Verdacht, ein Infomercial zu sein, Sie haben auch keine Chance, ihn beim öffentlich-rechtlichen Fernsehen unterzubringen. Mit Product-Placement setzen Sie Ihre Glaubwürdigkeit aufs Spiel.

dergleichen. Sie können nicht wissen, ob sich Ihr Film als einträglich erweisen wird oder nicht. Ein Investor kann Ihnen das Geld auch ohne Gegenleistung zur Verfügung stellen, weil ihm das Projekt zusagt und er es unterstützen möchte.

Manche Unternehmen vergeben Gelder ausschließlich an gemeinnützige Organisationen, womöglich sogar nur an bestimmte, die sie seit Jahren fördern. Auch an diese Töpfe können Sie kommen, indem Sie mit einer solchen Organisation kooperieren. Angenommen, Sie drehen einen Film über Menschen, die an einer bestimmten Form von Krebs erkrankt sind. Dann können Sie eine gemeinnützige Organisation, die sich für die Betroffenen einsetzt, um Unterstützung bitten. Eine entsprechende Vereinbarung macht Ihren Film auch zu einem Projekt dieser Organisation, sodass Sie auch deren Sponsoren ansprechen können. Es besteht die Möglichkeit, dass die Organisation die Kontrolle der Einnahmen und Ausgaben des Filmprojekts übernimmt und zum Ausgleich für ihre Bemühungen zu einem geringen Prozentsatz am Gewinn beteiligt wird.

Ihr Portfolio

Folgende Informationen muss Ihre Präsentation in jedem Fall enthalten, auch wenn Sie die potenziellen Geldgeber nicht persönlich treffen, sondern ihnen die Unterlagen per E-Mail zukommen lassen.

> Zusammenfassung des geplanten Films (s. Seite 23).
> Beschreibung der Zielgruppe
> Liste der Drehorte
> Liste der Personen/Fachleute, die Sie interviewen werden (die „Besetzung").
> Geplante Verwertung (öffentlich-rechtliches Fernsehen, Lokalfernsehen, Festivals, DVD)
> Etatkalkulation (s. Seite 62)
> Bisherige Arbeiten/Demobänder des Regisseurs/Filmemachers
> Kontaktinformationen des Regisseurs/Filmemachers

Vorproduktion

● **Schritt für Schritt**

Budgetplan

Listen Sie die Kosten für die einzelnen Posten auf und seien Sie dabei so genau wie möglich, damit Ihre Investoren einen realistischen Eindruck erhalten. Dass Sie sich selbst und/oder andere Personen bezahlen, wird erwartet. Rechts ein Beispiel.

Unterscheiden Sie bei den Kosten zwischen Produktion und Postproduktion.

Produktionskosten (20 Tage)

Filmemacher/Regisseur/Kameramann (€ 300,– pro Tag)	€ 6.000,–
Produktionsassistent (€ 120,– pro Tag)	€ 2.400,–
Transport (Benzin und Flüge)	€ 1.700,–
Verbrauchsmaterial (versch.)	€ 420,–
Videobänder	€ 420,–
Kameratechnik, Ton, Licht	€ 2.400,–
Schnitt/Final Cut Pro/Festplatte	€ 2.400,–

Postproduktionskosten (30 Tage)

Cutter (€ 210,– pro Tag)	€ 6.300,–
Musik	€ 850,–
Untertitel	€ 1.200,–
Betacam/Digitalmastering	€ 420,–

Nach Fertigstellung

Telefon/Porto/Versand	€ 840,–
DVD-Kopien (Rezensionen/Presse/Vorabkopien)	€ 420,–
DVD-Hüllendesign	€ 420,–

Gesamtetat: € 26.190,–

Geben Sie keinen pauschalen Produktionszeitraum von drei Monaten an, sondern seien Sie genau: Wie viele Arbeitstage sind jeweils für Dreh und Schnitt geplant?

Der tatsächliche Etat
Obwohl die Angabe von Arbeitstagen möglichst exakt sein soll, müssen Sie diese Anzahl als ein Minimum verstehen. Sie können letztendlich weitaus mehr Zeit mit Drehen und Schneiden verbringen.

Wenn Sie Kamera und Schnittausrüstung bereits besitzen, ist das ein Vorteil. Ihren Investoren sollten Sie dennoch einen möglichst umfangreichen Etat vorlegen. Außerdem sind zusätzliche Anschaffungen wahrscheinlich trotzdem nötig.

● SCHRITT FÜR SCHRITT

Lassen Sie sich eine Erwähnung im Abspann bezahlen

Eine Möglichkeit, finanzielle Unterstützung zu bekommen ist, sich eine Erwähnung im Abspann bezahlen zu lassen. Das heißt, für einen vereinbarten Preis wird der Name der Firma oder Privatperson in der Danksagung genannt. Auch Spendengeber werden dort aufgeführt.

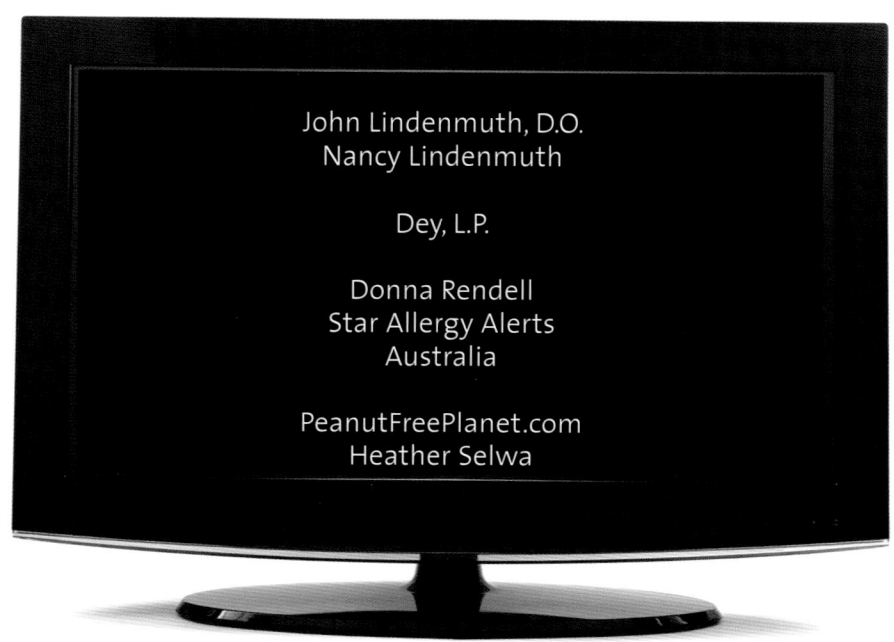

Eigenfinanzierung

Investoren und Zuschüsse aufzutreiben, kann Sie Monate oder gar Jahre kosten, besonders, wenn es sich um Ihren Debütfilm handelt und Sie noch keinerlei Erfahrung vorweisen können. Wenn Ihnen die Suche zu zeit- und arbeitsaufwendig ist und Sie sich lieber sofort in die Produktion stürzen möchten, finanzieren Sie sich am besten selbst. Heutzutage können Sie auch mit wenig Geld einen Film in Sendequalität erstellen.

In diesem Fall wählen Sie am besten ein Thema, für das Sie nicht allzu weit reisen müssen. Ihr Zugang zu Kamera- und Schnittequipment wird ebenfalls begrenzt sein, hier müssen Sie geschickt planen. Der Vorteil ist, dass Sie weniger Druck haben, weil Sie nicht zu einem bestimmten Termin „liefern" müssen, sondern nach Ihrem eigenen Tempo arbeiten können. Im Übrigen: Um Sponsoren und Finanzmittel können Sie sich auch noch nach der Fertigstellung Ihres Films bemühen, vor allem, wenn es sich um eine Produktion fürs Fernsehen handelt.

> > > **Aufgabe 17**

Schreiben Sie die tatsächlichen Drehkosten auf und vergleichen Sie die Aufstellung mit dem Budget, das Sie den Investoren präsentieren wollen.

> *Wieviel Geld brauchen Sie wirklich, um mit der Produktion zu beginnen?*
> *Ist dieser Betrag niedrig genug, um eventuell eine Eigenfinanzierung in Betracht zu ziehen?*

Lektion 16: Finanzierung einer Fernsehproduktion

Sie können jederzeit versuchen, Geldgeber für eine Fernsehdokumentation zu gewinnen. Am einfachsten ist es jedoch, wenn Sie bereits in der Produktion stecken oder diese gar schon abgeschlossen ist. Unternehmen sind eher geneigt, einen Film zu unterstützen, wenn Sie ihnen schon etwas zeigen können. Noch bessere Chancen haben Sie, wenn Ihr Film bereits die Zusage für eine Ausstrahlung im Fernsehen hat.

Im Gegensatz zum Investor erwartet ein Sponsor keinen finanziellen Gewinn. Er unterstützt die Produktion und zahlt im Prinzip für Werbung bzw. dafür, dass sein Name in Verbindung mit der Produktion genannt wird. Wenn Sie Ihren Film bei einem öffentlich-rechtlichen Sender unterbringen möchten, dürfen Sponsoren jedoch weder auf den Aufbau Ihres Films Einfluss genommen noch eine Möglichkeit zum Product-Placement erhalten haben. Wenn zum Beispiel in einem Film über Diabetes eine große Diabetesorganisation auftaucht, kann diese nicht gleichzeitig als Sponsor fungieren, weil das die Glaubwürdigkeit Ihres Films herabsetzen würde.

Die öffentlich-rechtlichen Fernsehanstalten haben genaue Richtlinien für Werbung, Sponsoring und Produktionshilfen, die über ihre Websites einsehbar sind.

Filmförderung

Zusätzlich zur Finanzierungsmöglichkeit durch Investoren oder Sponsoring gibt es in Deutschland noch ein wichtiges Instrument, das in den USA gänzlich unbekannt ist: die Filmförderung. Sie wird zum einen bundesweit vergeben – vom Beauftragten der Bundesregierung für Kultur und Medien, von der Filmförderungsanstalt (FFA) sowie vom Kuratorium junger deutscher Film. Dazu kommt die Filmförderung der einzelnen Bundesländer sowie die Filmförderung der EU durch MEDIA und EURIMAGES. Jede dieser Einrichtungen hat ihre eigenen Bestimmungen zur Erlangung der Förderung, zu ihrer Verwendung, der Distribution des Filmes, der Nennung der jeweiligen Förderung im Vor- oder Nachspann etc.

> **Ziel**
> > Finden Sie heraus, welche Geldgeber für Ihren Film infrage kommen. Wer könnte sich etwas davon versprechen, mit Ihrem Film in Verbindung gebracht zu werden?

● >>> **Aufgabe 18**

Erstellen Sie ein Angebot für potenzielle Sponsoren.

Dazu gehören:
> Auskunft über Ihr Unternehmen
> Was können Sie den Sponsoren für ihr Geld bieten?
> Was dürfen diese erwarten (Publicity etc.)?

Regeln des PBS

Sponsoringbestimmungen beim PBS (Public Broadcasting Service)

> Hinweise auf Sponsoren nur am Anfang oder Ende der Sendung.
> „Diese Sendung wurde ermöglicht durch X" plus nicht mehr als 20 Wörter.
> Qualitätsbehauptungen, Handlungsaufforderungen, Vergleiche, Preisinformationen und jegliche Form von Werbeaussagen sind nicht erlaubt.
> Ein Produkt des Sponsors darf einmalig, direkt auf seinen Namen folgend, erwähnt werden (Beispiel: SprocketCo, Hersteller von Zahnrädern). Der Markenname darf nicht wiederholt werden.
> Bis zu fünf Produkte oder Dienstleistungen dürfen aufgeführt werden.
> Keine gesungenen Jingles. Musik ist erlaubt; Musik mit Text nicht.
> Auch gängige Slogans sind verboten, wenn Sie Handlungsaufforderungen, Qualitätsbehauptungen, Preisinformationen oder anstößige Sprache enthält.
> Product-Placement muss vermieden werden.

Schritt für Schritt

Sponsorenangebot schreiben

Um Sponsoren Ihren Film zu „verkaufen", müssen Sie ein Angebot aufsetzen, das die wichtigsten Punkte wirkungsvoll zusammenfasst. Das folgende Beispiel lässt sich als Vorlage verwenden.

Angebot für „I'm Not Nuts": Living With Food Allergies

Firmeninformation
Brimstone Media Productions, LLC, gegründet 1992 in NYC, ist eine unabhängige Videoproduktionsfirma mit Sitz in Brighton, Michigan, ca. eine Fahrtstunde von Detroit entfernt. Bisher haben wir sechs Dokumentarfilme gedreht, die unter anderem im öffentlichen Fernsehen (PBS) ausgestrahlt wurden.

Sponsoren
In Anerkennung ihres finanziellen Beitrags wird das Erste, was der Zuschauer sieht und hört, die Nennung der Sponsoren sein: Die Organisation/Firma kann sich ganz zu Beginn der Sendung mit Logo und Kontaktinformationen ähnlich wie in einer Anzeige darstellen. Zur schriftlichen Nennung kann ein Offkommentar hinzukommen, die Erwähnung von Produkten und/oder Dienstleistungen darf ebenfalls in den Informationen zum Sponsor enthalten sein. Alle großen Sponsoren des PBS werden auf diese Weise dargestellt. Auch auf den DVD-Kopien des Films wird die Sponsorschaft vermerkt werden.

Absatzmärkte
Der Film wird nach Fertigstellung regional und landesweit Sendern wie Michigan Public Television oder dem National Public Television System angeboten. NETA, eine Firma, die den PBS landesweit mit Programmen beliefert, hat bereits Interesse bekundet.

In den USA gibt es 360 PBS-Sender. (Außerdem strahlen auch ein paar kanadische Sender die Programme aus.) Etwa 70 Prozent dieser Sender haben den letzten Dokumentarfilm des Filmemachers zum Thema Gesundheit ausgestrahlt. Darauf folgend erhielten wir in den letzten vier Jahren viele positive Rückmeldungen und Bitten um Bestellinformationen.

Darüber hinaus sind die Möglichkeiten für einen Vertrieb über den Bildungsmarkt, an Krankenhäusern, Universitäten und öffentlichen Bibliotheken ausgezeichnet. Der DVD-Verkauf an Privatpersonen ist ein zusätzlicher Vertriebsweg und wird durch PBS-Ausstrahlungen und Websites angekurbelt.

Der Filmemacher hat gute persönliche Verbindungen zu all diesen und weiteren Vertriebswegen, wie zurückliegende Erfolge im Verleih bezeugen. (Siehe unten, „Über den Filmemacher".) Die Sponsoren bekommen die Chance, lokal und überregional in vielen verschiedenen Medien präsent zu sein und ihren Namen bekannt zu machen.

Besonderheiten des PBS-Sponsorings
Von den 360 PBS-Sendern in den USA werden schätzungsweise 25 bis 60 Prozent, verteilt über das gesamte Land (und einige zusätzliche in Kanada), „I'm Not Nuts": Living With Food Allergies ausstrahlen. Die Sender dürfen den Film fünf Jahre lang beliebig oft zeigen. Datum und Sendezeit der Ausstrahlungen legen die einzelnen Sender fest.

Der Film darf vier Sponsoren aufweisen (je 15 Sekunden, eine Minute insgesamt). In diesen 15 Sekunden können das Logo, ein Standbild oder ein Videoclip des Sponsors gezeigt werden. Fünf Sekunden lang können nach den Bestimmungen des PBS Website und Telefonnummer eingeblendet werden. Gesundheitsbezogene Produkte und/oder Dienstleistungen dürfen ebenfalls genannt werden.

Höhe der Sponsoringsumme
Der Filmemacher schlägt eine einmalige Spende von €_____ vor. Bitte beachten Sie, dass diese Summe für PBS-/TV-Ausstrahlungen über fünf Jahren gilt.

Die oben genannte Summe ist ein Vorschlag, der auf einer Kalkulation der Produktionskosten und der erwarteten Zuschauerzahlen basiert. Der Betrag ist verhandelbar. Der Filmemacher ist gern bereit, individuelle Vorstellungen mit potenziellen Sponsoren zu besprechen.

Zusätzlich erhält der Sponsor eine Anzahl kostenloser DVD-Kopien des fertigen Films. Besondere Wünsche sollten persönlich besprochen werden. Für Fragen oder Anregungen wenden Sie sich bitte an:

Kevin J. Lindenmuth Brimstone Media Productions, LLC
Telefon/Handy/E-Mail:

Ihr Angebot sollte Informationen enthalten über:

1. Ihr Unternehmen: Stellen Sie sich vor. Erwähnen Sie frühere Projekte, wenn Sie Grund zur Annahme haben, dass Ihr Angebot dadurch an Attraktivität gewinnt.
2. Nutzen für den Sponsor: Erwähnen Sie die Vorteile: Wie werden die Sponsoren genannt/gewürdigt? Erläutern Sie, wie Logos, Produkte oder Dienstleistungen gezeigt werden können.
3. Vertrieb: Fassen Sie die Distributionskanäle für Ihren Film zusammen. „Verkaufen" Sie dem Sponsor Ihr Angebot möglichst überzeugend: Je öfter der Film gezeigt wird, desto besser.
4. Ausstrahlung: Geben Sie genaue Informationen zu Sendern und Sendeplätzen.
5. Spendensumme: Ihr Angebot sollte einen Vorschlag für die Spendensumme enthalten und angeben, was diese abdeckt.
6. Kontaktinformationen: Vergessen Sie nicht, Ihren Namen, E-Mail-Adresse und Telefonnummer(n) anzugeben. Wenn Sponsoren an einer Beteiligung interessiert sind oder weitere Fragen haben, sollten Sie leicht zu erreichen sein.

Lektion 17: Drehtage planen

Bei der Planung eines Drehs müssen Sie neben Ihrer eigenen auch die Verfügbarkeit von Equipment, Team, Interviewpartnern und Drehorten berücksichtigen und darauf achten, dass die Reihenfolge, in der Sie drehen wollen, sinnvoll ist. Ein Drehplan umfasst die Zeitplanung für den kompletten Dreh.

Ohne Zeitplan drehen
Unten sehen Sie Beispiele aus einem Film, für den kaum geplant werden konnte. Smallsmall Thing von Jessica Vale und Nika Offenbac berichtet von Gewalt gegen Frauen und Kinder nach dem Ende des Bürgerkriegs in Liberia. Der Film zeigt Interviews mit den Opfern, ihren Familien, Angeklagten, Nichtregierungsorganisationen, liberianischen Bürgern und Sozialfürsorge-Organisationen, um ein Porträt der Bevölkerung und der Reaktion der Regierung auf die Verbrechen zu zeichnen. Durch die Wahl des Drehorts, die vielen Beteiligten und die besonders heikle Situation konnte ein Großteil des Drehs erst geplant werden, als die Filmemacherinnen bereits vor Ort waren. Die Aufnahmen erwiesen sich als abenteuerlich und zwangen häufig zum Improvisieren.

Selbstverständlich können Sie nicht immer einen Zeitplan festlegen. Als Dokumentarfilmer sind Sie ganz und gar Ihrem Thema ausgeliefert und sind oft davon abhängig, wann die Mitwirkenden verfügbar sind. Wenn Sie nicht einem strikten Drehbuch folgen und im Voraus nicht genau wissen, welche Aufnahmen Sie benötigen, ist es unmöglich, Monate im Voraus einen Zeitplan zu erstellen. Einige Grundüberlegungen sollten Sie dennoch anstellen, da sie für die Drehreihenfolge und – wichtiger noch – für die Terminplanung von Bedeutung sein können.

> **Ziele**
> - Planen Sie gründlich, wann und wo Sie jedes einzelne Element filmen werden, bevor Sie auch nur ein Bild aufnehmen.
> - Arbeiten Sie einen Alternativplan aus – das ist besonders bei Low-Budget-Produktionen unerlässlich.

1 Die ersten Interviews wurden im Parlamentsgebäude geführt. Team und Interviewpartner mussten den Drehort wechseln, da es anfing zu regnen. Sie bestachen daher die Sicherheitsleute des nächstliegenden Gebäudes, um im Trockenen arbeiten zu können.

2 Diese Interviews wurden am selben Tag geführt wie das erste (1) – ein paar Straßen weiter in einem Slum zwischen zwei Wohngegenden. Im Ausland ist es hilfreich, mit ortsansässigen Leuten und Produktionsleitern zu arbeiten, die sich an den Drehorten auskennen. Es war der zweite von vier Drehs an diesem Tag.

3 Diese Aufnahme und die nächste (4) wurden ein paar Tage später auf dem verlassenen Friedhof im Zentrum von Monrovia gemacht.

Zeit und Ort

Wenn Sie Ihre Ausrüstung beisammen haben und festgelegt haben, wann Sie mit dem Dreh beginnen wollen, ist es Zeit, mit der Planung der einzelnen Drehtage zu beginnen. Gibt es ein Drehbuch, so bedeutet das, die einzelnen Szenen zu zergliedern und dabei darauf zu achten, ob sie in einer bestimmten Reihenfolge gefilmt werden müssen. Wenn Sie zum Beispiel einen Mann vor seiner Magenverkleinerung interviewen wollen und dann wieder sechs Monate später, um seinen Gewichtsverlust zu zeigen, hat das Einfluss auf den Drehplan.

Auch die Drehorte sind von Bedeutung. Sie planen einen Film über ein Spukhaus in Ihrer Umgebung, das in zwei Monaten abgerissen wird? Dann haben Sie nicht mehr viel Zeit. Sie müssen sich genügend Material vom Inneren und Äußeren des Hauses beschaffen, da Sie nach dem Abriss nichts dergleichen mehr bekommen können. Noch komplizierter wird es, wenn Sie ein bekanntes Medium über das Geisterhaus befragen möchten und die Person nur an einem Tag zur Verfügung steht, an dem Sie etwas ganz anderes drehen wollten. In so einem Fall geht es darum, zu entscheiden, welche Interviews und Aufnahmen Sie dringender benötigen. Es kann vorkommen, dass Sie sich schier zerreißen müssen, um das eine Interview oder die eine Aufnahme zu bekommen, die Sie brauchen.

Interviews planen

Interviews können Sie auf zwei Arten planen. Entweder, Sie teilen dem Interviewpartner mit, an welchen Tagen Sie drehen wollen, und lassen ihn einen Termin (plus einen Ausweichtermin) aussuchen. Oder Sie richten Ihre Planung ganz nach der Verfügbarkeit der Person. Meistens werden Sie beides tun müssen. Denken Sie daran, dass Ihr Interviewpartner ein Privatleben und eine Arbeitsstelle hat. Auch auf Feiertage, Geburtstagsfeiern und Krankheiten werden Sie beim Dreh Rücksicht nehmen müssen.

STICHWORTE: Planungsfaktoren

> Ihre Verfügbarkeit
> Verfügbarkeit des Equipments
> Verfügbarkeit der Mitwirkenden
> Verfügbarkeit der Drehorte
> Müssen Sie die Interviews in einer bestimmten Reihenfolge filmen?

>>> Aufgabe 19

Schreiben Sie drei Drehorte auf, an denen Sie filmen wollen.

> Rechnen Sie mit Schwierigkeiten beim Dreh an diesen Orten?
> Was müssen Sie tun, um sich den Drehort zu sichern (s. Seite 69)?

4 Die Planung für diesen Drehort hing vollständig von der Zeit des Mädchens ab. Es sollte seine Erlebnisse hier erzählen: Nach dem Krieg lebte es in den ausgehöhlten Gräbern des Friedhofs.

5 Die Arbeit mit NGOs kann schwierig sein. Diese Aufnahme entstand in einem Schutzhaus für minderjährige Opfer. Doch der Dreh musste dreimal wegen Unterbrechungen verschoben werden.

6 In der Regenzeit ist der Zustand der Verkehrswege unvorhersehbar. Diese Aufnahme wurde während einer neunstündigen Fahrt über unbefestigte Straßen gemacht. Rechnen Sie immer mit dem Schlimmsten und bauen Sie für den Fall vor, dass Sie einen Ort nicht erreichen können!

Lektion 18: Genehmigungen

Einverständniserklärungen geben Ihnen die rechtliche Erlaubnis, eine Person zu filmen. Auch das Drehen auf privatem Grund ist genehmigungsbedürftig.

> **Ziel**
> Von allen Interviewpartnern sowie für jeden potenziell „problematischen" Drehort (etwa für Privatwohnungen) schriftliche Genehmigungen einholen.

Personen, die Sie filmen, müssen eine Einverständniserklärung unterzeichnen, worin sie Ihnen die Erlaubnis erteilen, Aufnahmen von ihnen zu zeigen. Nur so sind Sie vor späteren Einwänden geschützt. Lassen Sie sich nicht darauf ein, wenn jemand sein Einverständnis erst geben möchte, nachdem er den geschnittenen Film gesehen hat. Vielleicht gefällt ihm sein Aussehen nicht – was häufiger vorkommt, als Sie denken –, und er lehnt ab. Dann müssen Sie ihn hinausschneiden und den ganzen Ablauf des Films ändern.

Bildfreigabe
Jede Person, die vor der Kamera interviewt oder in Großaufnahmen gezeigt wird, muss eine Bildfreigabe unterschreiben. Halten Sie genügend Vorlagen bereit, damit Sie später niemandem wegen einer Unterschrift hinterherrennen müssen. Interviewpartnern senden Sie das Schriftstück vorab zu. Wenn Sie eine Gruppe interviewen, etwa eine Selbsthilfegruppe oder eine Versammlung, ist eine Pauschalfreigabe, die alle unterschreiben, die beste Lösung.

Drehgenehmigung
Formulare für Drehgenehmigungen für den öffentlichen Raum findet man im Internet auf den Seiten der Gemeinden und Städte. Eine Drehgenehmigung für Privatraum – eine Wohnung, einen Garten etc. – muss Ihnen der Eigentümer erteilen. Darin wird auch festgehalten, dass Sie für alle Schäden verantwortlich sind, die eventuell während des Drehs entstehen. Lassen Sie dieses Schreiben zu Ihrer Sicherheit einige Tage vor Drehbeginn unterzeichnen: Einmal unterschrieben, kann der Eigentümer nicht mehr davon zurücktreten oder den zugesagten Termin verschieben.

BILDFREIGABE

Hiermit erteile ich (Ihr Name/Ihre Firma) _____ die unwiderrufliche Erlaubnis, Video- oder Fotomaterial, auf dem unter anderem ich zu sehen bin, zu verwenden, zu veröffentlichen und dasselbe oder Teile wieder zu veröffentlichen, einzeln oder in allen heute und zukünftig bekannten Medien und zu jedem Zweck, sei es zur Illustration, zu Werbezwecken, künstlerisch, redaktionell oder gewerblich, oder zu jedem anderen Zweck, ohne Einschränkungen. Ich entbinde hiermit (Ihr Name/Ihre Firma) _____ von allen Ansprüchen und Forderungen, die aus der oder in Verbindung mit der Verwendung dieser Bilder entstehen können, Verleumdungsklagen und die Behauptung von Persönlichkeitsrechtsverletzungen eingeschlossen.

Diese Erlaubnis ist auch für Erben, Rechtsvertreter, Lizenzinhaber und Rechtsnachfolger von _____ und der gefilmten Person/den gefilmten Personen gültig.

Ich bin volljährig und habe das Recht, in meinem Namen Verträge zu unterzeichnen. Ich habe das Vorhergehende gelesen und dessen Inhalt verstanden.

Diese Freigabe ist für mich, meine Erben, Rechtsvertreter und Rechtsnachfolger bindend.

Datum _____
Firmen- oder Gemeinschaftsname _____
Name _____
Unterschrift _____
Adresse _____
Telefon _____

Diese allgemeine Vorlage kann modifiziert werden. Hinweis: Dies ist keine verbindliche Rechtsauskunft, bitte konsultieren Sie ggf. einen Medienanwalt.

So umfangreich wie die hier gezeigten Beispiele aus den USA müssen solche Genehmigungen in Deutschland in aller Regel nicht formuliert sein. Ursache ist die unterschiedliche Rechtslage. Eine klare Zusage mit den nötigen Eckdaten, Unterschrift und Adresse genügt meistens. Besondere Schutzvorschriften gibt es allerdings bei Aufnahmen mit Minderjährigen. In diesem Fall braucht man die Einwilligung eines Erziehungsberechtigten oder Vormunds, außerdem gibt es nach Alter gestaffelte maximale Beschäftigungszeiten pro Tag. Bei Drehvorhaben im Ausland gehen Sie mit ausführlicheren Formulierungen auf Nummer sicher.

Bewahren Sie diese Unterlagen auf.

Den Ausgangszustand wiederherstellen
Wenn Sie in einer Privatwohnung filmen und Möbel verschieben, um Platz für Ihr Team und die Scheinwerfer zu schaffen, achten Sie darauf, alles so zu verlassen, wie Sie es vorgefunden haben. Es sollten keine Spuren von Ihrem Aufenthalt zurückbleiben!

DREHGENEHMIGUNG

Hiermit wird _____ (nachfolgend „Filmemacher") und seinen Angestellten, Vertretern, Auftragnehmern und Lieferanten die Erlaubnis erteilt, die Liegenschaft in _____ (nachfolgend „Liegenschaft") für Film- und Tonaufnahmen für eine kommerzielle Produktion zu betreten. Für eine Benutzungsgebühr von _____, deren Höhe ich hiermit als ausreichend anerkenne, stimme ich den in diesem Vertrag genannten Vereinbarungen und Bedingungen zu.

Benutzung der Liegenschaft
Der Filmemacher hat das Recht, die Liegenschaft _____ vom _____ bis zum _____ zu folgenden Zeiten _____ innen und außen zu nutzen. Der Filmemacher wird die Liegenschaft als Drehort für Film-, Video- und/oder Tonaufnahmen verwenden. Im Falle von Verzögerungen infolge ungünstiger Drehbedingungen oder aus anderen, nicht in seiner Macht liegenden Gründen bleibt es dem Filmemacher vorbehalten, den Dreh zu den vereinbarten Gebühren und den in diesem Vertrag festgelegten Bedingungen zu verschieben. Der Filmemacher darf auf dem Grundstück und im Haus Foto-, Film-, Video- und Tonaufnahmen machen und das entstandene Material in der von ihm gewünschten Weise verwenden.

Der Filmemacher besitzt dauerhaft, weltweit und exklusiv die Rechte an seinen sämtlichen Bild- und Tonaufnahmen. Ich erhebe keine Forderung, die Aufnahmen zu prüfen.

Der Filmemacher darf sein Team, Darsteller und Equipment mitbringen. Er darf temporäre Filmsets aufbauen und wird, wenn nicht von beiden Parteien schriftlich anders vereinbart, nach Beendigung der Aufnahmen das Anwesen bis zum _____ wieder in den ursprünglichen Zustand versetzen, in dem es sich vor der Inanspruchnahme befunden hat, zumutbare Abnutzung ausgenommen. Der Filmemacher ist berechtigt, alle Vereinbarungen dieses Vertrags auf Dritte zu übertragen. Ich verzichte hiermit für immer auf weitere Entschädigungen oder Forderungen.

Der Filmemacher verpflichtet sich, mich für jegliche Haftung oder Verluste, die durch sein Team oder sein Equipment entstehen, schadlos zu halten.

Ich verstehe die in diesem Vertrag ausgeführten Bedingungen. Ich bin volljährig. Ich bin berechtigt, diesen Vertrag zu unterschreiben und Ihnen die genannten Rechte einzuräumen.

Datum _____ Unterschrift _____
Name in Druckbuchstaben _____
Adresse _____
_____
Telefon _____

Diese allgemeine Vorlage kann modifiziert werden.
Hinweis: Dies ist keine verbindliche Rechtsauskunft, bitte konsultieren Sie ggf. einen Medienanwalt.

Lektion 19: Versicherungen

Ihr Seelenfrieden und Ihr Budget sind die entscheidenden Faktoren bei der Frage, ob Sie Ihre Produktion versichern sollten. Grundsätzlich können Sie eine Haftpflichtversicherung, eine Equipmentversicherung und/oder eine Rechtsschutzversicherung abschließen. Ob mit oder ohne Versicherungsschutz: Sie sollten vorsichtig und verantwortungsbewusst vorgehen.

Abstecher ins Abenteuer
Naturfilmer (2) wissen, wie unvorhersehbar – und potenziell gefährlich – Ihre Motive sein können. Versicherungen sind ein Muss!

> **Ziel**
> > Entscheiden, ob ein Versicherungsschutz benötigt wird oder nicht. Erleichtert ein solcher die Produktion und lässt er Sie ruhiger schlafen?

> **Stichworte**
> **Versicherungen – ja oder nein?**
> > Ist Ihr Dreh potenziell gefährlich?
> > Könnte Ihre Ausrüstung beschädigt werden?
> > Ist ein Teil Ihres Materials urheberrechtlich geschützt? Wenn ja, haben Sie die schriftliche Erlaubnis, es zu nutzen?

Haftpflichtversicherungen

Eine Produktionshaftpflichtversicherung schützt vor Ansprüchen, wenn während eines Drehs bzw. der Produktion Personen- oder Sachschäden an unbeteiligten Dritten entstehen. In Deutschland üblicher ist die Berufshaftpflichtversicherung, die im Produktionsprozess entstandene Sachschäden, Personenschäden sowie Vermögensschäden einschließt. Zu den Vermögensschäden gehören sogar Schadenersatzforderungen zum Beispiel für den Fall, dass Ihre filmische Kritik den Kritisierten ruiniert und dieser Sie infolgedessen verklagt.

Sofern Sie auf diese Versicherung verzichten, achten Sie bei Ihren Verträgen auf einen Haftungsausschluss oder zumindest eine Haftungsbeschränkung, indem Sie ausdrücklich darauf hinweisen, dass Ihre Leistungen ohne Gewähr erbracht werden. Jedoch kann bei einigen Drehorten ein Versicherungsschutz vorgeschrieben sein. Erkundigen Sie sich danach.

Equipmentversicherung

Wenn Sie viel teures Equipment besitzen, das Sie gegen Diebstahl und Schaden versichern möchten, bietet sich dieser Schutz an. Bei einer gemieteten Ausrüstung sollte die Versicherung Teil der

Seien Sie vorsichtig
Wer an einem gefährlichen Drehort wie in einer verlassenen Fabrik (1) filmt, sollte gegen Arbeitsunfälle versichert sein. Falls Sie Ihre Kamera an einem riskanten Ort aufstellen (3), ist es gut, wenn Begleitung dabei ist.

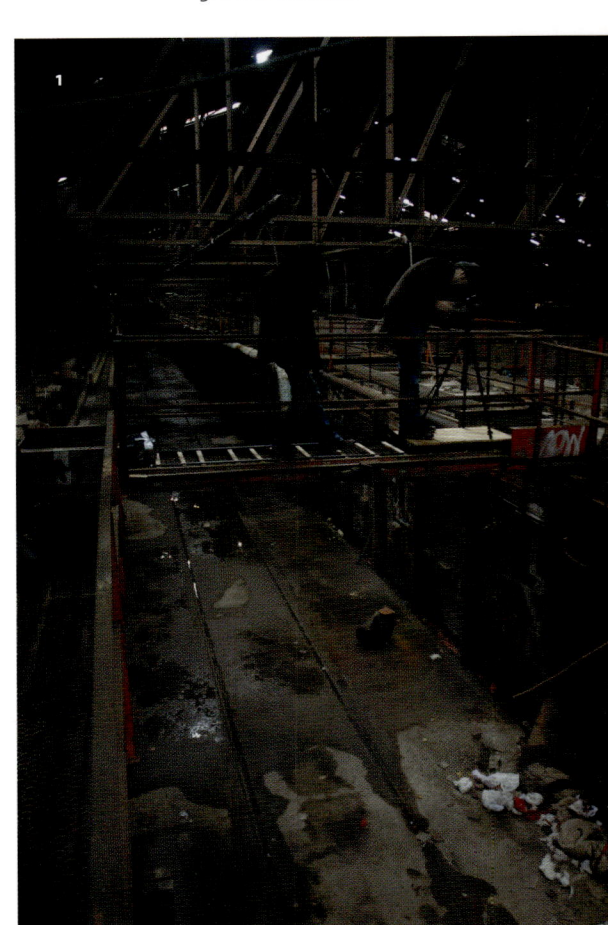

Leihgebühr sein. Das gedrehte Material lässt sich durch eine Filmmaterial-Versicherung schützen.

Rechtsschutzversicherung

Durch eine Haftpflichtversicherung nicht abgedeckt sind Anwalts- oder Gerichtskosten im Falle eines Prozesses. Dafür ist eine Berufsrechtsschutzversicherung nötig, die auch über die jeweilige Gewerkschaft zu bekommen oder sogar in deren Beiträgen enthalten ist. Diese greift bei eventuellen Rechtsstreitigkeiten um Honorare, Versicherungen, Urheberrechte, Persönlichkeitsrechte etc., solange sie mit Ihrer beruflichen Tätigkeit zusammenhängen. Selbst wenn es nicht zum Prozess kommt, ist auch die Beratung oder Vertretung im Vorfeld eingeschlossen.

Eine E & O-Versicherung („Errors and Omissions", also Irrtümer und Unterlassungen), die Filmemacher gegen auf den Filminhalt bezogene Klagen absichert und ohne die übrigens Michael Moore nichts dreht, ist in Deutschland unüblich.

Wenn Sie sich keine Versicherung leisten können, finden Sie vielleicht eine Möglichkeit, Ihren Film unter dem Schutz einer etablierten Produktionsfirma zu drehen und so von deren Versicherungen zu profitieren. Gründen Sie eine GmbH, um Ihren persönlichen Besitz zu schützen, und fügen Sie den Genehmigungen für Personen und Drehorte (s. Seite 68–69) einen Passus bei, der besagt, dass Sie für Verletzungen oder Unfälle während des Drehs nicht haften.

> > > **Aufgabe 20**

Filmen Sie an einem oder mehreren Drehorten? Sind viele oder nur wenige Personen beteiligt? Ist teures Equipment besonderen Gefahren ausgesetzt? Schreiben Sie alle Punkte auf, die heikel sein könnten, und wägen Sie ab, ob bei Ihrer Produktion erhöhte Risiken bestehen oder unter normalen Umständen nicht.

Aus der Praxis: *Vorbereitung*

In der Planungsphase müssen Sie voller Enthusiasmus hinter Ihrem Film stehen, um auch andere dafür zu begeistern. Im folgenden Abschnitt (dem ersten von drei Anwendungsbeispielen) gibt Ihnen Kevin Lindenmuth Einblick in den Planungsprozess für seinen Dokumentarfilm *The Life of Death*. Auf S. 94–97 erfahren Sie etwas über die Dreharbeiten, auf S. 134–135 schildert er den Ablauf der Postproduktion.

Ein Thema finden: Die Idee hinter dem Film

Ich habe mehrere Dokumentarfilme zu Gesundheitsthemen (Multiple Sklerose, Lebensmittelallergien) und einen über Spiritualität (*The Healing Prophet: Solanus Casey*, 2006) gedreht. Auf gewisse Weise hat sich daraus mein neues Thema entwickelt: der Tod. Wie bei allen meinen Filmen, steht auch dahinter eine persönliche Erfahrung. Wenn man älter wird und erlebt, dass Freunde und Verwandte sterben, rückt der Tod stärker ins Bewusstsein. Wie soll ich das Thema angehen? Zunächst denke ich über meine Zielgruppe nach.

Die Zielgruppe

Jeder setzt sich irgendwann mit dem Tod auseinander, die Zielgruppe ist daher unbegrenzt groß. Unsere Gesellschaft hat den Tod tabuisiert, viele empfinden ihn als erschreckend. Hier kann ich an meine Erfahrungen als Regisseur, Filmemacher und Drehbuchschreiber von mehreren Horrorfilmen anknüpfen – eine weitere Verbindung zu meinen vorhergehenden filmischen Arbeiten.

Recherche

Meine Recherche im Internet ergibt, dass es zwar viele Dokumentarfilme über den Tod – den Vorgang des Sterbens und die Trauer der Hinterbliebenen – gibt, aber noch nicht viel über das Konzept bzw. die Vorstellung von Tod. Das soll mein Thema werden: Wie nehmen Menschen den Tod wahr? Dazu sollen Personen zu ihren Verlusterfahrungen und ihrem Eindruck von der öffentlichen Wahrnehmung von Tod befragt werden.

Ich stelle eine erste Liste mit Fragen zusammen und überarbeite sie, nachdem meine Interviewpartner feststehen.

Der Titel

Da das Konzept von Tod in Filmen, Nachrichten und Medien häufig so etwas wie ein Eigenleben führt, fällt mir recht schnell ein geeigneter Titel ein: *The Life of Death*. Er fasst den Film gut zusammen, weckt Interesse und ist vor allem kurz und einprägsam. Ich durchsuche die Internet Movie Database und prüfe mit mehreren Onlinesuchmaschinen, ob er nicht bereits vergeben ist.

Finanzierung/Budget

Meiner Erfahrung nach ist es einfacher, an eine Finanzierung zu kommen, wenn ein Film sich an eine spezifische Zielgruppe richtet. So wurden meine Filme über das Leben mit Multipler Sklerose teilweise von Pharmafirmen finanziert, die MS-Medikamente herstellen. *The Life of Death* wendet sich jedoch an eine viel zu allgemeine Zielgruppe und ist auch in anderer Hinsicht für Investoren oder Sponsoren schlecht geeignet: Hier kann nichts geheilt oder verkauft werden.

Die Idee für den Film stand schnell fest und die Vorstellung, Monate zu warten, nur um wahrscheinlich doch keine Geldgeber zu finden, ist nicht gerade verlockend. Daher setze ich auf Eigenfinanzierung mit beschränktem Budget. Ich plane also nur Interviews in Michigan und New York City. In Michigan lebe ich und nach New York muss ich demnächst für einen anderen Auftrag reisen, sodass ich dort gleichzeitig an diesem Projekt arbeiten kann. Das meiste Geld wird für Filmmaterial und den Transport der Ausrüstung zu den Drehorten draufgehen – die größte Anstrengung wird vermutlich Schlafmangel in den Tagen in New York werden.

Interviewpartner auswählen

Der Film soll sowohl Informationen als auch Emotionen über die Interviews vermitteln, daher müssen die Befragten sich gut ausdrücken können, intelligent und kameratauglich sein. Außerdem sollen sie sich in ihrer Persönlichkeit unterscheiden, denn ich möchte ernsthafte und weniger ernste Gedanken zum Thema bekommen. Ich gehe mein Adressbuch nach Menschen durch, die geeignet wären und die in Michigan

AUS DER PRAXIS: VORBEREITUNG

oder New York City leben – und finde einige Schauspieler, die ich von meiner früheren Tätigkeit kenne, sowie ein paar Drehbuchautoren und Filmemacher, die ich für Filmmagazine interviewt habe. Schnell habe ich eine Liste mit über einem Dutzend interessanter Kandidaten aufgestellt, die besonders gut passten, da ein Aspekt des Films der Umgang der Medien mit dem Thema Tod sein soll und sie alle im Medienbereich arbeiteten.

Vorbereitung
Planung ist alles. Ich schreibe eine Zusammenfassung des Films, die ich mit dem Fragenkatalog einige Monate vor Produktionsbeginn an sämtliche potenzielle Interviewpartner schicke.

Ausgewählte Interviewpartner
Fast alle Personen, die ich anschreibe, zeigen Interesse, in meinem Film mitzuwirken. Ich kann mir insgesamt 13 Interviewpartner sichern: einige in Michigan, ein Ehepaar in Cleveland, Ohio, die Übrigen in New York City.

Sie sollten Ihre Interviewpartner vor dem Dreh persönlich treffen, um ihre Kameratauglichkeit zu prüfen. Manchmal, etwa bei ausgewiesenen Experten, müssen Sie nehmen, was Sie bekommen.

Betreff: The Life of Death
Von: Kevin Lindenmuth
An: David Crumm

Abendfüllender Dokumentarfilm: *The Life of Death*

Worum es geht
Für die meisten von uns (Lebenden) ist der Tod etwas, dass in weiter Ferne schwebt, und wenngleich er eine unvermeidliche Tatsache darstellt, gehen unsere Vorstellungen davon stark auseinander.

Dieser Film will erkunden, wie der Tod von einem breiten Spektrum an Personen, die in Medienberufen arbeiten (Autoren/Schauspieler/Sänger/Filmemacher), wahrgenommen wird und wie er ihr Leben beeinflusst. Es geht um das Eigenleben, das das Konzept von Tod entwickelt.

„Lebe, als würdest du morgen sterben. Lerne, als würdest du ewig leben."
Mahatma Gandhi

„Ich möchte friedlich im Schlaf sterben wie mein Großvater und nicht schreiend wie die anderen Leute in seinem Auto."
Will Shriner, Komiker

Ans Ende der Zusammenfassung setze ich zwei Zitate, die die Stimmung des Films vermitteln sollen – ein tiefsinniges und ein witziges.

Fortsetzung auf der nächsten Seite

Der Stil

Ich will keinen Kommentar und entscheide mich, ohne Drehbuch zu arbeiten, wenngleich die Fragen, die in den Interviews gestellt werden, dem Film Struktur geben sollen. Der Film soll allein durch persönliche Erfahrungsberichte „sprechen".

Planung der Interviews

Die in Metro Detroit lebenden Personen sind für mich einfacher aufzusuchen, also plane ich diese Interviews zuerst. Dann kommen die zwei Wochen New York und ich lege alle Interviews dort in diese Zeit, wobei ich für die einzelnen Gespräche nicht mehr als ein paar Stunden einkalkuliere. Ich frage alle Interviewpartner, ob ich sie zu Hause oder an ihrem Arbeitsplatz befragen darf. Ein Termin erfordert eine kompliziertere Planung: Die Person hat nur an Werktagen zwischen 15 und 16 Uhr Zeit und kann weder in ihrer Wohnung noch am Arbeitsplatz gefilmt werden. Ich tue also ein paar Leuten einen Gefallen und kann das Gespräch schließlich in einem Studio aufnehmen, in dem ein Freund von mir arbeitet.

Ich notiere alle Abmachungen und gebe den Beteiligten Bescheid, dass ich die Interviews ein paar Tage vorher nochmals bestätigen werde. Diese Verabredungen getroffen zu haben, ist das Wichtigste. Die Drehorte sind in diesem Fall weniger wichtig, da der Fokus ganz auf den einzelnen Personen und ihren Überlegungen liegen soll.

Feinabstimmung
Wenn die Interviewpartner feststehen, wird die Fragenliste für den Dreh noch einmal überarbeitet. Da diese Fragen das Rückgrat des Projekts darstellen, ist es wichtig, dass sie genau passen.

Fragen für *The Life Of Death*

1. Glauben Sie, dass der Tod stärker auf den menschlichen Geist wirkt als das Leben? (Sagen Sie z.B.: „Das möchte ich tun, bevor ich sterbe", oder: „Ich möchte es tun, weil ich am Leben bin"?)
2. Glauben Sie, dass die Haltung zum Tod die Lebensführung eines Menschen beeinflusst?
3. Inwiefern wirkt der Tod sich auf Ihren Beruf aus?
4. Was möchten Sie tun, bevor Sie sterben?
5. Der Tod ist eine Vorstellung. Wir kennen ihn nur durch den Tod anderer und die Gedanken der Menschen über ihn. Wie verstehen Sie den Tod?
6. Haben Sie eine Vorstellung davon, was mit Ihnen nach dem Tod passiert? Was hätten Sie gern?
7. Ist bereits jemand, der Ihnen nahestand, gestorben? Sprechen Sie darüber.
8. Glauben Sie, die Menschen machen sich mehr Gedanken darüber, was nach dem Tod mit ihnen geschieht, als über das Sterben selbst?
9. In vielen Religionen heißt es, wenn man sein Leben nicht auf eine bestimmte Art führt, stehe einem nach dem Tod Unangenehmes bevor. Was halten Sie davon?
10. Welche Religionen nehmen Ihrer Meinung nach den Tod am ehesten an?
11. In unserer Gesellschaft scheint der Tod als Versagen verstanden zu werden. Wenn jemand Krebs hat, soll er „ihn bekämpfen" (den Tod), und stirbt er, so hat er „den Kampf verloren". Es macht den Eindruck, als habe er sich nur nicht genug angestrengt. Woher kommt wohl diese Einstellung?
12. Glauben Sie, dass Horror und Tod in Büchern und Filmen jüngere Leute anziehen, weil der Tod ihnen als etwas Fantastisches, beinahe Unmögliches erscheint?
13. Machen die Medien den Menschen Angst vor dem Tod, damit sie etwas kaufen? („Dieses Produkt verlängert Ihr Leben", oder: „Sehen Sie hier, was Sie für ein langes Leben tun können")
14. Glauben Sie, die Menschen haben keine Verbindung zum Tod, weil sie keine Verbindung mehr zur Natur haben? Heutzutage erlebt man den Tod nur noch auf Beerdigungen, was ihn noch fremder werden lässt.
15. Hat Ihre Vorstellung vom Tod sich mit den Jahren geändert? Hat der Tod einer bestimmten Person Ihre Vorstellung verändert?
16. Wie wollen Sie sterben?
17. Wie sollen die Menschen sich nach Ihrem Tod an Sie erinnern?

Aus der Praxis: Vorbereitung

Den Dreh vorbereiten
Mein Hauptaugenmerk für den Dreh liegt auf den Interviews. B-Roll-Material spielt eine untergeordnete Rolle, denn ich rechne damit, dass das meiste des Gesagten mit Fotos und Archivmaterial bebildert werden kann. Dabei stelle ich mir vor, dass ein Großteil des zusätzlichen Materials aus Stadt- und Naturaufnahmen bestehen wird.

Equipment und Team
Wegen finanzieller und zeitlicher Beschränkungen besteht das Filmteam nur aus mir, was Planung und Dreh überschaubar macht. Ich werde in Standard Digital, auf MiniDV und im Breitwandformat (16:9) filmen.

Das Equipment, also das, was ich für die Interviews benötige – Kamera, Stativ, Tonausrüstung und ein paar Scheinwerfer –, ist für die meisten Drehorte gleich. Nur den Transport muss ich organisieren: Auf dem Weg nach New York nehme ich die Kamera vorsichtshalber im Flugzeug mit, da sie der wichtigste Teil der Ausrüstung ist. Alles Übrige habe ich eine Woche zuvor in eine große Kiste gepackt und an meinen Arbeitsplatz in New York geschickt, sodass bei meiner Ankunft alles bereitsteht. Für die Aufnahmen in NYC verwende ich ein leichteres Stativ und ein drahtloses Mikro, weil sie einfacher zu verpacken und zu tragen sind. Die gesamte Ausrüstung wird in NYC in einer Tasche verstaut, rollbar und mit verstärktem Rückenteil, mit der ich überall problemlos hinkomme.

Equipmentliste:
1. Sony DCR-VX2100 (Standard Digital, Breitwand) ✓
2. Stativ mit Stativkopf ✓
3. Zwei Scheinwerfer (für vorne und hinten), ein Kabel, Ständer, Frostfolie ✓
4. Mikrofon auf Ständer bzw. drahtloses Mikro mit Kabeln ✓
5. Klebeband ✓
6. Verlängerungskabel ✓
7. Videoband (MiniDV) ✓

Beim Equipment kam es darauf an, dass eine Person das Ganze zu den verschiedenen Drehorten transportieren können muss. Diese Ausrüstung passt in zwei bis drei tragbare Koffer.

Equipment im Flugzeug transportieren
Tragen Sie Kamera und Tonausrüstung in einer über die Schulter gehängten Kameratasche und verstauen sie diese im Flugzeug unter dem Sitz vor Ihnen. Lassen Sie die Kamera nie aus den Augen.

Equipment mit der Post schicken
Entfernen Sie die Glühlampen aus den Scheinwerfern und verpacken sie sie gut. Verwenden Sie Stopfmaterial. Je weniger Hohlraum im Paket, desto geringer das Beschädigungsrisiko.

Lesen Sie auf S. 94 weiter, was bei dem Dreh geschieht.

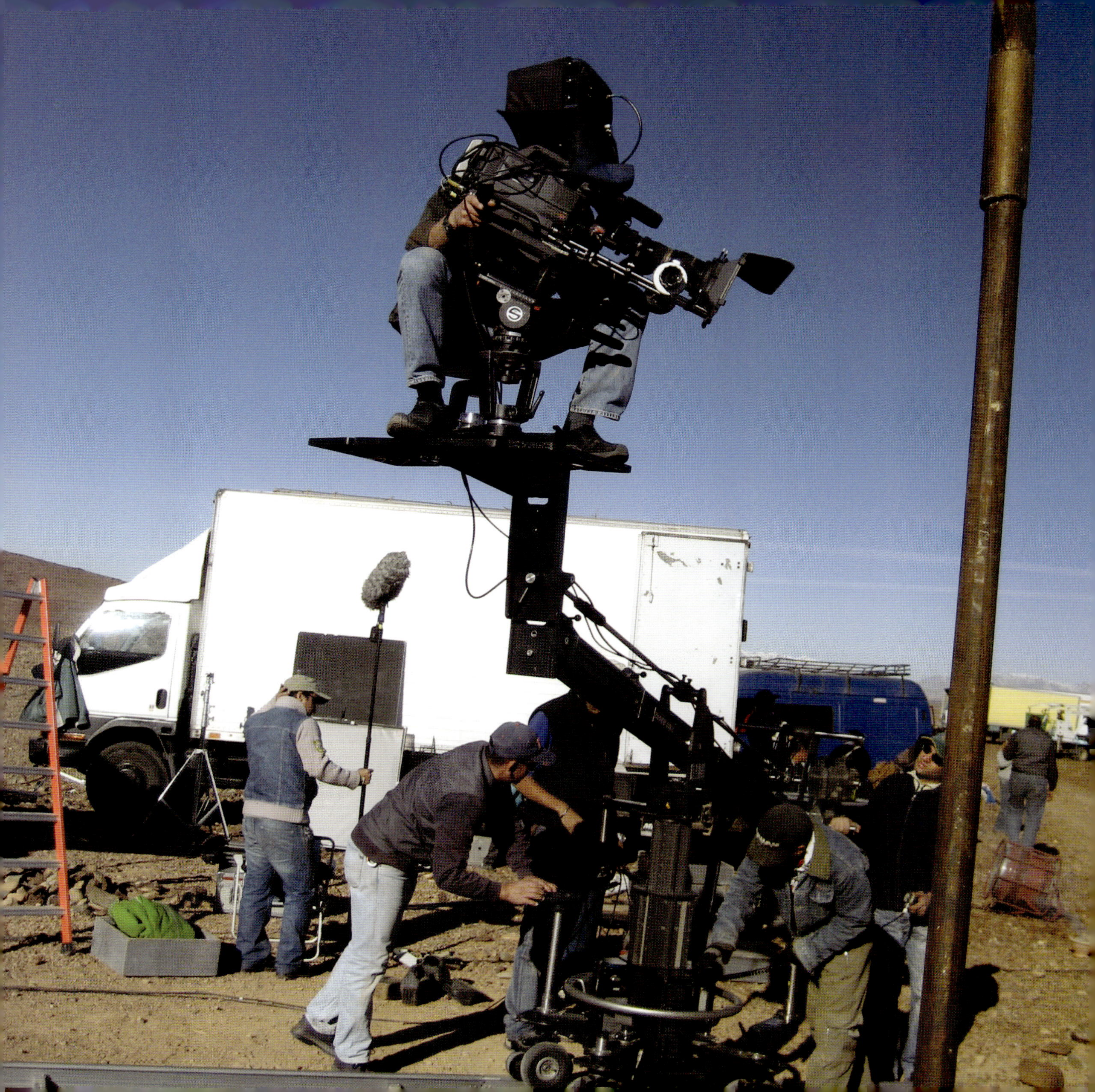

TEIL 4

DREHEN

Das Ziel ist, im Rahmen der zur Verfügung stehenden Zeit so viel wie möglich zu erfassen und so gut wie möglich zu filmen.

Zeitplanung

Nehmen Sie sich genug Zeit für Ihre Aufnahmen und machen Sie vorher genaue Pläne. Wenn Sie unkoordiniert am Set herumrennen, hat niemand etwas davon. Kalkulieren Sie die Zeit ein, die Sie zum Aufbau Ihrer Ausrüstung benötigen. Nehmen wir an, Sie filmen jemanden in seinem Büro im Erdgeschoss eines Gebäudes: Hier brauchen Sie nur ein paar Minuten bis zum Drehort. Filmen Sie hingegen einen Arzt in der fünften Etage eines Krankenhauses, müssen Sie sich vielleicht zunächst bei der Verwaltung am Eingang anmelden, dann Ihr Equipment vom Parkplatz aus ein Stück tragen und zuletzt mit dem Aufzug hochtransportieren. All das wird deutlich mehr Zeit beanspruchen als im ersten Fall.

Eventuell müssen Sie auch Zeit für den Dreh von zusätzlichem Material einplanen, wenn Sie etwa noch Aufnahmen von dem Arzt mit seinen Patienten haben möchten. Sie erleichtern sich die Zuordnung in der Postproduktion, wenn das Material auf demselben Band gefilmt wird wie die Interviews. Beschaffen Sie sich also in einem Zug das, was an einem Ort oder in einer Situation gedreht werden soll. Sie können später nur Dinge zusammenschneiden, die Sie auch auf Film haben.

Kontinuität

Behalten Sie immer Bildschirmformat und Bildgeschwindigkeit bei. Filmen Sie also beispielsweise alles im Breitwandformat und mit 24 Bildern pro Sekunde, wenn es wie ein Kinofilm aussehen soll. Hierbei im Schnitt noch Änderungen vorzunehmen, kann sehr zeitraubend werden. Auf Kontinuität sollten Sie auch bei den Interviews achten: Versuchen Sie, diese immer innerhalb eines gewissen Zeitrahmens abzuschließen. Wenn Sie jemanden zuerst im Winter mit Bart filmen, den Rest des Interviews aber im Frühling drehen, wenn der Bart ab ist, und dann Teile dieser beiden Interviews vermischen, wird das Ergebnis den Zuschauer irritieren.

B-Roll

Wenn Ihr Film eine Stunde dauern soll, brauchen Sie reichlich Material. Generell geht man bei einem Dokumentarfilm von einem 30:1-Verhältnis aus. Das heißt also, dass Sie für einen einstündigen Film 30 Stunden Material benötigen. Zwei Drittel davon werden höchstwahrscheinlich „B-Roll"-Material sein, das die Interviews bebildert. Wenn eine Person übers Fußballspielen spricht, könnten Sie Aufnahmen von ihr bei einem Spiel zeigen. Solches Material macht den Film interessanter, da Zuschauer nach ein paar Minuten gelangweilt sind, wenn sie nur Menschen beim Reden zusehen.

Materialumfang

Um alle wichtigen Informationen zu erfassen, brauchen Sie in der Regel mehr als nur eine Einstellung einer Szene. Filmen Sie also ein Gebäude von außen in einer Totalen, einem Medium Shot und einer Großaufnahme (siehe S. 87), um später zu entscheiden, was am besten wirkt. Wenn Sie ein Storyboard verwenden, werfen Sie immer wieder einen Blick darauf. Wenn Sie ein einmaliges Ereignis filmen, setzen Sie am besten mehrere vergleichbare Kameras ein, die ähnliche Bilder aufnehmen sollten.

Es ist immer ratsam, mehr Material zu haben, als Sie zu brauchen meinen. Seien Sie nicht zu zurückhaltend: Oft haben Sie nur eine Chance, eine Aufnahme zu bekommen!

INHALT	SEITEN
Produktionswert erhöhen	78–79
Dem Thema gerecht werden	80–81
Regie führen	82–83
Zusätzliches Filmmaterial	84–85
Aufnahmetechniken	86–89
Kostüme, Maske und Requisiten	90–91
Aufbau für ein Interview	92–93
Aus der Praxis: Dreharbeiten	94–97

Lektion 20:
Produktionswert erhöhen

Im Allgemeinen entspricht der Produktionswert auch der Gesamtqualität des Films: Je besser oder komplexer etwas aussieht, desto höher der Produktionswert.

> **Tipp**
> **Bekannte Gesichter**
> Prominente, ob im Bild zu sehen oder als Sprecher, erhöhen den Produktionswert Ihres Dokumentarfilms in jedem Fall.

> **Ziel:**
> Herausfinden, wie Sie Ihren Film visuell so anspruchsvoll und interessant wie möglich gestalten können.

> **Stichworte: Produktionswert**
> Setzen Sie das Licht bei Interviews sorgfältig ein.
> Drehen Sie an reizvollen und interessanten Orten.
> Improvisieren Sie Kamerafahrten und Luftaufnahmen.
> Setzen Sie Archivmaterial ein.

>>> Aufgabe 21
Schreiben Sie zehn Dinge auf, die Sie tun können, um den Produktionswert Ihres Films zu erhöhen.

Eine 80.000-Euro-Produktion hat einen höheren Produktionswert als eine 800-Euro-Produktion, da ihr mehr Ressourcen zur Verfügung stehen. Auch wenn Ihr Film wenig kostet, sollte der Produktionswert so hoch wie möglich sein. Tun Sie alles, um das Beste für Ihr Geld zu bekommen.

Hoher Wert und kleines Budget
Um mit weniger Geld einen hohen Produktionswert zu erreichen, planen Sie Ihre Aufnahmen sorgfältig. Überprüfen Sie, ob alles richtig eingestellt ist und der Ton klar aufgenommen wird. Je besser die Aufnahmen, desto höher der Produktionswert. Denken Sie über Licht und Komposition jeder einzelnen Szene nach, bevor Sie filmen.

> **Tipp**
> **Kamerafahrten**
> Wenn Sie filmen, wie jemand rennt oder auf die Kamera zugeht, und eine Handkamera zu wackelig ist, setzen Sie ein Stativ ein und filmen aus dem Kofferraum eines Autos heraus. Der Fahrer muss aber sehr langsam fahren – in Ihrem Interesse und in dem des Gefilmten.

Behalten Sie das Neonlicht in einem Kinderspielzimmer bei oder lassen Sie es durch Farbfilter wärmer und einladender wirken? Wollen Sie etwas nur zeigen oder filmisch darstellen, um es spannender zu gestalten? Allein durch das Verwenden von Archivmaterial, etwa Zeitrafferaufnahmen von Wolken oder Sonnenuntergängen, können Sie Ihre Produktion größer wirken lassen, als sie ist.

Schritt für Schritt

Produktionswert maximieren

Wahrscheinlich werden Sie nur über ein begrenztes Budget verfügen. Wenn Sie dabei allerdings ein paar einfache Dinge beachten, können Sie dennoch das meiste aus Ihrer Produktion herausholen.

1. Wählen Sie den Drehort mit Bedacht: Der Ort, an dem Sie Ihren Film drehen, ist sehr wichtig. Ein gut gewählter, ansprechender Drehort kann den Film viel teurer aussehen lassen, als er eigentlich ist. Wenn Sie einen Priester in einem Büro oder in einer Kathedrale filmen können, wählen Sie letzteren Ort. Der Aufbau des Equipments wird sich vielleicht schwieriger gestalten, aber das ist es auf jeden Fall wert.

2. Verwenden Sie Sorgfalt auf Licht und Ton: Leuchten Sie Ihr Motiv gut aus – das macht die Szene einladender. Stellen Sie sicher, dass alle Geräusche, besonders Gespräche und Kommentare, klar zu hören sind – eine simple und gleichzeitig sehr effektive Möglichkeit, den Produktionswert zu steigern.

3. Holen Sie Prominente an Bord: Wenn es Ihnen gelingt, einen Prominenten für Ihr Projekt zu interessieren und er oder sie im Bild zu sehen ist oder als Erzähler auftritt, erhöhen Sie den Produktionswert Ihres Films deutlich.

4. Sorgen Sie für Bewegung: Bewegte Aufnahmen sind dynamischer als statische oder Kameraschwenks, sie lassen die Produktion ebenfalls kostspieliger wirken. Um eine Kamerafahrt in einem Hotel zu machen, können Sie die Kamera zum Beispiel einfach auf einen Gepäckwagen stellen, anstatt eine teure Steadicam auszuleihen.

1 Laura Zinger interviewt Amos Paul Kennedy Jr., während Michelle Kaffko die Aufnahmen für den Film Proceed and Be Bold! *(2008) macht. Der Drehort ist Cameri in Italien, was diesem Film einen größeren Produktionswert verleiht.*

2 Ayo Salau-beseke spricht über die verschiedenen Arten des Stillens von Amerikanern und Nigerianern. Viel Sorgfalt wurde auf Licht und besonders auf den Ton gelegt, da die Befragte viele Informationen liefert.

3 Der Sänger Bono der Band U2 tritt in einem Film für Amnesty International auf, eine Organisation, mit der er schon zuvor zusammengearbeitet hat. Prominente sind oftmals bereit, bei einem Dokumentarfilm über ein Thema mitzuwirken, das sie interessiert und mit dem sie zudem in Verbindung gebracht werden.

Lektion 21: Dem Thema gerecht werden

Durch die Aufnahmen, die Sie machen, und die Art wie Sie diese anordnen, sollte deutlich werden, worum es im Film geht. Manchmal müssen Sie dafür jedoch „mogeln", also zum Beispiel bestimmte Ereignisse nachstellen.

> **Ziele**
> - Dafür sorgen, dass Bild und Ton Ihres Films das Thema wahrheitsgetreu wiedergeben.
> - Nur dann inszenierte Aufnahmen verwenden, wenn Sie unmöglich an authentisches Material kommen.

Dem Gegenstand treu bleiben

Unter „Mogeln" ist hier kein Verfälschen der Tatsachen zu verstehen! So filmen Sie zum Beispiel jemanden an einen Computer, um dessen Bericht von seinem Heimarbeitsplatz zu veranschaulichen. Selbst wenn die Person in diesem Moment nicht tatsächlich arbeitet, spiegelt die Aufnahme doch die Realität wider. Wenn Sie im Film das Leben eines Frosches zeigen wollen, könnten Sie erst ein Exemplar beim Ablaichen filmen, dann die Eier, die sich in Kaulquappen verwandeln, die wiederum Beine bekommen, und zuletzt den ausgewachsenen Frosch, der eine Libelle frisst und selbst von einem Reiher gefressen wird.

Sie benötigen hierfür wahrscheinlich mehrere Frösche. Das Material wird dann so zusammengeschnitten, als wäre es der Lebenszyklus einer einzigen Amphibie. Das ist vertretbar, da es die Thematik getreu dem allgemeinen Erkenntnisstand über diese Zusammenhänge abbildet. Dafür muss etwas nicht genau so und in diesem Augenblick an diesem Ort geschehen sein. Sie müssen nicht exakt dasselbe zeigen, über das gerade gesprochen wird, aber Sie sollten der „Wahrheit" Ihres Gegenstands treu bleiben.

Wenn Sie also einen Tortenwettessen filmen, macht es wenig Sinn, dies nachzustellen, denn es geht darum, die natürliche Atmosphäre des

> **> > > Aufgabe 22**
>
> Gehen Sie Ihren Entwurf durch und überlegen Sie, wie viele Abschnitte Ihres Films Sie nachstellen müssen. Nehmen Sie sich davon die ersten drei Aufnahmen vor. Entsprechen Sie der „Wahrheit"?

Ereignisses einzufangen. Erzählt aber jemand von den emotionalen Höhen und Tiefen, die er während einer Krankheit erlebt hat, dann macht es durchaus Sinn, Aufnahmen von einer Achterbahn dazwischenzuschneiden. Auf diese Art finden Sie eine visuelle Umsetzung für die Gefühle der Person, die diese für den Zuschauer anschaulicher machen – obwohl das Erzählte nichts mit Achterbahnen zu tun hat. Der Zuschauer wird dennoch verstehen, dass das Material aus künstlerischen Erwägungen eingefügt wurde.

Szenen nachstellen

Wenn keinerlei Film- oder Fotomaterial zur Verfügung steht, wie bei einem Film über das Mittelalter oder die Wikinger, ist es sinnvoll, Szenen nachzustellen. Dafür werden häufig Schauspieler und Filmsets verwendet. Historische Dokumentationen können einzelne Szenen sogar mit Ausschnitten aus Spielfilmen bebildern. So wird in Cecil B. DeMilles *Die zehn Gebote* (1956) gezeigt, wie Sklaven eine Pyramide bauen. Mit den Stopmotion-Aufnahmen von Dinosauriern aus Irwin Allens *Die Tierwelt ruft* (1956) lässt sich darstellen, wie diese ausgesehen und sich verhalten haben könnten.

Einseitigkeit

Die „Wahrheit" Ihres Films und deren Darstellung sind immer auch von Ihrem Thema abhängig. Wenn Sie bestimmte Fakten darstellen, etwa in einem expositorischen Dokumentarfilm über den Zustand des Gesundheitssystems oder die Gefahr der globalen Erwärmung, geben Sie vielleicht eine bestimmte Meinung wieder. Die Fakten mögen stimmen, aber sie stützen die Ansichten und die Botschaft des Films sowie seiner Macher und sollen den Zuschauer beeinflussen. Als Filmemacher sollte man sich daher über die eigenen Vorstellungen von einem Thema im Klaren sein.

Links: Die Tierwelt ruft *(1956)*
Da die Filmemacher keinen lebenden Brontosaurier zeigen konnten, wurden diese und ihre Lebensbedingungen mit den damaligen technischen Möglichkeiten (in diesem Fall Stopmotion-Animation) nachgestellt.

FILMTIPPS

Murder City, Detroit: 100 Years of Crime and Violence (2008)
Der Regisseur Al Profit nutzt Archivmaterial, um zu zeigen, wie Detroit sich in den 1930er-Jahren von einer Modellstadt in die Stadt mit der höchsten Mordrate weltweit verwandelt hat. Der Film zeichnet ein negatives Bild der Stadt – ein gutes Beispiel für Einseitigkeit.

Giant Monsters (2010) Der Abenteurer Jeff Corwin wird neben riesigen prähistorischen Spinnen und gigantischen fleischfressenden Echsen gezeigt, die dafür eigens am Computer erstellt wurden. Dass er nicht tatsächlich neben ihnen steht, ist offensichtlich: Hier geht es stattdessen darum, den Größenunterschied zu verdeutlichen.

Eine unbequeme Wahrheit (2006) (1)
Al Gores Umweltdokumentation könnte auch „Eine unvollständige Wahrheit" heißen. Denn er verfolgt darin nur eine einzige Theorie, die er leidenschaftlich vertritt. Es handelt sich hierbei ebenfalls um ein Beispiel für Einseitigkeit.

Bowling for Columbine (2002) (2)
Der Film spricht sich für eine verschärfte Waffenkontrolle in den USA aus. Michael Moore verheimlicht dabei jedoch nicht, dass er selbst Mitglied der NRA („National Rifle Association") ist.

Life After People (2008) Dieser Film stellt Vermutungen darüber an, wie unser Planet nach dem Aussterben der Menschen aussehen könnte. Zu diesem Zweck nutzt er Computeranimationen, die auf Hypothesen von Wissenschaftlern und Ingenieuren beruhen.

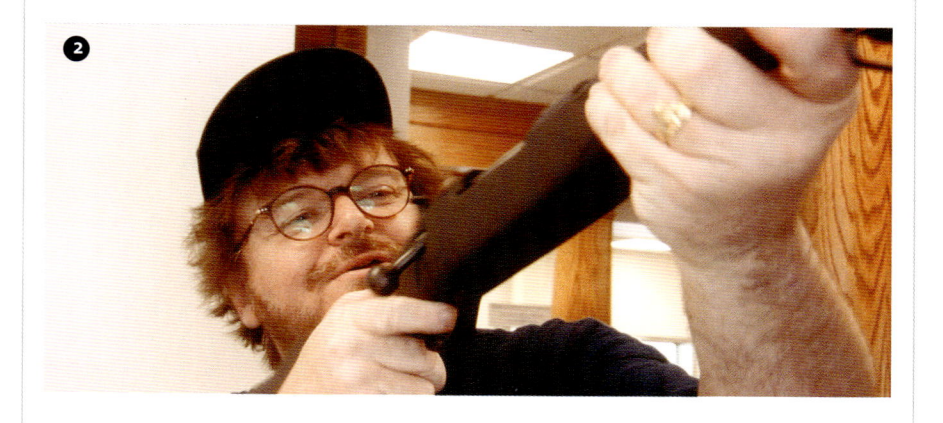

Lektion 22: Regie führen

Als Regisseur müssen Sie während der Produktion Ihres Dokumentarfilms auf alle Fragen eine Antwort haben.

> **Ziel**
> › Herausfinden, wie viele direkte Anweisungen Sie geben müssen – abhängig von Thema und Inhalt Ihres Films.

Action

Action und *cut* sind die beim Film üblichen Begriffe für „Beginnen" und „aufhören". Verwenden Sie diese bei den Dreharbeiten, damit jeder weiß, dass Sie gerade aufnehmen.

● >>> **Aufgabe 23**

Gehen Sie das Drehbuch oder den Entwurf Ihres Films durch. Schätzen Sie ein, wie oft direkte Regieanweisungen von Ihnen erforderlich sind.

Regie bei einem Dokumentarfilm zu führen bedeutet nicht, dass Sie den Leuten Ihren Text vorgeben. Sie können aber durchaus Vorschläge zur Art und Weise ihres Auftretens machen. Vielleicht möchten Sie, dass jemand Ihre Frage in seiner Antwort aufgreift? Dann sollte Ihr Gegenüber auf die Frage „Was war Ihre erste Begegnung mit dem Tod?", seine Antwort beginnen mit: „Meine erste Begegnung mit dem Tod war …" Vielleicht müssen Sie eine Frage auch zweimal stellen, weil beim ersten Mal ein Telefon im Hintergrund geklingelt hat oder Ihnen die Antwort nicht verständlich genug erscheint.

Regieanweisungen

Beim Drehen von Zusatzmaterial, etwa Aufnahmen einer Person bei der Arbeit, können Sie sie anweisen, einen Flur entlangzugehen oder ein bestimmtes Werkzeug vorzuführen. Sie können mehrere Aufnahmen aus verschiedenen Perspektiven machen, die sie hinterher zusammenschneiden. Der Zuschauer wird nicht infrage stellen, ob das, was er sieht, auch so stattgefunden hat. Sie können auch vor Drehbeginn um eine bestimmte Kleidung bitten – auf diese Weise geben Sie Ihren Aufnahmen eine bestimmte Form. Wenn Sie einen Ablauf reinszenieren und die im Film vorkommenden Personen von Schauspielern darstellen lassen, müssen Sie ihnen klare Anweisungen geben, ihnen also erklären, was sie wie spielen oder wo sie stehen sollen.

Arbeiten Sie mit einem Filmteam, müssen Sie auch diesen Personen Anweisungen geben. Der Kameramann sollte wissen, dass Sie für ein bestimmtes Interview einen Medium Shot brauchen, und den Lichttechniker müssen Sie um einen weiteren Scheinwerfer bitten, weil auf das Gesicht des Befragten Schatten fallen. Seien Sie entschlossen, aber auch offen für Anregungen, besonders, wenn es nicht um Ihr Spezialgebiet geht. Auch die Mitglieder Ihres Team sind kreativ und bringen ihr Wissen ein. Als Regisseur ist es Ihr Job, das Beste aus allen herauszuholen.

Bühnenauftritte

Wenn etwas speziell für Ihren Film aufgeführt wird, haben Sie als Regisseur mehr Kontrolle als bei einem Live-Auftritt: Sie können über Bühnenaufbau und Beleuchtung entscheiden, Ihrem Darsteller sagen, wo er stehen und wie lange sein Auftritt dauern soll. Auch wenn Sie nur einen Teil des inszenierten Auftritts filmen, nehmen Sie am besten trotzdem die gesamte Aufführung auf.

Ein inszenierter Bühnenauftritt
Rechts sehen Sie Bilder vom Auftritt:
1 Die Bühne ist vor Ankunft des Darstellers aufgebaut und gut ausgeleuchtet worden, damit er nicht warten muss, bis alles organisiert ist. Das würde ihn nur nervös machen – und das ist das Letzte, was Sie erreichen wollen.

2 und 3 Der Darsteller wird angewiesen, wie bei einem gewöhnlichen Auftritt anzufangen. Zunächst zeigt eine Weitwinkelaufnahme die Bühne als Ganzes, bis er am Ende des Liedes in einer größeren Einstellung gezeigt wird. Wieder erhält er die Anweisung, wie vor einem normalen Publikum zu spielen, damit der Auftritt nicht inszeniert wirkt.

4–8 Hier muss sich der Darsteller mangels Regieanweisungen „allein durchschlagen" und fühlt sich deutlich unbehaglich. Sorgen Sie immer dafür, dass Ihre Darsteller sich wohlfühlen. Wenn Sie anderen das Gefühl geben, alles unter Kontrolle zu haben, erleichtert es Ihnen die Produktion sehr.

REGIE FÜHREN

Lektion 23: Zusätzliches Filmmaterial

Als „B-Roll" wird das Bildmaterial bezeichnet, mit dem Sie Ihre Interviews ausschmücken. Damit es in ausreichender Menge zur Verfügung steht, filmen Sie stets mehr, als Sie brauchen. Beim Schnitt ist es immer besser, zu viel Material zu haben, als zu wenig.

> **Ziel**
> Bestimmen, wie viel und welches B-Roll-Material Sie benötigen.

● >>> Aufgabe 24

Nehmen Sie sich drei Kapitel eines Dokumentarfilms auf DVD vor. Sehen Sie sich je fünf Minuten an, um herauszufinden, wie die B-Roll die Geschichte unterstreicht. Warum passen die Bilder? Stellen sie das Gesagte direkt oder emotional dar?

Gehen Sie nun Ihren Entwurf durch. Machen Sie eine Liste mit möglichen Motiven und Bildern, die Ihren Film interessanter werden lassen. Muss das Material buchstäblich passen oder soll es für Ihren Stil eher abstrakt sein?

Lassen Sie die Kamera im Zweifel laufen: Sie können gar nicht genug Aufnahmen haben. Und seien Sie nicht schockiert, wenn Sie feststellen, dass Sie noch mehr Material benötigen.

Themenbezogenes B-Roll-Material
Nehmen Sie beim Dreh von Interviews so viel wie möglich von der Umgebung auf. Sie können die Gegenstände auf dem Schreibtisch Ihres Gesprächspartners filmen oder ihn, während er aus dem Fenster sieht. Auf diese Weise können Sie beim Schneiden den visuellen Rahmen beibehalten und müssen keine zusammenhanglosen Bilder einfügen. Sichern Sie sich so viel relevantes Material wie möglich von der betreffenden Person in ihrer jeweiligen Umgebung, etwa im Park sitzend oder beim Spielen mit Kindern.

Wenn Sie im ersten Anlauf nicht genug Material zusammenbekommen, planen Sie einen Extratag für einen erneuten Besuch bei der betreffenden Person ein. Vielleicht ist es einfacher, nachdem Sie sich das gefilmte Interview angesehen haben, da Sie dann Handlungen und Gegenstände aufnehmen können, die im direkten Zusammenhang mit dem Gespräch stehen. Sie können Ihren Gesprächspartner auch bitten, sich mehrmals umzuziehen, um zu verdeutlichen, dass Sie an verschiedenen Tagen gefilmt haben.

Abstraktes B-Roll-Material
Wenn es kein naheliegendes Bildmaterial für Ihr Thema gibt, etwa wenn jemand von einem emotionales Erlebnis in der Vergangenheit berichtet, seien Sie kreativ. Zeigen Sie die Natur und

B-Roll im Überfluss
Über 800 Stunden wurden für den Film Where in the World is Osama Bin Laden *(2008) gedreht, das meiste davon für B-Roll.*

sommerliche Szenen, um Leben oder Glück abzubilden, oder aber kahle Landschaften, um Einsamkeit oder Isolation darzustellen. Solche Bilder helfen Ihnen, dem Zuschauer die Aussage des Films zu vermitteln.

Fotos

Besonders, wenn es um zurückliegende Ereignisse geht, bekommen Sie vielleicht nicht genügend B-Roll-Material zusammen. Wenn Sie daher Fotos eines Befragten verwenden möchten, bitten Sie ihn darum, diese mitzubringen oder zuzusenden. Ältere Bilder sollten Sie abfilmen oder einscannen, um sie beim Schneiden verwenden zu können. Alte Amateurvideos sind ebenfalls hilfreich, denn Sie erlauben oft interessante Einblicke.

Schnitte

Beim Schneiden erfüllt Ihr B-Roll-Material einen ganz praktischen Zweck, da es die Schnitte innerhalb des Interviews überdeckt. Wenn Sie hier einen Satz, dort ein „Ähm" oder ein Husten herausschneiden und einen Bildsprung vermeiden möchten, können Sie einfach B-Roll-Material dazwischenfügen. Natürlich ist es auch möglich, von einem Medium Shot der Person in einen späteren zu überblenden. Oftmals wirkt dies aber nicht gekonnt, sondern eher störend. Wenn also jemand vom Haus seiner Kindheit erzählt, überdecken Sie Bildsprünge am besten mit Bildern von dem betreffenden Gebäude.

Achten Sie auf Relevanz
Verwenden Sie nur Fotos, die zum Inhalt Ihres Films passen. So emotional die Bilder links auch sein mögen, ergibt es keinen Sinn, Kinderfotos einzublenden, wenn die Kindheit an keiner Stelle des Films erwähnt wird oder eine Rolle spielt.

Zusätzliches Filmmaterial

Die Geschichte ausgestalten
In diesem Dokumentarfilm über das Skateboarden unterstreicht das B-Roll-Material von verschiedenen Skateboardmoves (2, 3, 5 und 6) das Interview mit dem Befragten. Da diese Aktivität sehr visuell ist, sollte auf jeden Fall gezeigt werden, worüber die Person spricht (auf Bild 1, 4 und 7). Das gesamte B-Roll-Material wurde an einem Tag nach dem Interview gedreht, sodass der Filmemacher genau wusste, welche Aufnahmen er brauchte. In der Bearbeitung wurde das Interview dann auf Schwarzweiß gestellt, um das Gefühl der Skater zu vermitteln, die „Realität" des Alltags sei farblos im Vergleich zu ihrer großen Leidenschaft – dem Skaten.

STICHWORTE: Benötigtes B-Roll-Material

> Welche Bilder brauchen Sie, um die Geschichte zu erzählen?
> Welche Bilder können Sie filmen?
> Sollen die Bilder gegenständlich oder abstrakt sein?
> Welches Material müssen Sie wohl zu welchem Zeitpunkt filmen; besonders, welches davon zuletzt?

Lektion 24: Aufnahmetechniken

Wie Sie Ihren Film drehen und ausleuchten, beeinflusst die Wirkung auf den Zuschauer enorm.

> **Ziel**
> > Rechtzeitig festlegen, welche Einstellungsgrößen und -perspektiven Sie bei Ihrer Produktion verwenden möchten.

Einen Eindruck von Bewegung erwecken Sie beim Filmen mit Kameraschwenks, etwa wenn Sie einen Jogger verfolgen. Ein vertikaler Schwenk, etwa vom Himmel auf einen Park, führt einen neuen Ort effektvoll ein. Eine aus dem fahrenden Auto gefilmte Landschaft deutet auf eine Reise hin. Die Spannung während einer Sportveranstaltung kann durch eine unruhige Handkamera noch verstärkt werden. Wagen Sie auch einmal Unerwartetes und filmen Sie eine Gruppe Kinder aus der Froschperspektive. Wenn der Betrachter zu ihnen aufblicken muss, kann er sich vielleicht besser mit ihnen identifizieren. Was immer Sie sich ausdenken, es sollte in der Sache und im Thema begründet sein.

Point-of-view-Shot
Um die Perspektive des Motorradfahrers zu filmen, müssen Sie auf dem Rücksitz mitfahren und die Kamera über ihn halten – eine dynamische, aufregende Einstellung.

Die 180-Grad-Regel

Diese Regel besagt, dass Sie Ihr Motiv durchgängig von der gleichen Seite aus filmen sollten, um Ihr Gegenüber nicht zu verwirren. Wenn Sie einen Jungen und ein Mädchen auf der Schaukel filmen, wobei der Junge links und das Mädchen rechts sitzt, können Sie sich beliebig bewegen und die Kameraperspektive ändern, solange Sie dabei immer von der gleichen Seite filmen, der Junge also links und das Mädchen rechts bleibt. Wechseln Sie die Seite, ändern Sie ihre Ausrichtung und erzeugen einen holprigen, irritierenden Effekt.

FALSCH
Die Position des Zuschauers sollte beim Betrachten des Films gleichbleiben. Wenn Sie auf der rechten Seite des Kreises filmen, können Sie nicht auf die linke Seite wechseln, sonst wechseln die Personen im Bild die Plätze und das Material passt beim Schneiden nicht mehr zusammen.

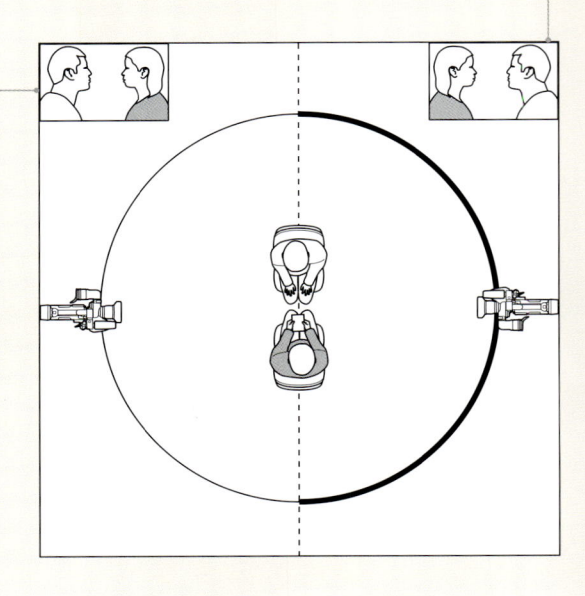

RICHTIG
Wählen Sie eine Seite aus und bleiben Sie dabei, damit eine Person, die auf der linken Seite des Bildes auftaucht, auch in der nächsten Aufnahme dort ist. Für einen Gegenschuss im Interview wird eine Kamera an beiden Enden des Halbkreises platziert.

Aufnahmetechniken

Schritt für Schritt
Einstellungsgrößen und -perspektiven

Sehen Sie sich die folgenden Einstellungsgrößen und -perspektiven an. Welche eignen sich für Ihren Film? Oft können mehrere miteinander kombiniert werden.

1. **Supertotale:** Diese Einstellung zeigt den gesamten Schauplatz, etwa eine Stadt oder eine tropische Insel. Sie ermöglicht einen ersten Eindruck aus mehreren Kilometern Entfernung.
2. **Totale:** Die Einstellung zeigt den gesamten Körper einer Person sowie seine Umgebung.
3. **Medium Shot:** Eine Person wird von der Hüfte aufwärts gezeigt. Die Einstellung, auch „Halbnaheinstellung" genannt, eignet sich besonders, wenn die gefilmte Person viel gestikuliert.
4. **Großaufnahme:** Zeigt meist eine Person von der Brust aufwärts und eignet sich besonders für intime Interviews.
5. **Detailaufnahme:** In dieser Einstellung werden nur das Gesicht oder die Hände usw. einer Person gezeigt.
6. **Vogelperspektive:** Hilfreich, wenn Sie die Aufteilung eines Drehorts (etwa eine Rennbahn) zeigen möchten. Eine Person filmen Sie von einer fixen Position aus – von oben und aus größerer Entfernung.
7. **Aufsicht:** Hier filmen Sie eine Person aus größerer Nähe und erhöhter Perspektive. Das kann den Betreffenden verletzlicher, überfordert oder ohnmächtig wirken lassen.
8. **Untersicht:** Das Motiv wird von unten gefilmt. Diese Perspektive lässt Personen, zum Beispiel „Experten", im Interview mächtiger und einflussreicher erscheinen.
9. **Normalsicht:** Die Kamera befindet sich auf Augenhöhe des Motivs, etwa bei einem Interview.
10. **Dutch Angle:** Hier wird das Motiv aus einer schrägen Perspektive aufgenommen, was ein Gefühl von Unbehagen oder Anspannung zum Ausdruck bringen kann.
11. **Horizontaler Schwenk:** Die Kamera bewegt sich von links nach rechts oder rechts nach links.
12. **Vertikaler Schwenk:** Ein Schwenk, etwa vom Himmel hinunter auf ein Haus.
13. **Kamerafahrt:** Kamera und Stativ befinden sich auf einem Wagen, der entweder gerollt wird oder wie eine Mini-Eisenbahn auf Schienen fährt.
14. **Kranaufnahme:** Die Kamera wird am Ende eines Krans befestigt, etwa um eine Aufnahme mit einer Vogelperspektive zu beginnen und auf Augenhöhe zu enden.
15. **Luftaufnahme:** Ähnelt der Vogelperspektive, ist aber beweglich; wie eine aus dem Hubschrauber heraus gefilmte Aufnahme einer Stadt.

Supertotale

Kranaufnahme/Kamerafahrt

Aufsicht

Kamerafahrt

Normalsicht

Luftaufnahme

Untersicht

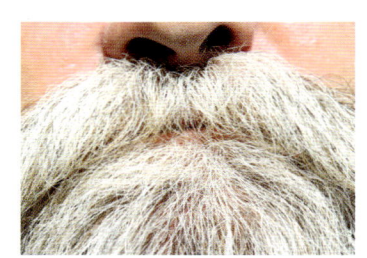

Detailaufnahme

Den Zuschauer leiten

Um einen Drehort einzuführen, können Sie mit einer Supertotalen auf die Skyline einer Stadt beginnen. Dann schneiden Sie zu einer Totalen auf ein spezielles Gebäude, gefolgt von einem Medium Shot auf dessen Eingang. Diese erste, den Zuschauer einführende Sequenz wird auch Establishing Shot genannt.

Emotionen

Ein langsamer Zoom der Kamera eignet sich besonders für Interviews. Beginnen Sie mit einem Medium Shot und nähern Sie sich dem oder der Betreffenden mit der Kamera, wenn etwas sehr Persönliches erzählt wird. Durch das Heranzoomen zu einer intimeren Großaufnahme bringen Sie den Zuschauer näher an die Person heran.

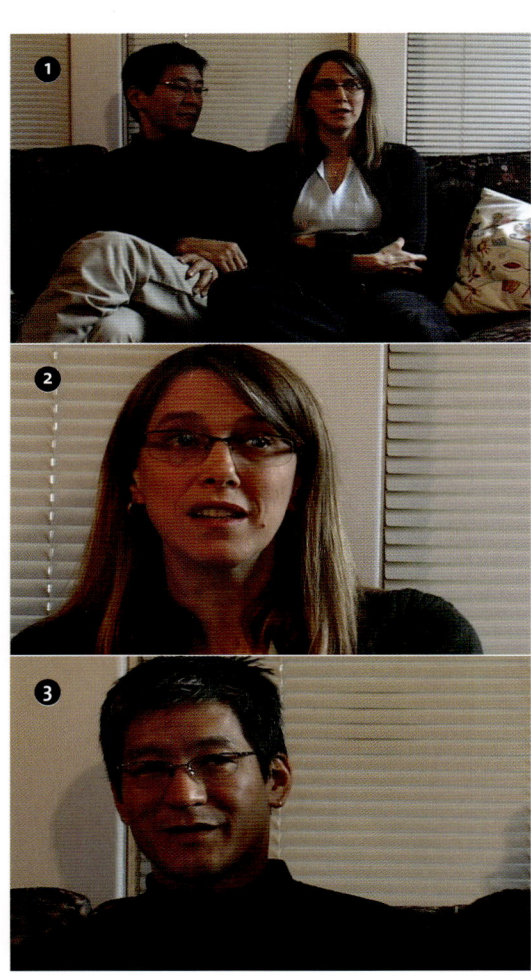

Anschluss (Continuity)

- Anschlussfehler (auch als Jump Cuts bezeichnet) sollten vermieden werden, denn sie verwirren den Zuschauer. Wenn Sie jemanden vor einer Wanduhr filmen wollen, halten Sie diese zuvor an oder entfernen diese aus dem Bild. Falls jemand beim Sprechen ein Glas Wasser trinkt, füllen Sie es immer gleich auf. Denn sonst schwankt die Füllhöhe im Film, wenn Sie später Ausschnitte des Interviews im Schnitt nicht chronologisch aneinanderreihen.

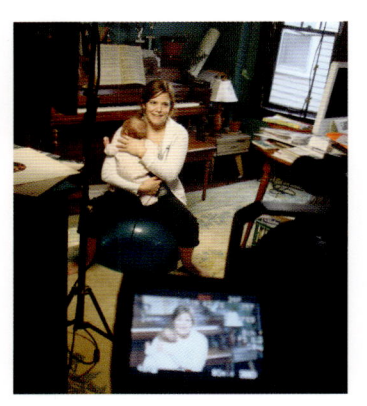

Thema dieses Films ist das Flugzeug, das über dem Hudson River abgestürzt ist. Die Totale (1) zeigt zunächst den Schauplatz. Dann zoomt die Kamera heran (2) und filmt das Flugzeug in Großaufnahme (3).

Hier sprechen Eltern über die Gesundheit ihrer Kinder (1), zuerst ein Zoom auf die Mutter (2), dann ein Schwenk auf den Vater, wenn er zu reden beginnt (3). Die Großaufnahmen lassen den Film persönlicher und direkter wirken.

Die Frau, die hier für einen Film übers Stillen interviewt wird, hält in dieser Einstellung ihr Baby im Arm.

Sie führt das Interview allein weiter, dabei sitzt sie auf einem anderen Stuhl.

AUFNAHMETECHNIKEN

● SCHRITT FÜR SCHRITT

Übergänge mit der Kamera erstellen

Um einen Übergang zwischen zwei Aufnahmen zu schaffen, können Sie Ihre Kamera verwenden. Zeigen Sie wie hier beispielsweise erst den Himmel und schwenken dann auf ein Haus hinunter. Oder lassen Sie jemanden aus der Entfernung auf die Kamera zulaufen, sodass er sie am Ende bedeckt und das Bild schwarz wird. Eine weitere einfache Überleitung ist eine Schärfeverlagerung – stellen Sie von einem Objekt im Hintergrund auf eines im Vordergrund scharf, etwa um ein Insekt auf einem Blatt zu zeigen.

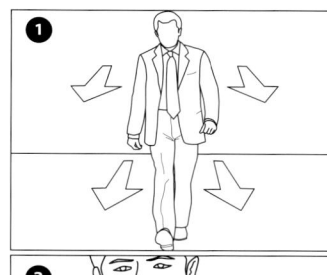

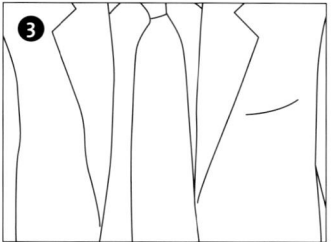

Eine Person geht auf die Kamera zu
1. Die Person geht aus einiger Entfernung direkt auf die Kamera zu.
2. Sie kommt näher und sieht dabei nicht in die Kamera.
3. Es wirkt so, als würde sie auf Brusthöhe in die Kamera „hineinlaufen".

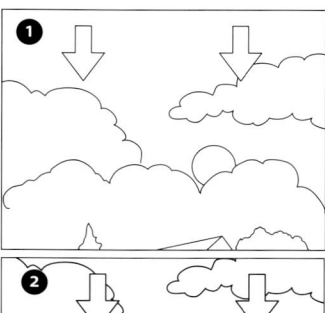

Kameraschwenk nach unten
1. Eine statische Totale auf den Himmel schwenkt nach kurzer Zeit hinunter.
2. Im Kameraschwenk öffnet sich der Blick auf das Haus.
3. Die letzte Aufnahme zeigt ein Standbild des Hauses.

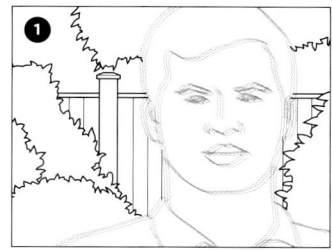

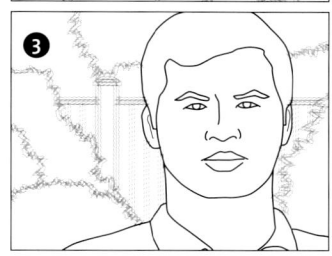

Schärfeverlagerung
1. Die Büsche im Hintergrund sind scharf eingestellt, der Mann davor nicht.
2. Weder Hinter- noch Vordergrund sind scharf eingestellt.
3. Der Mann im Vordergrund ist nun scharf gestellt.

Gute Lichtführung

Vermeiden Sie nach Möglichkeit starke Kontraste: Filmen Sie eine Person also nicht in einem Raum vor einem offenen Fenster – außer, Sie möchten nur die Silhouette zeigen, beispielsweise wenn die Person anonym bleiben will. Das meiste Licht sollte stattdessen auf die Person fallen.

Es sollte auch nichts überbelichtet sein. Achten Sie auf einzelne Scheinwerfer oder eine Lichtspiegelung auf einer weißen Wand, da die Aufnahme sonst schnell unprofessionell aussieht. Viele Kameras haben eine Zebra-Funktion (siehe S. 44), die durch Linien im Bild die Stellen anzeigt, an denen es überbelichtet ist. Als Faustregel gilt, dass unterbelichtet besser ist als überbelichtet, da Sie das Bild immer noch aufhellen können. Überbelichtete Bilder können dagegen nicht mehr ausgebessert werden.

> > > **Aufgabe 25**

Gehen Sie ein paar Seiten Ihres Drehbuchs durch und legen Sie fest, welche Einstellungsgrößen und -perspektiven Sie in diesem Abschnitt verwenden möchten.

Lektion 25: Kostüme, Maske und Requisiten

Bei einem Dokumentarfilm ist das Outfit wichtiger als das Make-up. Ihr Interviewpartner sollte so natürlich wie möglich aussehen und etwas tragen, das er normalerweise auch anzieht.

Die Realität abbilden
Bei spontanen Interviews können Sie Make-up und Outfit nicht beeinflussen, aber auf diese Weise zeigen Sie „die Realität".

> **Ziel**
> › Darauf achten, dass Ihre Interviewpartner Kleidung tragen, die ihre Rolle im Film markiert.

>>> Aufgabe 26
Stellen Sie sich vor, Sie interviewen einen Großvater, eine Jugendliche und einen Informatiker. Was würden Sie jeden von ihnen bitten, für das Interview zu tragen?

Kleidung
Fragen Sie Ihre Interviewpartner vor der Befragung, was sie tragen möchten. Erklären Sie ihnen dabei, welche Art von Kleidung sie vermeiden sollten. So darf die Bekleidung keinesfalls zu kontrastreich sein, beispielsweise wird ein Hemd mit Längsstreifen auf Video schimmern. Das lenkt den Zuschauer ab. Wenn Sie jemanden vor einer weißen Wand aufnehmen, sollte er kein Schwarz tragen, da es das Licht absorbiert und die Wand noch heller erscheinen lassen wird. Wenn derjenige dagegen vor einer schwarzen Wand Schwarz trägt, könnte das den Anschein eines schwebenden Kopfes erwecken.

Die Person sollte durch ihre Kleidung auch zu erkennen sein. Wenn Sie einen Bauern über sein Saatgut befragen, wollen Sie wohl kaum, dass er einen Anzug trägt. Ein Bestatter dagegen würde in Latzhose und Baseballkappe lächerlich erscheinen. Einen Arzt sollte man auch am ehesten seinen weißen Kittel tragen lassen.

Make-up: Was geht, was ist nötig?
Wenn Sie jemanden spontan auf der Straße befragen, können Sie keinen Einfluss auf Make-up oder Kleidung nehmen. Vielleicht suchen Sie aber nach Personen mit einem bestimmten Look, also Menschen, die zu Ihrem Thema passen. Da viele Frauen sich selbst schminken, müssen Sie bei ihnen vielleicht noch etwas Puder auftragen.

Männer fühlen sich dagegen mit Make-up oft unbehaglich, wenn sie nicht gerade TV-Profis sind. Ihr Interviewpartner sollte sich vor der Kamera aber möglichst unbefangen verhalten. Daher verzichten Sie in diesen Fällen eventuell besser auf Make-up. Trotzdem können Sie auch einer Glatze mit einem matten Make-up den Glanz nehmen.

Bei einer Low-Budget-Produktion werden Sie kaum einen professionellen Maskenbildner finden, der umsonst für Sie arbeitet. Wenn Sie aber unbedingt einen benötigen, stellen Sie ihn nur für die Tage ein, an denen Sie ihn auch wirklich brauchen werden.

Den Befragten zuordnen
Geben Sie Ihrem Interviewpartner Anweisungen zu seiner Kleidung, die helfen soll, ihn zu identifizieren. Hier (rechts) spricht Dr. Ben Song über die Symptome einer anaphylaktischen Reaktion. Es mag ein Stereotyp sein, aber Laborkittel und Stethoskop weisen ihn auf Anhieb als „Experten" aus.

Kostüme, Maske und Requisiten

Schritt für Schritt

Gehen Sie es richtig an

Kleidung, Make-up und Requisiten für eine Person sind in einem Dokumentarfilm nicht so wichtig wie bei einer Hollywood-Produktion. Doch wenn Ihr Film ernst genommen werden und professionell aussehen soll, müssen Sie ein paar Dinge beachten. Vielleicht lassen Sie sich bei der Entscheidung für Garderobe, Make-up und Requisiten beraten. Jede Szene und jeder Film stellt zwar eigene Anforderungen, aber die folgenden grundlegenden Punkte können Ihnen eine erste Orientierung bieten.

Tipp

Verwenden Sie die Kamera als Make-up-Assistent

Licht und Kameraperspektiven können klug eingesetzt werden, um eine Person so gut wie möglich aussehen zu lassen. Wenn Sie übergewichtig ist, kann eine Perspektive von vorn und oben ein Doppelkinn machen, also filmen Sie sie leicht von der Seite und von unten. Durch richtiges Licht werden Sie Schatten los, die die Person ansonsten müde oder ungesund aussehen lassen.

1. Bei der Wahrheit bleiben: In einer realistischen, aus dem Leben gegriffenen Dokumentation (besonders bei spontanen Interviews auf der Straße), sollten Sie „gewöhnliche Menschen" zeigen, besonders wenn es um ein allgemeineres Thema geht. Sie brauchen meist keinen Maskenbildner, da Sie die Personen so filmen, wie sie sind und sie nicht wie jemand anderes aussehen lassen wollen. Sie sollten so natürlich wie möglich wirken (siehe links) – also so, wie sie jeden Tag aussehen.

2. Special Effects: Wenn Sie eine Szene nachstellen, können Spezialeffekte und Requisiten zum Einsatz kommen. Hier trägt der Filmemacher John Borowski künstliches Blut auf den Schauspieler auf, der den Hauptprotagonisten in *H. H. Holmes: America's First Serial Killer* (2004) darstellt. Wenn Sie etwas Komplizierteres erschaffen müssen, etwa Brandwunden für eine Dokumentation über Feuerwehrleute, brauchen Sie wahrscheinlich einen professionellen Maskenbildner. Halten Sie zudem immer Papiertücher bereit, da die Scheinwerfer sehr heiß werden und Ihre Darsteller schwitzen.

3. Requisiten: Verwenden Sie zu der jeweiligen Szene passende Requisiten, die Ihre Aufnahmen visuell anregender machen können. Hier müht sich ein kleines Mädchen im Regen mit einem Schirm ab. Dies wird während eines Interviews mit der Mutter des Mädchens eingeblendet, die gerade über dessen Gesundheitszustand berichtet. Das Bild passt zum Film und weckt Sympathie für das Mädchen.

Lektion 26: Aufbau für ein Interview

Planen Sie mindestens eine Stunde für die Aufnahme eines Interviews ein, damit Sie genügend Zeit haben, Ihre Ausrüstung aufzubauen.

> **Ziele**
> - Überlegen Sie, wie Sie all Ihre Fragen beantwortet bekommen.
> - Planen Sie, wie die jeweilige Sequenz gefilmt werden soll.

> **Stichworte: Aufbau**
> - Zeit nehmen, um das Equipment aufzubauen.
> - Dafür sorgen, dass sich Ihr Gesprächspartner wohlfühlt.
> - Die gefilmte Person sollte während der Aufnahme neben die Kamera schauen.
> - Sie sollten das Licht in den Augen der Person reflektiert sehen.
> - Überbelichtete Stellen vermeiden.
> - Kamera sollte beim ganzen Interview laufen.

>>> Aufgabe 27

Wählen Sie zwei Personen aus, die Sie interviewen möchten. Machen Sie für beide eine Liste mit allem, was dabei wichtig ist, etwa wo Sie das Interview aufnehmen, wie das Szenenbild aussehen muss und ob die Person links oder rechts an der Kamera vorbeischauen soll. Seien Sie so exakt wie möglich.

Sobald Sie am Drehort sind, ob in einem Büro oder im Zimmer eines Wohnhauses, entscheiden Sie, wo Ihr Interviewpartner sitzen soll. Vermeiden Sie Fenster und zu viel Durcheinander im Hintergrund. Eine komplett weiße Wand ist allerdings auch ungünstig.

Bildausschnitt

Nehmen Sie Kopf und Schultern Ihres Interviewpartners mit einem Medium Shot auf. Wenn er beim Reden viel gestikuliert, bleiben Sie am besten bei dieser Einstellung und achten Sie darauf, die Handbewegungen einzufangen. An bestimmten Stellen könnten Sie die Kamera für eine intimere Einstellung heranzoomen, besonders wenn es um Persönliches oder Emotionales geht.

Fragen stellen

Wenn Ihr Interviewpartner zunächst nervös ist, etwa weil er noch nie vor einer Kamera gestanden hat, sollten Sie dafür sorgen, dass er sich entspannen kann. Die meisten Befragten vergessen nach 10 bis 15 Minuten die Präsenz der Kamera, da sie sich dann ganz auf den Interviewer konzentrieren. Manchmal müssen Sie die ersten paar Fragen am Ende des Interviews noch einmal wiederholen, um bessere Antworten zu bekommen. Lassen Sie die Kamera die ganze Zeit laufen. Für den Schnitt ist es überaus hilfreich, wenn die Person Ihre Fragen mit ihren eigenen Worten aufgreift. Danach können Sie Ihren Gesprächspartner für zusätzliches Filmmaterial aufnehmen, zum Beispiel bei der Arbeit im Büro oder bei einem Spaziergang im Park.

Positionierung

- Die Person sollte etwa 2–2,5 m von der Kamera entfernt sitzen. Diese sollte sich auf Augenhöhe oder etwas unterhalb der Person befinden, so dass Sie nicht auf sie herabschauen. Stellen Sie die Kamera aber auch nicht zu niedrig auf, um einen Doppelkinneffekt zu vermeiden. Nehmen Sie nötige Anpassungen vor, wenn die Person sitzt. Stellen Sie sicher, dass nicht etwa eine Lampe oder eine Zimmerpflanze „aus dem Kopf" der Person zu kommen scheint.
- Setzen Sie sich für das Interview rechts oder links von der Kamera hin, sodass Ihr Gesprächspartner Sie und nicht die Kamera anschaut. Bei mehreren Interviews sollten Sie die Position wechseln.
- Betätigen Sie die Kamera selbst, dann sollte jemand anderes danebensitzen und die Fragen stellen. Zur Not können Sie aber auch beides zugleich tun.

AUFBAU FÜR EIN INTERVIEW

● SCHRITT FÜR SCHRITT

Beleuchtung des Interviews

Für ein Interview benötigen Sie mindestens zwei Scheinwerfer.

Zunächst brauchen Sie das **Führungslicht**, das meist hinter Kamera und Interviewer steht. Das Licht sollte sich in den Augen des Gefilmten spiegeln, da er auf diese Weise „lebendiger" wirkt. Achten Sie darauf, dass keine Schatten auf sein Gesicht fallen.

Das **Effektlicht** wird seitlich hinter der Person aufgestellt, um den Hinterkopf zu beleuchten und sie vom Hintergrund abzuheben. Zusätzlich können sie einen **Aufheller** seitlich von vorne einsetzen, um Schatten zu vermeiden.

Die Illustration rechts zeigt die Ausleuchtung eines Interviews; die Fotos unten demonstrieren den Effekt einzelner Scheinwerfer.

Führungslicht   Spitzlicht   Effektlicht

Aufheller

Blendenschirm oder Gobo, wird zur Schattenprojetion verwendet.

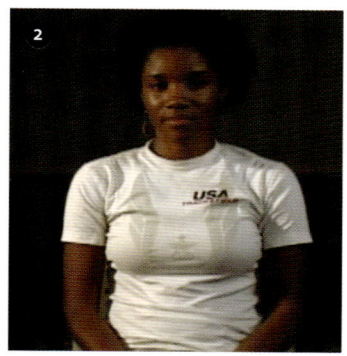

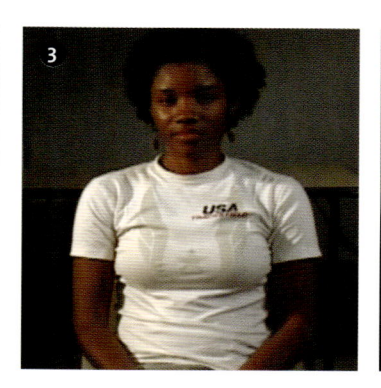

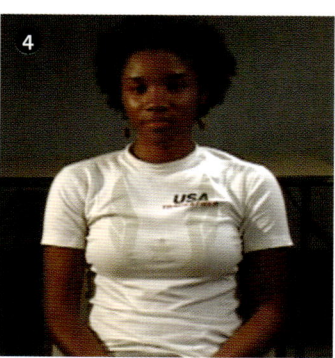

Lichteffekte (von links nach rechts):
1. Führungslicht: Legt den Fokus direkt auf die Person – die wie „im Rampenlicht" stehend erscheinen kann.
2. Spitzlicht: Es wird ein düsterer Eindruck erzeugt.
3. Effektlicht: Dieses Licht kann stimmungsvolle und dramatische Effekte erzielen.
4. Aufheller plus Führungs-, Effekt- und Spitzlicht: Auf diese Weise wird eine ausgeglichene Rundum-Beleuchtung hergestellt.

Aus der Praxis: *Dreharbeiten*

Nach Abschluss der Planungsphase seines Films *The Life Of Death* (s. Seite 72–75) gibt Kevin Lindenmuth nun Einblicke in den Verlauf der Dreharbeiten. Wesentlicher Bestandteil des Films sind die Aussagen verschiedener Gesprächspartner. Das B-Roll-Material ist eher zweitrangig und wird in der Postproduktion beschafft (s. Seite 134–135). Letzteres wird hauptsächlich aus persönlichem Bildmaterial bestehen. Die logistische Herausforderung bei der Erstellung des Films liegt darin, dass Kevin sämtliche Arbeiten alleine ausführt und so wenig wie möglich dafür ausgeben möchte.

Zeitplanung für die Interviews
Nach Abschluss der Vorproduktion stehen 13 Interviewpartner fest, wobei jedes Interview 45 bis 60 Minuten dauern sollte, plus 30 Minuten für den Auf- sowie 30 Minuten für den Abbau des Equipments. Zusammen mit der Anreise benötige ich also 3–5 Stunden oder einen halben Tag für jedes einzelne Interview.

Aufbau für die Interviews
Es handelt sich um ein Ein-Mann-Projekt: Als Filmemacher werde ich sowohl die Interviews filmen als auch die Fragen stellen. Die Interviews sollen in Ausleuchtung und Arrangement konsistent sein, also entscheide ich mich für einen einfachen Aufbau. Während ich Scheinwerfer, Kamera und Mikros aufstelle, rede ich mit meinem Interviewpartner, um ihn aufzuwärmen. Ich stelle die Kamera ein und setze mich rechts daneben, sodass ich den ausklappbaren Bildschirm im Auge behalten kann. Die meisten Interviews dauern insgesamt 2–3 Stunden und werden auf ein bis zwei digitalen 60-Minuten-Bändern aufgezeichnet.

Stil
Das Ziel ist, die verschiedenen Personen offen über ihre Sicht auf ein von vielen als Tabu angesehenes Thema sprechen zu lassen – fast so, als würde der Zuschauer sich persönlich mit ihnen unterhalten. Alle Interviews finden im Sitzen statt, wobei die Befragten beim Sprechen seitlich an der Kamera vorbeischauen. Sie werden gebeten, die Fragen in ihre Antworten zu integrieren, um den Schnitt kohärenter zu gestalten. Die meisten Interviews nehme ich mit einem Medium Shot auf, allerdings mache ich bei einigen emotionaleren Antworten Großaufnahmen.

Die Interviews filmen
Für die Interviews in Michigan habe ich keine zeitliche Beschränkung. Es ist genug Zeit, um hinauszufahren, das Equipment aufzubauen und die Interviews zu führen. Ich sehe mir keinen der Drehorte vorher an. Es handelt sich um drei völlig verschiedene Locations: eine Kirche, ein Büro und ein Wohnhaus. Die New Yorker Interviews werden alle in Büros und Wohnungen gefilmt. Kriterien zur Auswahl der Interviews finden Sie in einem späteren Abschnitt (siehe S. 110–111).

Ersatzausrüstung
Drahtlose Lavaliermikrofone sind anfällig für Störsignale, besonders wenn Sie in einer Stadt mit hohen Gebäuden filmen. Sie können von allem möglichen – von den Stahlträgern in den Gebäuden bis zu Radio- und Mikrowellen – verursacht werden. Bringen Sie also immer ein Ersatzmikrofon mit, das Sie direkt an die Kamera anstecken können. Auch Kabel können kaputtgehen, halten Sie also ebenfalls zusätzliche bereit.

Ausrüstung vor Kälte schützen
Wenn Sie im Winter drehen, lassen Sie Ihre Kamera nie längere Zeit draußen oder im Auto. Kalte Luft entzieht den Akkus Energie und Sie haben ein Problem mit der Kondensation, wenn Sie die Kamera danach in einen beheizten Raum bringen. Lassen Sie die kalte Kamera eine halbe Stunde innen „aufwärmen", bevor Sie sie anstellen. Die Glühlampe der Scheinwerfer können bei großer Kälte explodieren, wenn Sie sofort angeschaltet werden. Geben Sie ihnen also ebenfalls eine halbe Stunde, um Zimmertemperatur zu erreichen.

AUS DER PRAXIS: DREHARBEITEN

Skizze für den Dreh

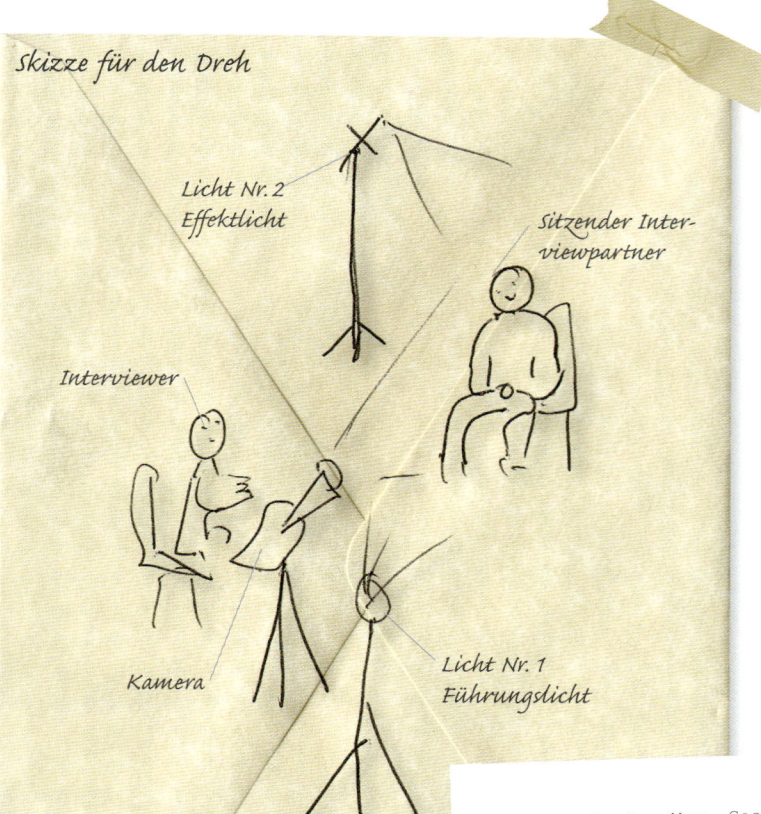

Licht Nr. 2 Effektlicht

Sitzender Interviewpartner

Interviewer

Kamera

Licht Nr. 1 Führungslicht

Da ich nur mit Medium Shots und Großaufnahmen arbeite, benötige ich nur zwei Scheinwerfer für die Interviews. Die Umgebung ist hier nicht so wichtig.

Beleuchtung planen
Wenn Sie selbst filmen und interviewen, verwenden Sie am besten nur zwei Scheinwerfer, um Zeit zu sparen. Wechseln Sie zwischendurch die Einstellungsgröße und hören Sie den Ton über Kopfhörer mit, die Sie während des gesamten Interviews tragen sollten.

Interview 1: David Crumm, religiöser Journalist
Drehort: Eine große Kirche in Ann Arbor, Michigan; zuerst in einem Raum vor einem Buntglasfenster, dann auf einer Kirchenbank vor Holzschnitzereien. David arbeitet oft in der Kirche, die Drehgenehmigung war also kein Problem.
Licht: Da es bewölkt ist, stört das einfallende Tageslicht die Produktionsscheinwerfer nicht.
Ton: Der Interviewpartner wird mit einem drahtlosen Lavaliermikrofon ausgestattet.
Einstellungsperspektive/-größe: Wechselnd; von Medium Shots bis zu Großaufnahmen, je nach Emotionalität der Antworten.
B-Roll: Keine B-Roll-Aufnahmen. David spricht entweder über sehr Abstraktes oder über bestimmte Ereignisse; Bilder werden im Schnitt hinzugefügt.
Zeit am Drehort: Dreieinhalb Stunden.
Gefilmtes Material: Eineinhalb Stunden Filmbänder.

David Crumm

Interview 2: Don May, Geschäftsführer des DVD-Verleihs Synapse Films.
Drehort: Michigan. Zuerst im Büro, dann wegen des Geräuschpegels im Besprechungszimmer.
Licht: Das Besprechungszimmer hat kahle, weiße Wände. Um ein wenig Farbe hineinzubringen, bekommt ein dritter Scheinwerfer – passend für einen Horrorfilmverleiher – eine rote Farbfolie. Das Flügeltor wird so weit geschlossen, dass ein Lichtstrahl auf die Wand hinter Don fällt.
Ton: Interviewpartner wird mit einem drahtlosen Lavaliermikrofon ausgestattet.
Einstellungsperspektive/-größe: Wechselnd; von Medium Shots bis zu Großaufnahmen.
B-Roll: Don am Schreibtisch arbeitend, Poster und DVD-Hüllen von einigen Filmen, die die Firma verleiht. Zusätzliches Material wird später auf dem örtlichen Horrorfilm-Kongress gedreht.

Die Interviews
Hier und auf der nächsten Seite sehen Sie Notizen zu einer Auswahl von Interviews.

Don May

Fortsetzung auf der nächsten Seite

Interview 3: Art Regner, Radiomoderator und Sportreporter aus Detroit.
Drehort: Arts Haus (im Wohnzimmer, dem größten Raum), Michigan.
Licht: Art, der an einem Ende des Sofas sitzt, wird von einem Führungs- und einem kleineren Effektlicht beleuchtet. Durch die Vorhänge kommt zwar Tageslicht, doch da es bewölkt ist, sind die Halogenleuchten notwendig.
Ton: Der Interviewpartner wird mit einem drahtlosen Lavaliermikrofon ausgestattet.
Einstellungsperspektive/-größe: Hauptsächlich Medium Shots und Großaufnahmen, da er eine der emotionalsten Geschichten des Films erzählt.
B-Roll: Kein gefilmtes Material. Als er über den Tod seiner Schwester erzählt, notiere ich mir, beim Schneiden Fotografien von ihr einzufügen.

Art Regner

Interview 4: Lloyd Kaufman, Geschäftsführer von Troma Films.
Drehort: Das Troma-Büro in New York, das sich als recht karg herausstellt. Also wird Lloyds riesiger Schreibtisch mit Requisiten aus seinen Filmen dekoriert, speziell den Latex-Monsterhühnern und ihren Opfern aus *Poultrygeist*.
Licht: Licht kommt durch ein Seitenfenster, das nicht geschlossen werden kann, außerdem von Neonröhren an der Decke. Zusätzlich werden Führungs- und Effektlicht verwendet.
Ton: Drahtloses Mikrofon.
Einstellungsperspektive/-größe: Mehr Medium Shots, um die Requisiten mit im Bild zu haben.
Extra: Zunächst erscheint Lloyd in der Rolle des verrückten Spinners, die er in seinen Filmen und Convention-Auftritten einnimmt. Erst nach einer guten halben Stunde hat er sich aufgewärmt und ist ganz er selbst, sodass ein paar der ersten, sehr persönlichen Fragen wiederholt werden müssen.
B-Roll: Aufnahmen von Lloyd im Gespräch mit Mitarbeitern und im Schneideraum. Außerdem weitere Requisiten, DVD-Hüllen und Poster von einigen der vielen Troma-Filme.

Lloyd Kaufman

Interviews 12 und 13: Schauspielerin Caroline Munro (*Der Spion, der mich liebte*, *Sindbads gefährliche Abenteuer*, *Maniac*) und Künstler Tom Sullivan (*Tanz der Teufel*), Teilnehmer der Cinema Wasteland Convention, Cleveland, Ohio.
Drehort: Hotel in Cleveland, drei Stunden Fahrt von meinem Büro aus. Spiegel und Gemälde hängen an allen Wänden, bleiben also aus jeder Perspektive im Hintergrund zu sehen. Ein Sofa, zwei Lampen, ein kleiner Tisch und ein schwerer Holzschreibtisch müssen verschoben werden, um Platz für Ausrüstung und Interviewpartner zu schaffen. Tom wird am ersten Abend vor den Vorhängen gefilmt, Caroline früh am nächsten Morgen vor der roten Zimmerwand – da sie Schwarz trug, war das Farbschema gut, ähnlich wie bei Sasha Grahams Interview.
Licht: Führungs- und Effektlicht.
Ton: Aircondition und der kleine Kühlschrank wurden ausgeschaltet, damit keine Hintergrundgeräusche aufgenommen werden.
Einstellungsperspektive/-größe: Hauptsächlich Medium Shots und Großaufnahmen.
B-Roll: Caroline und Tom auf dem Kongress beim Autogrammeschreiben und Treffen mit Fans.

Tom Sullivan

Aus der Praxis: Dreharbeiten

Die B-Roll ist untergeordnetes Material, das bildlich zeigt, worum es im Film geht.

Produktionswert und B-Roll

Die Produktion ist minimalistisch angelegt und nicht fürs Kino gedacht. Den Produktionswert liefern die Interviewpartner selbst, da es für viele das erste Mal ist, dass sie vor der Kamera über dieses spezielle Thema sprechen. Ich verfüge über ausreichend Filmmaterial von Menschenmengen in New York, die den Umfang erweitern können. Außerdem sollen Naturaufnahmen aus dem Archiv verwendet werden, etwa von Wolken, Sonne und Mond. Fotografien sollen die Passagen bebildern, in denen es um die Kindheit oder den Verlust einer bestimmten Person geht. Welche Fotos ich brauche, wird erst feststehen, nachdem ich das Filmmaterial in der Postproduktion gesichtet und überspielt habe (s. Seite 134–135). Ausschnitte aus anderen Filmen sowie Illustrationen von Künstlern oder den für Spezialeffekte Zuständigen sollten den Produktionswert zusätzlich erhöhen.

Unspezifisches B-Roll-Material aus New York

Ein Tag wird nur darauf verwendet, Aufnahmen von New Yorkern zu machen, also von Menschen, die die Straßen hinunterlaufen, sowie vom Gedränge auf dem Times Square. Ich mache sowohl leicht unscharfe „künstlerische" Aufnahmen als auch Großaufnahmen von endlos vorbeilaufenden Fußpaaren. Hiermit kann ich den Film visuell interessanter gestalten.

Caroline Munro

Erwarten Sie das Unerwartete

Beim Dreh müssen Sie mit Situationen umgehen, die Sie nicht planen und beeinflussen können. Zum Beispiel kann Ihr Interviewpartner eine Katze haben, die ständig ins Bild läuft und anfängt, laut zu miauen, wenn man sie wegsperrt. Dasselbe gilt für Hunde, die draußen bellen. Auch kleine Kinder sind eine ganz eigene Sache. In Stadtwohnungen kann alles vorkommen – von lauten Nachbarn im Flur über Sirenen auf der Straße bis hin zu Fluglärm.

Zeitrafferaufnahmen von Wolken bieten großartiges Bildmaterial, wenn jemand über den Verlauf der Zeit oder etwas ähnlich schwer Greifbares spricht.

Lesen Sie auf S. 134 weiter, was in der Postproduktion geschieht.

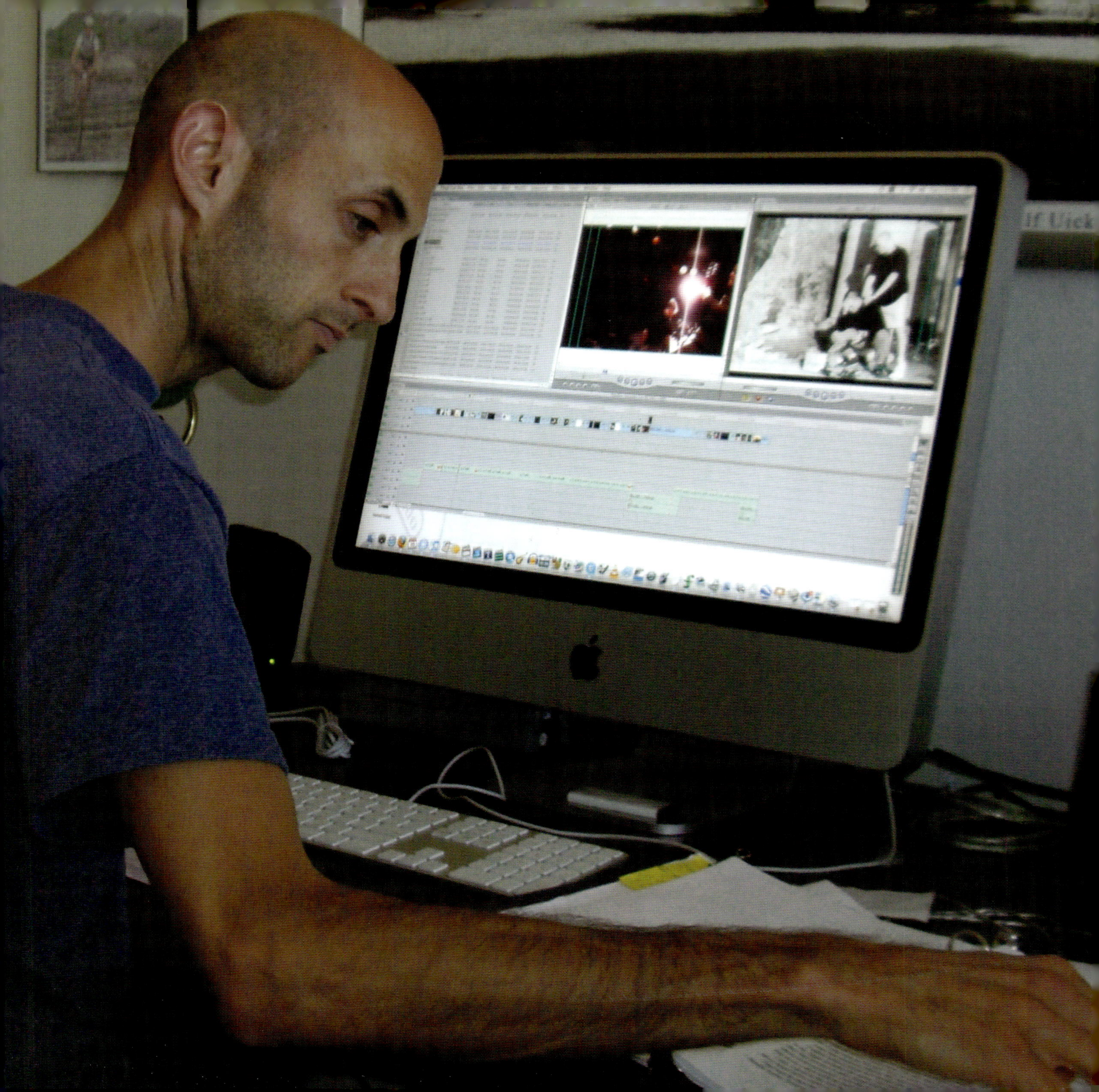

TEIL 5
SCHNITT UND POSTPRODUKTION

Der Filmschnitt ist ebenso wichtig wie das Drehen selbst und erfordert größtmögliche Kreativität. Neben den schöpferischen sind aber auch technische Aspekte von Belang: Sie müssen wissen, wie Sie Ihr Schnittprogramm bedienen, um die Szenen zusammenfügen zu können. Wie Sie das tun, ist der künstlerische Teil.

Die Intention des Regisseurs
Beim Drehen des Materials war alles linear, also sortiert. Im Schnitt können Sie einer Sequenz nun mehr Bedeutung verleihen, etwa indem Sie Aufnahmen anders zusammenstellen. Sie bringen damit nochmals Ihre künstlerische Vision von dem Film in den Prozess ein.

Wenn Sie fünf Cuttern dasselbe Rohmaterial geben und sie bitten, eine fünfminütige Szene daraus zu machen, erhalten Sie fünf verschiedene Filme. Daher ist es wichtig, dass Sie das Ziel Ihres Projektes im Auge behalten und sich nicht davon überwältigen lassen, wie leicht man etwas mit nonlinearem Schnitt neu arrangieren kann.

Folgen Sie zunächst Ihrem Gefühl, wenn Sie eine Sequenz zusammenstellen. Wenn es nicht funktioniert, experimentieren Sie, um zu sehen, was besser wäre. Denn gute Entscheidungen für Ihren Film kommen häufig erst im Schnitt zustande, beruhen also nicht zwingend auf dem Drehbuch oder dem Entwurf. Bleiben Sie dabei geduldig. Das Schneiden braucht Zeit und will gut durchdacht sein.

Die Bedeutung des Materials
Der Schnitt ist jedoch keine pauschale Versicherung gegen schlechte Qualität. Glauben Sie also nicht, dass Sie wenig gelungene Film- oder Tonaufnahmen in der Postproduktion immer ausbessern können.

Auch die Farbkorrektur nimmt viel Zeit in Anspruch und gelingt nicht immer. Wenn Sie bei einer Innenaufnahme den Weißabgleich vergessen und durch das von den Fenstern kommende Licht alles einen Blaustich hat, können Sie diesen zwar ausgleichen, aber womöglich sehen Hautfarben dann nicht mehr sehr natürlich aus – besonders wenn Personen mit unterschiedlichen Hautfarben im Raum sind.

INHALT	SEITEN
Länge festlegen	100
Im Schneideraum	101
Der Aufbau des Films	102–105
Das Protokollieren	106–107
Der Schnitt	108–109
Relevanz bestimmen	110–111
Blenden und Special Effects	112–113
Musik und Geräusche	114–115
Spannung aufbauen	116–117
Vor- und Abspann	118–119

Lektion 27: **Länge festlegen**

Ein Dokumentarfilm kann jede beliebige Länge haben, von einem fünfminütigen Kurzfilm bis zu einer Mini-Serie. Die Länge des Films sollte Ihnen erlauben, Ihr Thema adäquat zu behandeln. Der andere wichtige Faktor ist, wo Sie Ihren Film zeigen wollen.

> **Ziel**
> - Entscheiden, wie lang Ihr Film werden muss.
> - Berücksichtigen Sie dafür alle relevanten Faktoren wie etwa Zielpublikum und Vertriebsanforderungen.

> **STICHWORTE Länge festlegen**
> - Nehmen Sie Ihr gedrehtes Material zusammen. Notieren Sie, wie viele Stunden Sie zur Verfügung haben.
> - Finden Sie heraus, wie oft Sie Zugang zur Schnittausrüstung haben.
> - Schreiben Sie die Termine auf, an denen Sie Zeit zum Schneiden haben.
> - Legen Sie fest, wann Sie das Projekt abschließen möchten.

Wenn Sie Ihren Film auf Festivals präsentieren möchten, informieren Sie sich über die jeweils verbindlichen Vorgaben zur minimalen und maximalen Länge des Films. Für TV-Ausstrahlungen sind Längenformate von 30 bis 60 Minuten die Norm. Wenn Sie DVDs direkt an Privatkunden verkaufen möchten, planen Sie im Allgemeinen 60 bis 90 Minuten ein. Wollen Sie den Film im Internet umsonst zur Verfügung stellen, sollte er nicht länger als zehn Minuten sein, sofern Sie ihn nicht in mehreren Teilen zeigen.

Wie lang Ihr Film auch wird, er muss die von Ihnen entwickelte Geschichte transportieren.

Überlegungen zur Vorproduktion
Sie sollten die maximale Länge Ihres Films ab Beginn der Vorproduktion präsent haben, da diese beeinflusst, wie viel Material Sie drehen müssen.

Soll der Film nur eine halbe Stunde dauern, brauchen Sie wahrscheinlich keine 50 Stunden Filmmaterial. Wenn Sie dagegen einen abendfüllenden Film drehen, sichern Sie sich ausreichend viel Stoff zur Auswahl.

Überlegen Sie auch, ob es über Ihr Thema genug zu sagen gibt, um den Film so lang werden zu lassen, wie Sie vorhaben. Oder aber: Ist Ihr Thema so breit gefächert, dass Sie es auf einen bestimmten Aspekt eingrenzen müssen, damit es den gewünschten Umfang nicht übersteigt.

Je länger der Film, desto teurer die Produktion. Sie brauchen mehr Zeit, müssen mehr Material aufnehmen und benötigen dafür mehr Speicherplatz. Hinzu kommt Festplattenspeicher, um das Material in Ihr Schnittsystem zu transferieren. Sie müssen auch mehr Entscheidungen treffen und das Interesse des Zuschauers den ganzen Film über aufrechterhalten.

Falls Sie ein Drehbuch verwenden, ergibt eine Seite des Drehbuchs meist etwa eine Minute Film, sodass die Seitenzahl Ihres Drehbuchs ein guter Anhaltspunkt für die Filmdauer ist.

Zeit zum Schneiden
Die Länge des Films hat auch Einfluss darauf, wie viel Zeit Sie zum Schneiden benötigen. Für einen Film in Spielfilmlänge müssen Sie wesentlich mehr Material durchsehen als für ein einstündiges Video. Wenn der Film mehrere Märkte erreichen soll, etwa zuerst ein Festival, später das Fernsehen, müssen Sie unterschiedlich lange Versionen erstellen. Schneiden Sie immer zuerst die längere Version, da es viel einfacher ist, Material wegzunehmen als hinzuzufügen.

>>> Aufgabe 28

Sehen Sie Ihr Vorproduktionsmaterial durch. Nehmen Sie sich eine Seite aus Ihrem Drehbuch oder Ihren Notizen und stoppen Sie die Zeit, während Sie diese laut lesen. Multiplizieren Sie die Zahl mit der Anzahl Ihrer Seiten. Wie viele Minuten sind es insgesamt?

Lektion 28: Im Schneideraum

Nehmen Sie sich ausreichend Zeit zum Schneiden, setzen Sie sich aber auch ein Zeitlimit.

> **Ziel**
> - Festlegen, wie lange Sie für den Schnitt brauchen.
> - Einen realistischen Zeitplan aufstellen: Wann soll der Schnitt beendet sein?

Die Deadline

- Wie gut Sie auch planen, der Schnitt wird immer länger dauern, als Sie denken. Legen Sie also ein Datum fest, an dem Sie den Film abschließen möchten.
- Die Deadline hilft Ihnen, im Zeitplan zu bleiben. Vor allem ist dadurch ein Ende in Sicht.
- Monatelanges Schneiden kann endlos erscheinen. Versuchen Sie trotzdem, Ihre Begeisterung für das Projekt am Leben zu halten, indem Sie sich Etappenziele setzen, die Sie gut erreichen können.

Zeitplan

Für jede Minute des späteren Films benötigen Sie drei bis fünf Stunden Zeit zum Schneiden. Bei einer 30-minütigen Dokumentation ergibt das vier 40-Stunden-Wochen. Zehn bis 15 Stunden pro Woche im Schneideraum sind realistisch und auch noch mit einer vollen Arbeitsstelle vereinbar. Wenn Sie mehr Zeit haben, umso besser, dann können Sie schneller fertig werden.

Sie sollten vor allem regelmäßig am Schnitt arbeiten, damit Ihnen alles präsent ist. Nach zwei Tagen können Sie dort weitermachen, wo Sie aufgehört haben – nach einem Monat Pause müssen Sie sich noch einmal alles anschauen.

Wenn Sie allein schneiden, kümmern Sie sich nur um Ihre eigene Zeitplanung. Wenn Sie mit einem Cutter und dessen Ausrüstung arbeiten, müssen Sie seine miteinbeziehen. Je mehr Menschen involviert sind, desto länger werden Sie für das Schneiden brauchen, vor allem, da Sie zwischendurch immer wieder über das Projekt reden müssen.

Systematische Herangehensweise

In den ersten Wochen transferieren Sie vielleicht nur ausgewähltes Material in Ihr Schnittprogramm, was ermüdend sein kann, Sie aber mit Ihrem Projekt vertraut macht.

Beim Schneiden kann Ihnen auffallen, dass Sie noch mehr Material benötigen. Wenn es hauptsächlich B-Roll-Material ist, listen Sie zusätzliche Aufnahmen auf. Ist die Liste komplett, versuchen Sie, alles an einem Tag zu drehen und kehren dann rasch wieder in den Schneideraum zurück.

> **>>> Aufgabe 29**
>
> Notieren Sie alle Faktoren, die bestimmen, wie viel Zeit Sie für den Schnitt Ihres Films benötigen.

Schnittplan
Wenn mehrere Personen am Schnitt beteiligt sind, erarbeiten Sie im Voraus einen Schnittplan. Werden Sie die ganze Zeit über zusammen oder einzeln arbeiten, weil Ihre Terminpläne nicht kompatibel sind?

Lektion 29: Der Aufbau des Films

Es gibt keine eindeutige Antwort auf die Frage, wie Sie Ihren Film aufbauen. Sie können das bereits vor dem Dreh, während der Produktion oder direkt vor dem Schnitt festlegen. Wenn Sie bislang noch nicht darüber nachgedacht haben, sollten Sie es nun dringend tun, da Sie ansonsten endlos mit willkürlich zusammengestelltem Material jonglieren.

> **Ziel**
> › Die Struktur Ihres Films vor dem Schneiden festlegen.

Aufbau im Zusammenhang
Unten sehen Sie vier Standbilder, die den Aufbau des Dokumentarfilms The Basement (2009) zeigen: Der Künstler Darrell Fusaro kehrt nach New Jersey zurück, um dem ungeklärten Mord an seinem Großvater, dem Gewerkschafter James Fusaro, nachzugehen.

Folgen Sie Ihrem Instinkt, wenn es um den Aufbau Ihres Films geht. Es ist Ihr Projekt und Sie müssen entscheiden, wie es zusammengesetzt werden soll.

Anfang, Mitte und Ende
An den Anfang und das Ende werden sich die Zuschauer wahrscheinlich am längsten erinnern, also sollten sie durch Inhalt und Schnitt hier Akzente setzen. Der Anfang informiert zunächst darüber, worum es in diesem Film geht. Er soll den Zuschauer auf den Rest des Films neugierig machen. Das Ende fasst den Film zusammen und bietet eine endgültige Aussage oder Schlussfolgerung. Auch wenn Sie etwas Wirkliches abbilden, erzählen Sie immer noch eine Geschichte, die einen Anfang, eine Mitte und ein Ende braucht. Das gilt auch für Ihren Film – unabhängig davon, ob er fünf Minuten oder zwei Stunden dauert.

Am Anfang des Films werden dem Zuschauer Thema und Figuren vorgestellt. Man soll hier zugleich emotional an eine Idee, eine Sache oder Person herangeführt werden. Wenn Sie im Film Interviews mit mehreren Personen zeigen, sollten Sie diese am Anfang, wenn auch nur kurz, einblenden, damit der Zuschauer mit ihnen vertraut ist. Zeigen Sie zuerst nur ein paar Gesichter und am Ende eine bis dahin unbekannte Person, wirkt das sehr abrupt. Der Zuschauer wird sich irritiert fragen, warum diese Person plötzlich auftaucht.

Jahrzehnte nach dem Mord an seinem Großvater besucht der Dramatiker Darrell Fusaro den Ort seiner Kindheit (Standbild).

Darrell spricht über die verheerenden Auswirkungen, die der Mord auf seine gesamte Familie hatte.

Anfang: 10–25 % des Films nimmt die Einführung in Anspruch, die dem Zuschauer die Hintergründe erklärt.

Mitte: 50–80 % des Films tragen die Kerninformation, in der der Filmemacher die Hauptaussage des Films vermittelt und den Zuschauer für sich einnimmt.

Im mittleren Teil des Films wird ein Gros der Informationen vermittelt – das Thema wird erkundet. Dieser Abschnitt kann bis zu 60 % der Filmdauer einnehmen. Ihre Geschichte muss fesseln, da der Zuschauer sonst an dieser Stelle rasch gelangweilt wird und abschaltet. Überlegen Sie, welche Konfrontationen, Konflikte oder Antworten auf welche Art gezeigt werden müssen.

Lösen Sie die Geschichte am Ende des Films auf und bringen Sie sie zu einem Abschluss, indem Sie Fragen beantworten und Situationen klären. In Filmen mit gesellschaftlich relevanten Themen bedeutet das oftmals, dass jemand von einer bestimmten Ansicht überzeugt wird. Der Schluss sollte auf jeden Fall Ihre Absichten zusammenfassen und den Zuschauer im Hinblick auf das Beantworten zentraler Fragen und Aufzeigen von Zusammenhängen zufrieden stellen.

Dass Ihr Film Anfang, Mitte und Ende hat, bedeutet jedoch nicht, dass er in einer bestimmten Reihenfolge abläuft. Er sollte einfach nur diese drei Punkte beinhalten. Drehen Sie zum Beispiel einen Film über den ungelösten Mord an einer Berühmtheit, könnte es Ihr Ziel sein, verschiedene Theorien zu zeigen, wer es warum getan hat. Daher beginnen Sie vielleicht mit dem Mord selbst und arbeiten sich dann in der Zeit zurück, wobei der Tod das eigentliche Ende bleibt.

> **STICHWORTE: Aufbau eines Dokumentarfilms**
> - Worum geht es in Ihrer Geschichte?
> - Was macht diese Geschichte einzigartig?
> - Eignen sich bestimmte Bilder für diese Geschichte?
> - Sind genügend Informationen zu diesem Thema vorhanden?
> - Wie präsentieren Sie diese Informationen?
> - Wer sind die Hauptfiguren?
> - Was tun diese Figuren und wie treiben sie die Geschichte voran?
> - Welche Aussage wollen Sie mit dem Film machen?
> - Ist das Ende des Films befriedigend für den Zuschauer?

> >>> **Aufgabe 30**
>
> Wählen Sie ein Thema: Wie könnten Anfang, Mitte und Ende eines Dokumentarfilms dazu aussehen? Haben Sie genügend Informationen?

30 Jahre nach dem brutalen Mord klebt immer noch das Blut von Darrells Großvater an den Wänden dieses nichtssagenden Industriebaus.

Darrells Tante ist erleichtert und dankbar, dass er diesen tragischen Teil der Familiengeschichte mit seinem Stück The Basement *zu einem Abschluss bringt.*

Die Mitte des Films muss den Zuschauer fesseln, da er sonst das Interesse verlieren und abschalten könnte.

Ende: 10–25 % Auflösung und Endaussage

Aufbau und Drehbuch

Wenn Sie mit einem Drehbuch arbeiten, ist es beim Schnitt Ihre Grundlage. Sie müssen Ihr Material nun danach sortieren, was im Drehbuch erzählt oder umrissen wird. Vielleicht wollen Sie aber im Verlauf doch noch einige Teile abändern – das sollten Sie immer mit einkalkulieren.

Aufbau ohne Drehbuch

Wenn es in Ihrem Film um einen Wettbewerb oder ein Ereignis geht, das sich innerhalb eines bestimmten Zeitraums abspielt, ordnen Sie Ihr Material wahrscheinlich chronologisch an. Der Ablauf des Geschehens gibt Ihrem Film Struktur, und Sie müssen ihn nur auf die gewünschte Länge kürzen.

Viel anspruchsvoller ist es, einen Film ohne Drehbuch zu strukturieren. Bei einem fiktionalen Film schreiben Sie ins Drehbuch, was die Figuren sagen sollen. Hier müssen Sie dagegen die tatsächlichen Gespräche aus den verschiedenen Interviews zusammenschneiden.

Aber wo fangen Sie an? Am besten sehen Sie sich alle Interviews an und notieren sich, welche Informationen enthalten sein sollen. Manche Menschen drücken Dinge besser oder emotionaler aus als andere, und danach suchen Sie. Wenn mehreren Eltern dieselbe Frage gestellt wird, etwa: „Wann haben Sie herausgefunden, dass Ihr Kind Leukämie hat?", und eine Person beginnt dabei zu weinen, werden Sie dieses Material wahrscheinlich verwenden. Bauen Sie Ihren Film danach auf, was gesagt wird, wie es gesagt wird und wie die Person, die es sagt, dabei aussieht.

Wenn Sie mit dem tatsächlichen Schnitt beginnen, stellen Sie all diese Interviews zusammen und schauen, wie sie zueinander passen. Der Prozess ist organisch und entwickelt sich bei der Arbeit. Wenn Sie am Ende mehrere Stunden Material haben, das Sie verwenden möchten, müssen Sie es zusammenschneiden, bis es die gewünschte Länge hat.

Die Interviews liefern die Basis für den Aufbau. Danach können Sie anfangen, Ihr B-Roll-Material entsprechend hinzuzufügen.

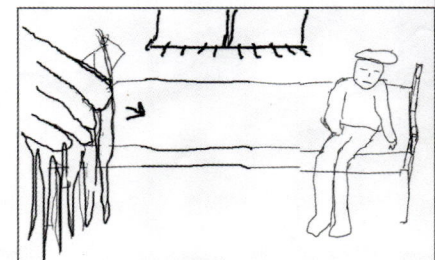

Storyboards verwenden
Ein Storyboard ist ein visuelles Konzept, das Ihnen hilft, den Film zu strukturieren. Wie Sie hier anhand der Storyboards zu John Borowskis Albert Fish *(2007) sehen, ist die Reihenfolge damit bereits festgelegt. Man kann das Material entsprechend zusammenschneiden.*

FILMTIPP

***Grizzly Man* (2005)** von Werner Herzog handelt von dem Bärenschützer Timothy Treadwell, der 2003 getötet wurde, während er in Alaska unter Bären lebte. Der Film verwendet von Treadwell selbst aufgenommenes Material und Interviews mit ihm nahestehenden Personen. Der Film ist so aufgebaut, dass man die anfänglich gebildete Meinung über diesen Mann am Ende ganz revidieren muss: Er zeigt die Not eines fehlgeleiteten und letztendlich sehr traurigen Menschen.

Schritt für Schritt
Kapitel markieren

Wenn Sie einen Lehrfilm für Schulen oder Bibliotheken drehen, sollten Sie Ihren Film in Kapitel oder Konzepte einteilen. Das ist auch hilfreich, wenn der Film beispielsweise in jüngeren Klassen nur zum Teil gezeigt werden darf oder nur bestimmte thematische Aspekte interessieren. Trotzdem muss Ihr Film einen Anfang und ein Ende haben. Allerdings sollte der Großteil der Informationen in der Mitte geliefert werden. Können Sie in Ihrem Filmmaterial Teile ausmachen, die sich als natürliche Kapitelmarkierungen anbieten? Wenn etwa mehrere Personen die gleichen Fragen beantworten, könnten die Fragen selbst sich als Abschnittsmarkierungen des Films anbieten. Selbstverständlich kann die Kapiteleinteilung auch weniger offensichtlich sein, wie Sie gleich sehen. Der Dokumentarfilm „I'm Not Nuts": Living with Food Allergies (2009) besteht aus vier in sich abgeschlossenen Teilen, aber die Übergänge sind subtiler und eher gleitend arrangiert.

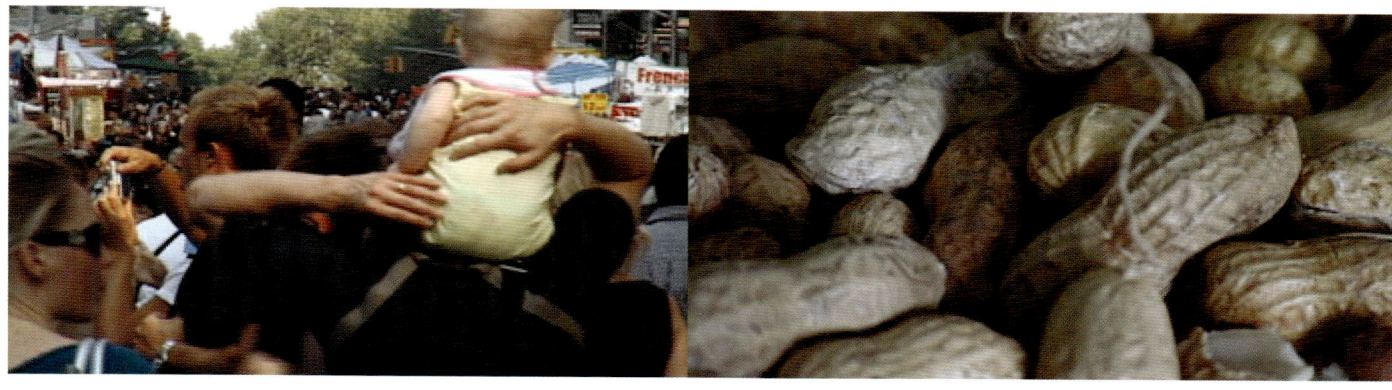

1. Anfangs wird erläutert, dass jede Person in jedem Alter eine Lebensmittelallergie entwickeln kann. B-Roll-Material von Menschenmengen veranschaulicht diesen Punkt und kennzeichnet das einleitende Kapitel.

2. Das nächste Kapitel stellt die Experten in den Mittelpunkt. Während Ärzte erläutern, auf welche Lebensmittel die meisten Menschen allergisch sind, werden Großaufnahmen dieser Nahrungsmittel gezeigt.

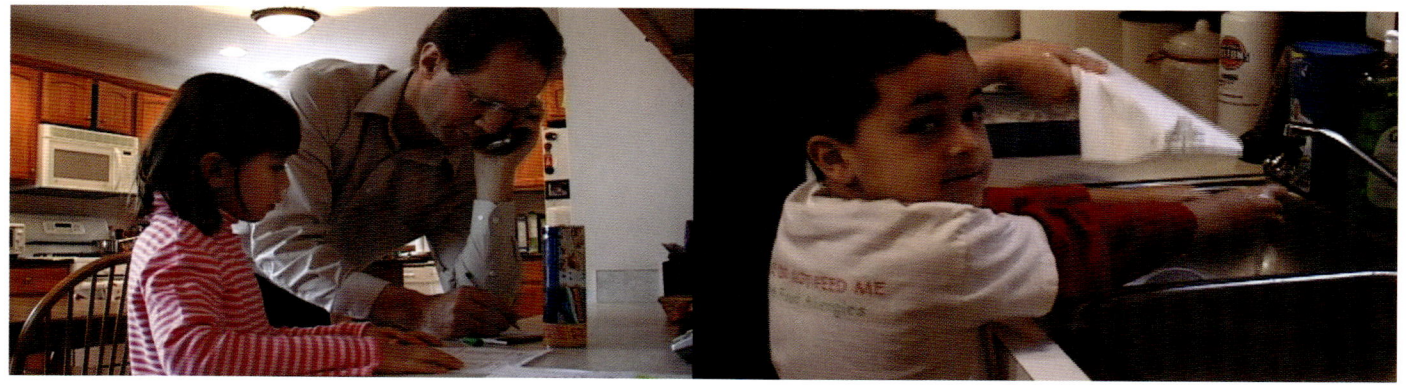

3. Im folgenden Abschnitt ruft ein Vater bei einem Hersteller an, um zu klären, ob in einem bestimmten Produkt Sesam enthalten ist. Damit wird das Kapitel eingeleitet, in dem Eltern die Sicherheitsvorkehrungen erklären, die sie treffen müssen.

4. Zuletzt reden Eltern und Kinder darüber, dass sie trotz allem Spaß am Essen haben und die Kinder die Familienmahlzeiten oft mit zubereiten. Dies markiert den positiv gestimmten Teil des Films, der mit der Aufnahme eines lächelnden Kindes abgeschlossen wird.

Lektion 30: Das Protokollieren

Das Protokollieren ist ein wichtiger Teil der Postproduktion, der Sie mit Ihrem Material vertraut macht.

> **Ziel**
>
> › Sich mit Ihrem gesamten Material vertraut machen und auf den Schnitt vorbereiten.

Beim Protokollieren bereiten Sie Ihr Material auf den Schnitt vor: Mithilfe des Zeitcodes Ihres Bandes notieren Sie, wann genau eine Aufnahme beginnt und wann sie endet. Die Zahlen, die „Stunde : Minute : Sekunde : Einzelbild" anzeigen, liefern Zeitangaben für die Schnittsoftware.

Sicherheitskopie

Um sicherzugehen, dass die Originalbänder nicht durch Abnutzung beschädigt werden, sollten Sie von diesen eine DVD-Kopie erstellen und letztere zum Protokollieren verwenden. Wenn Ihr Gerät den Zeitcode am unteren Bildschirmrand anzeigen kann, nutzen Sie diese Funktion. Im Allgemeinen stimmen allerdings Stunden und Minuten des Bandes auch grob mit der Displayzeit auf Ihrem DVD-Player überein.

Niederschrift und Schnitt auf dem Papier

Am gründlichsten und effizientesten protokollieren Sie Ihre Interviews, indem Sie sie transkribieren. Schreiben Sie wörtlich auf, was gesagt wird. Notieren Sie sich dazu die Zeitangaben, die Ihnen entweder die Displayzeit Ihres DVD-Players oder der Zeitcode liefern – falls Sie Material transkribieren, dass Ihr Schnittprogramm bereits erfasst hat. Das mag nach viel Arbeit klingen, verhindert aber, dass Sie später stundenlang Videomaterial durchsuchen müssen. Wenn Sie alle Interviews transkribiert haben, markieren Sie das beste

Standbilder verwenden
Standbilder müssen Sie aus einem Fotoprogramm wie z.B. iPhoto importieren. Meist haben sie eine Verzögerung von zehn Sekunden, was Sie korrigieren können, nachdem Sie sie in Ihre Schnitt-Timeline eingefügt haben.

SMPTE-Timecode

SMPTE ist der Standardtimecode für Film, Video und Ton, der von der „Society of Motion Picture and Television Engineers" eingeführt wurde. Er liefert die Zeitangaben mit Stunden, Minuten, Sekunden und Einzelbildern, die den Schnitt erst ermöglichen.

In: Not Set   Out: Not Set

Video   Audio
V1: 00:32:55;28   A1: 00:32:55;28
V2: 00:01:01;29   A2: 00:32:55;28

Protokoll führen

Ob Sie ein Interview übertragen oder den Aufbau Ihres Films darstellen – der Schnitt wird Ihnen leichter fallen, wenn Sie alle Aufnahmen protokollieren. Listen Sie Zeitcode und Beschreibungen sauber auf (s. rechts), damit Sie die Ausschnitte, die Sie in Ihr Schnittprogramm transferieren möchten, wiederfinden.

Material, also die Ausschnitte, die Sie am ehesten verwenden werden. Wozu ein einstündiges Band in Ihr Schnittprogramm übertragen, wenn Sie doch nur zehn Minuten davon verwenden?

Wenn Sie kein Drehbuch haben, kann dies der Moment sein, in dem Sie die Struktur Ihres Films festlegen. Sie sind jetzt vertraut mit allem, was gesagt wird. In dieser Situation fällt es Ihnen leichter, Strukturen und Verbindungen einzelner Teile herzustellen.

Arbeiten Sie dagegen mit einem Drehbuch und benötigen bestimmte Aufnahmen, die zum Text passen, achten Sie beim Protokollieren genau auf diese wichtigen Stellen. Denn Sie müssen nicht Ihr gesamtes Material in Ihr Schnittprogramm übertragen! Sie sparen viel Zeit, wenn Sie vorher aussortieren, was Sie nicht brauchen werden.

Diese Vorarbeit auf Papier wird Ihnen den Schnitt wesentlich leichter machen.

Die Klappen-Nummer stimmt mit der Nummer auf Ihrer Shot-List überein.

Markieren Sie gute Aufnahmen, damit der Cutter weiß, welche er gleich ignorieren kann.

ROLL #	SLATE #	TAKE	TIMECODE	OK	SHOT DESCRIPTION
1	1	1	00:02		ECU of man's face WA
	↓	2	00:18	/	"
	↓	3	00:35	/	"
	3	1	00:55	/	MCU of bed WA
	↓	2	01:18		
	↓	3	01:28	/	
	↓	4	02:01	/	↓
	2	1	02:40	/	CU Girl's face WA
	4	1	04:51	/	MS overhead of bed
	↓	2	05:24	/	
	4a	1	05:57	/	MCU side on track shot of couple
	↓	2	06:35	/	↓
	5	1	07:15	/	MC Steadicam MC shot 7
	↓	2	08:35		
	↓	3	09:07	/	
	↓	4	10:47	/	↓
	6	1	12:01		CU of wife
	7	1	13:24		MS of man preparing food
	8	1	17:51	/	CU of cereal in bowl

>>> Aufgabe 31

Nehmen Sie sich ein Interviews vor und transkribieren Sie die ersten fünf Minuten. Wie viele Seiten ergibt das? So können Sie schätzen, wie lange Sie brauchen werden, um alle Interviews zu transkribieren.

Transkriptionsmethoden
Wenn Sie ausreichend Festplattenspeicher haben, können Sie sich Ihr gesamtes Material ansehen, nachdem Sie es mit Ihrem Schnittprogramm erfasst haben. Andernfalls kopieren Sie MiniDV-Material auf eine DVD, die Sie auf einem Player abspielen und dabei transkribieren können.

Lektion 31: Der Schnitt

Nun haben Sie Ihr gesamtes Material protokolliert und eine Vorauswahl getroffen. Sie können also mit dem Schneiden beginnen.

> **Ziel**
> > Finden Sie die für Sie beste Methode des Schnitts und beginnen Sie mit der Arbeit.

● >>> **Aufgabe 32**

Überlegen Sie sich drei Herangehensweisen an den Schnitt: Welche Vorteile haben sie jeweils?

> **Tipp**
> **Übergänge vorbereiten**
> Transferieren Sie mindestens 10–30 Sekunden vor Ihrer gewählten Aufnahme, falls Sie einen Effekt wie eine langsame Überblende oder Abblende (s. Seite 112–113) einsetzen möchten, der ein paar nicht einkalkulierte Sekunden aufbrauchen wird.

Sie beginnen damit, dass Sie Bild- und Tonausschnitte in Ihr Programm transferieren und diese Informationen der Einfachheit halber in Ordnern oder „Bins" ablegen. Beispielsweise würde sich ein Ordner für jedes Interview und jede Art von B-Roll-Material („Naturaufnahmen" etc.) anbieten. Wie lang die einzelnen Ausschnitte sind und wie Sie aufgeteilt werden, ist allein Ihre Entscheidung. Sie müssen Ihr Material nur problemlos wiederfinden können.

Ausgewähltes Material erfassen
Fangen Sie mit Ihrem ersten Band an. Gehen Sie Ihr Protokoll einmal durch und erfassen Sie jeden gewünschten Ausschnitt. Der Zeitcode des Bandes wird auf dem Bildschirm zu sehen sein, wenn Sie das Material in Ihr Schnittprogramm importieren. Sie können jedem erfassten Ausschnitt einen Namen geben und ihn in einem bestimmten Ordner abspeichern. Wenn Sie mit einem Band fertig sind, bewahren Sie es an einem sicheren Ort auf. Dann gehen Sie zum nächsten über.

Am Ende dieses Prozesses haben Sie vielleicht acht bis zehn Stunden verwendbares Material. Wenn Sie irgendwann merken, dass Ihnen noch etwas fehlt, gehen Sie erneut Ihre Protokolle durch, suchen das Gewünschte und erfassen es.

Die Quelle der Aufnahme (Kamera oder Player) wird mit diesen Schaltflächen bedient.

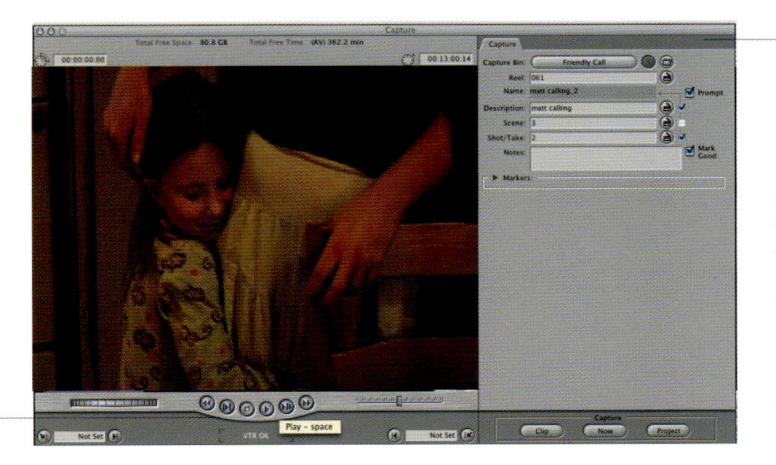

Tragen Sie Informationen zum jeweiligen Ausschnitt in diese Felder ein.

Material protokollieren
Nachdem Sie Ihr Material in Ihr Schnittprogramm transferiert haben, können Sie Informationen dazu festhalten. Wie Sie hier am Beispiel des Programms Final Cut sehen, erlaubt Ihnen die Software, alle Aufnahmen eines Orders zu benennen, so dass Sie sie in die gewünschte Reihenfolge bringen können.

Schritt für Schritt

Wie man mit dem Schneiden beginnt

Machen Sie sich die Arbeit am Schnitt so leicht wie möglich. Stellen Sie sich Ihren Film als Körper vor. Zunächst brauchen Sie das Skelett oder die Struktur, die Sie dann ausfüllen können. Teilen Sie sich die Arbeit in einzelne Schritte ein und entscheiden, wo Sie anfangen.

Der Reihe nach: Wenn Ihr Film chronologisch aufgebaut ist, fangen Sie am besten am Anfang an und wählen aus, welche Bilder Sie als Erstes zeigen wollen. Wenn eine Reihe klar abgegrenzter Themen behandelt werden, bearbeiten Sie diese am besten einzeln nacheinander.

Dem Ton folgen: Alternativ können Sie auch zuerst Ihr Tonmaterial schneiden, auf dem dann der Aufbau des Films basiert. Wenn Sie ein Drehbuch haben und der ganze Text erzählt wird, sollten Sie eher mit dem Ton beginnen, um die Länge Ihres Films festzulegen.

Bei einem Film ohne Drehbuch, der hauptsächlich Interviews zeigt, schneiden Sie diese besser zuerst, um zu sehen, wie sie sich aneinanderfügen lassen. Dabei ist es normal, wenn Sie am Ende über zwei Stunden Material besitzen, dass Sie nun kürzen müssen.

Womit auch immer Sie anfangen, es sollte Sie dazu zwingen, mit dem Schneiden zu beginnen.

In der oben gezeigten Sequenz spricht der Special-Effects-Künstler Tom Sullivan über die Arbeit am ersten Teil des Films *Tanz der Teufel*.

1. Wenn Sie eine Person einführen, sollten Sie sie zuerst zeigen, bevor Sie zusätzliches Material einblenden. Der Text in der Bauchbinde identifiziert den Interviewten.

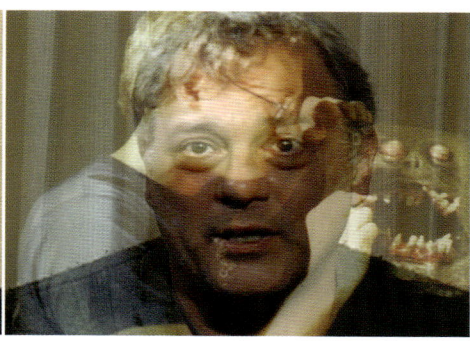

2. Wenn die Person zu sprechen beginnt, können Sie zum B-Roll-Material übergehen. Meist ist eine Überblendung (s. Seite 113) flüssiger als ein harter Schnitt, besonders wenn es um vergangene Ereignisse geht.

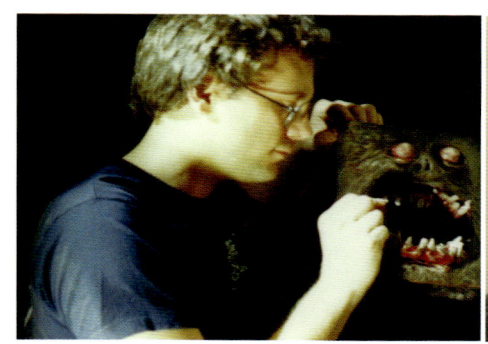

3. Das B-Roll-Material hier ist ein Standbild, das zehn Sekunden eingeblendet wird, während der Interviewte darüber spricht. Das Bild zeigt, wie Tom Sullivan am Totenbuch aus dem ersten Teil des Films Tanz der Teufel *arbeitet.*

4. Nach einem Schnitt anstelle einer Überblendung wie im zweiten Bild wird nun erneut der Interviewte gezeigt. Ein Schnitt ist in der Regel besser geeignet, wenn Sie ein Bild beenden.

Stichworte: Herangehensweise

> Gehen Sie jedes Band (oder jede Speicherkarte) einzeln durch.
> Sortieren Sie die erfassten Ausschnitte in eindeutig benannten Ordnern, um alles wiederzufinden. Das Interviewmaterial einer Person sollte beispielsweise in einem, das dazu passende B-Roll-Material in einem anderen Ordner abgelegt werden. Das Archivmaterial bekommt einen eigenen Ordner.
> Schneiden Sie zuerst den Großteil des Tons (Interviews/Offkommentar/Erzählung).
> Fügen Sie B-Roll-Material hinzu, nachdem die Struktur und die endgültige Länge Ihres Films feststehen.

Lektion 32: Relevanz bestimmen

Was Sie in Ihrem Film zeigen, sollte der Erklärung und Illustration dessen dienen, worum es Ihnen geht. Vermeiden Sie unnötiges Abschweifen, auch wenn es interessant sein mag.

> **Ziele**
> - Alles, was Sie schneiden, soll die Geschichte voranbringen und den Zuschauer fesseln.
> - Herausfinden, ob Ton- und Bildelemente sich harmonisch ergänzen, und darauf achten, dass sie auch zum inhaltlichen Fokus des Films passen.

Vielleicht haben Sie so viel großartiges Material, das nichts mit dem Rest Ihres Films zu tun hat, dass Ihnen die Entscheidungen beim Schnitt schwerfallen. Wenn Sie Interviews und Offkommentare schneiden, achten Sie darauf, dass sie zur Geschichte passen. Das hilft Ihnen bei der Entscheidung, besonders wenn der Film eine bestimmte Länge haben soll. Wenn Sie über 30 Stunden Material für eine einstündige Dokumentation gedreht haben, kann Ihr Rohschnitt durchaus 90 bis 120 Minuten lang sein. An diesem Punkt müssen Sie aber entschiedener vorgehen und den Film nochmals stark kürzen. Am Ende behalten Sie nur die direktesten, prägnantesten Informationen.

Wiederholung
Sie sollten Informationen nicht zu oft wiederholen. Bei einem Film, der länger als eine Stunde dauert, kann das noch sinnvoll sein, um den Zuschauer an bestimmte Punkte zu erinnern. Aber Sie dürfen ihn nicht langweilen oder verärgern, indem Sie das Gleiche zu oft erzählen. Ebenso wenig sollten Sie dasselbe Bild mehrmals zeigen, denn der Zuschauer wird es merken. Wollen Sie zeigen, wie jemand eine Handlung an mehreren Tagen ausführt, sollte er nicht dieselbe Kleidung tragen. Sonst sieht es aus, als hätten Sie ihn nur an einem Tag gefilmt (was Sie vermutlich auch getan haben). Denken Sie in diesem Fall im Voraus daran, Personen in verschiedener Kleidung zu filmen. Es ist wichtig, dass Sie „für den Schnitt" denken und filmen.

Relevante Bilder
Bei B-Roll-, Archiv- und Fotomaterial sind Sie in der Regel flexibler bei der Auswahl: Erzählt jemand aus seiner Kindheit und Sie besitzen keine Bilder von ihm aus der Zeit, können Sie auch Großaufnahmen von alten Spielsachen oder Archivmaterial aus der Zeit verwenden. Je nach Zusammenhang können Sie auch Szenen nachstellen. Zwängen Sie aber nichts hinein, was nicht passt – beispielsweise eine schöne Aufnahme von Wasserfällen oder einem fliegenden Adler –, wenn diese Bilder nichts mit Ihrer Geschichte zu tun haben. Die Bilder sollten den Inhalt immer ergänzen oder verstärken.

Ist Ihre Aussage klar?
Da Sie nur begrenzte Zeit zur Verfügung haben, ist es wichtig, dass sowohl der Ton als auch die Bilder das Wesentliche klar und deutlich zum Ausdruck bringen. Mangelhafter Ton (etwa durch Mikrofonstörungen) und unscharfe oder schlecht komponierte Bilder verwerfen Sie sofort. Verwenden Sie nur Ihr bestes Bild- und Tonmaterial!

> **● >>> Aufgabe 33**
>
> Sehen Sie sich zehn Minuten eines Dokumentarfilms an. Beobachten Sie, wie die Geschichte vorangebracht wird. Notieren Sie sich Wiederholungen und Bilder, die nicht dazu passen. Wenn die Bilder passen, weshalb?

Schritt für Schritt
Eine Auswahl treffen

Behalten Sie im Auge, worum es in Ihrem Film gehen soll. Welche Informationen und welche Aussage wollen Sie vermitteln? Beim Schnitt ist es hilfreich, wenn Sie sich diese Fragen immer wieder stellen. Achten Sie dabei auf folgende vier Punkte:

1. Verwenden Sie ein Interview oder auch anderes Material nur, wenn es der Geschichte dient.
2. Vermeiden Sie Wiederholungen in Bild und Ton.
3. Gestalten Sie den Inhalt möglichst ansprechend.
4. Sorgen Sie für Aufnahmen in bester Bild- und Tonqualität.

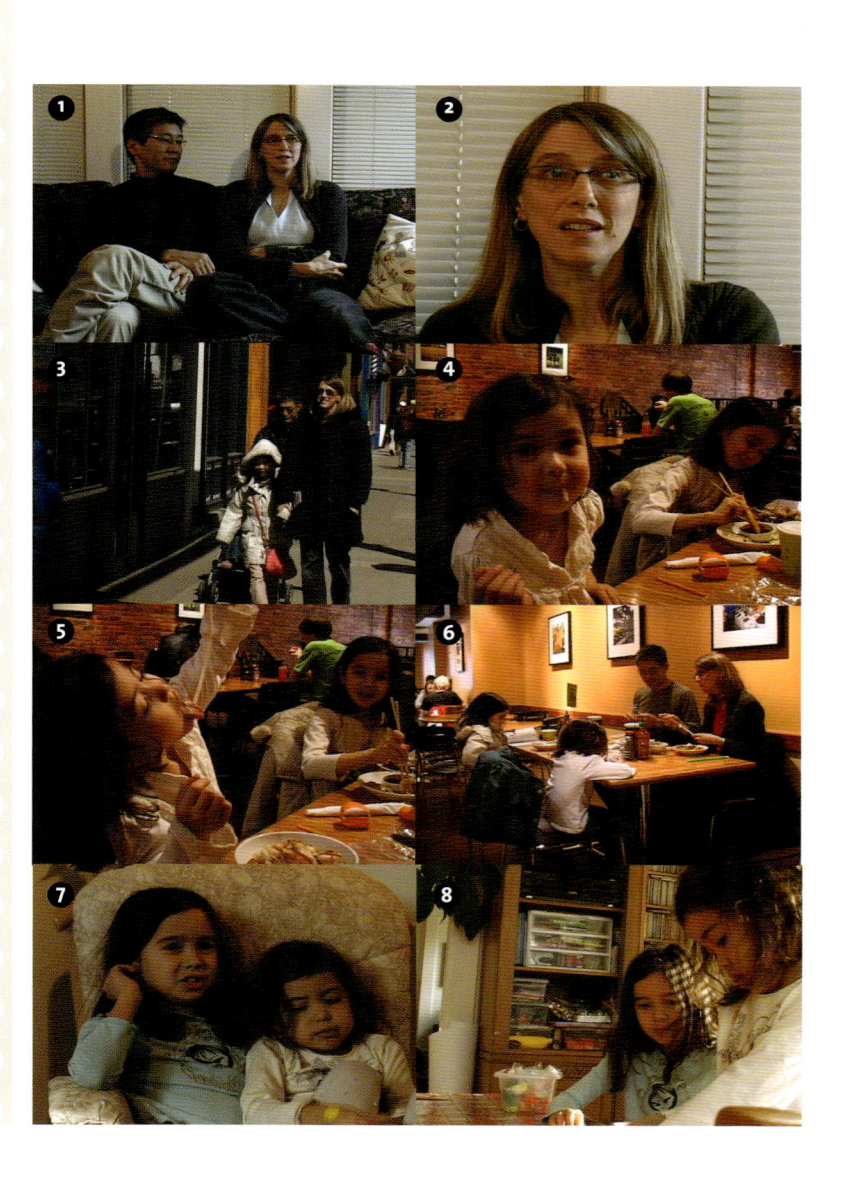

Relevanzabstufungen
Hier sehen Sie einen dreiminütigen Ausschnitt aus „I'm Not Nuts": Living with Food Allergies, der an zwei Tagen gedreht wurde. Anhand der gezeigten Aufnahmen können Sie verschiedene Abstufungen in der Relevanz der Bilder erkennen.

Aufnahmen 1 und 2: *Die Eltern zweier Kinder mit Lebensmittelallergien erzählen, wie schwierig es ist, mit ihren Kindern in ein Restaurant zu gehen und was sie dabei alles beachten müssen, da eins ihrer Kinder eine Weizen-, das andere eine Laktoseallergie hat. Hier wird also die Kernthematik des Films ausgeführt, was den Aufnahmen größte Relevanz verleiht.*

Aufnahmen 3–6: *Nach dem Interview sollte zusätzliches Material der Familie beim Essen im Restaurant gezeigt werden. Der gesamte Ausflug wurde festgehalten, von der Anreise über das Betreten des Restaurants bis hin zum Bestellen und anschließendem Essen der Mahlzeit. Verglichen mit den Aufnahmen 1.–3. hat dieses Material keine direkte Relevanz für die Aussage des Films. Es bringt die Geschichte im Grunde nicht weiter, aber es veranschaulicht, worüber die Eltern sprechen. Außerdem macht es Spaß, den Kindern, die im Mittelpunkt des Filmes stehen, zuzusehen. Daher bereichern diese Aufnahmen den Film und machen ihn persönlicher.*

Aufnahme 7: *Die ältere Schwester erzählt von Problemen, die sie aufgrund ihrer Allergie in der Schule hat, etwa dass sie allergisch auf bestimmte Materialien im Kunstunterricht sein könnte. Dies ist absolut relevant.*

Aufnahme 8: *Da in der Schule nicht gefilmt werden konnte und es keine Fotos von dem älteren Mädchen dort gab, wird gezeigt, wie sie und ihre Schwester am Küchentisch malen. Diese Bilder könnten als irrelevant verworfen werden, aber sie können auch sinnvoll genutzt werden. Sie sind nicht so eindeutig wie die in der Restaurantsequenz, zeigen das Mädchen aber ähnlich wie im Kunstunterricht und wirken lebendiger als noch mehr Aufnahmen von Menschen beim Sprechen.*

Lektion 33: Blenden und Special Effects

Special Effects und Blenden sollten immer zielgerichtet und mit gutem Grund eingesetzt werden, denn der Schnitt steht beim Dokumentarfilm im Dienst des Inhalts – nicht umgekehrt.

Bei einem Dokumentarfilm sollte dem Zuschauer möglichst nicht auffallen, dass geschnitten wurde. Gerade die Übergänge, vor allem wenn sie einen Zeitsprung andeuten, werden daher mit Über- oder Abblenden gestaltet. Wischblenden, bei denen ein Bild der nächsten Szene das der vorhergehenden ersetzt, sind ebenfalls vertretbar. Ihr Schnittprogramm bietet Ihnen wahrscheinlich eine große Auswahl an Blenden, was aber nicht bedeutet, dass auch *alle* davon zum Einsatz kommen müssen.

Blenden
Vergessen Sie nicht, dass die Art des Übergangs zum Bild passen muss. Eine wellenförmige Überblendung von einer Person auf eine andere wirkt etwas schrill und erweckt den Anschein, dass die erste Person sich in die zweite verwandelt. Dieselbe Blende kann aber durchaus funktionieren: etwa wenn sie von einer Person zu einem Bild des gerade von ihr beschriebenen Ortes erfolgt, insbesondere wenn es sich dabei um eine Erinnerung an die Vergangenheit handelt.

Special Effects
Sie sollten Spezialeffekte und kunstvolle Grafiken als einen möglichen, aber nicht notwendigen Zusatz verstehen und auch nur wohl überlegt einsetzen. Von ihnen hängt das Gelingen Ihres Filmes nicht ab – außer natürlich, Sie drehen „Mit Sauriern unterwegs" und benötigen die neuesten computergenerierten Effekte, um zu zeigen, wie die ausgestorbenen Kreaturen wahrscheinlich ausgesehen haben.

Verwenden Sie Special Effects also nur dann, wenn sie wirklich etwas zur Geschichte beitragen. Keinem Zuschauer fällt es auf, wenn Sie nur wenige Effekte benutzen, zu viele Effekte werden dagegen sofort bemerkt. Weniger ist in solchen Fällen sicherlich mehr.

> **Ziel**
> - Darauf achten, dass die verwendeten Blenden und Special Effects zum Inhalt und zur Stimmung Ihres Films passen.

> **STICHWORTE: Blenden und Special Effects**
> - Blenden sollten einen gleitenden Übergang von einem Bild zum nächsten schaffen.
> - Verwenden Sie Special Effects nur, wenn nötig.

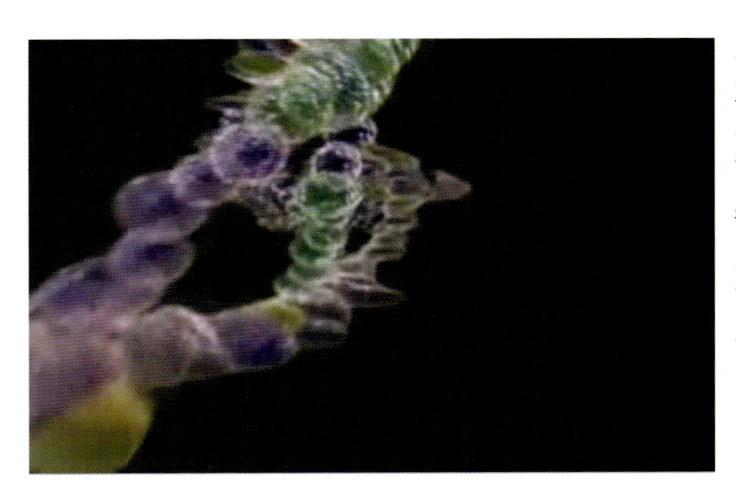

Den Produktionswert steigern
In Tasmanian Tiger: End of Extinction *(2002) wird ein computeranimierter DNA-Strang gezeigt. In der Sequenz sprechen Wissenschaftler über die Möglichkeiten, das ausgestorbene Beuteltier zu klonen. Der Spezialeffekt steigert den Produktionswert und bereitet eine weitere B-Roll-Aufnahme vor, bei der ein Wissenschaftler durch ein Mikroskop sieht.*

> **>>> Aufgabe 34**
>
> Listen Sie fünf Blendeneffekte auf, die Sie beim Schnitt Ihres Films verwenden werden, und warum Sie diese brauchen.

Schritt für Schritt
Einfache Übergänge

Übergänge sollen nicht auffallen und vom Inhalt des Films ablenken, also sollten diese so einfach wie möglich gehalten werden. Wenn Sie viele Fotografien einsetzen, können Sie allerdings auch kreativere Übergänge wählen.

Sehen Sie sich die aufgeführten Übergänge an und entscheiden Sie, welche Sie verwenden könnten. Denken Sie immer daran, dass sie zur Atmosphäre Ihres Films passen müssen. Wenn Ihr Film von Hunger und Elend erzählt, werden Sie kaum allzu effektvolle Übergänge verwenden.

1. Harter Schnitt
> Auf ein Bild folgt ohne Überleitung das nächste.

2. Überblendung
> Eine Aufnahme geht allmählich in die nächste über oder verschwindet darin.

3. Pagepeel (auch „Eselsohr")
> Die erste Aufnahme wird „umgeblättert", um die nächste aufzudecken. Es erweckt den Anschein, als würden in einem Buch Seiten umgeblättert.

4. Wischblende
> Ein Bild wird durch ein anderes ersetzt, das sich über den Bildschirm bewegt. Das kann von rechts nach links oder von oben nach unten geschehen, oder auch in anderen Formen, etwa einem Kreis, der meist in der Bildmitte entspringt. Diese Blenden sind sehr auffällig und werden zu bestimmten Zwecken verwendet, beispielsweise um etwas aufzudecken.

5. Lücke
> Zwischen zwei Bildern bleibt der Bildschirm kurz schwarz, wie zwischen zwei Werbespots oder in einem Vorspann.

6. Auf-/Abblenden
> Das Bild erscheint aus einem schwarzen Bildschirm heraus und umgekehrt.

7. Slide
> Eine Aufnahme schiebt sich über eine andere, wie ein Bild, das ein anderes ersetzt.

1. Harter Schnitt

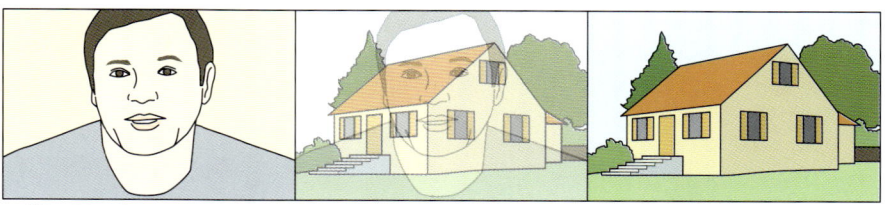

2. Überblendung

3. Pagepeel

4. Wischblende

5. Lücke   **6.** Auf-/Abblenden

7. Slide

Lektion 34: Musik und Geräusche

Musik und Geräusche müssen zu Ihrem Film passen, seine Wirkung unterstützen. Allerdings dürfen Sie nicht vom Eigentlichen ablenken und die gesamte Aufmerksamkeit auf sich ziehen. Sie werden erst gegen Ende des Schnitts hinzugefügt und sollten nicht die Sprache übertönen.

Ziel
- Herausfinden, welche Art von Musik oder welche Geräusche zu Ihrem Film passen.
- Klären, wie Sie diese am besten beschaffen.

Musik

Mit Musik soll eine bestimmte Atmosphäre geschaffen oder eine emotionale Wirkung erzielt werden. Sie kann im gesamten Film oder nur in einzelnen Abschnitten eingesetzt werden. Sie verbindet auch Szenen und Bilder miteinander.

Überlegen Sie, welche Art von Musik Sie verwenden könnten: Klassik, Rock, Hip-Hop oder sogar Fahrstuhlmusik. Wenn Sie Interviews mit Musik unterlegen, um das Gesagte zu unterstreichen, achten Sie darauf, Instrumentalmusik zu nehmen, die nicht vom Sprecher ablenkt. Hintergrundmusik mit Gesang eignet sich für Vor- und Abspann, kommt Dialogen aber in die Quere.

Für eine Low-Budget-Produktion können Sie sich keine teuren Musiklizenzen leisten – ganz zu schweigen vom Zeitaufwand, wenn es um Rechteklärung und Verträge geht. Originalmusik ist also die beste Wahl. Eine Möglichkeit ist es, bereits existierende Stücke zu finden, die zu Ihrem Film passen. Geben Sie eine Anzeige auf Filmproduktionswebsites auf, in der Sie beschreiben, wonach Sie suchen. Oft finden Sie etwas Passendes. Wenn die Musik synchron zu den Bildern sein soll, können Sie sich diese auch extra für den Film komponieren lassen. Wenn Sie einen Musiker an der Hand haben, zeigen Sie ihm den geschnittenen Film. Erklären Sie ihm, für welche Teile Sie welche Art von Musik benötigen, auch wenn Sie nur vage Angaben wie „fröhlich", „traurig" oder „verrückt" machen können. Je genauer Ihre Angaben sind, desto eher wird die Musik Ihren Vorstellungen entsprechen.

Man kann auch lizenzfreie Musik erwerben, was im Prinzip ebenso funktioniert wie bei Archivfilmmaterial. Der Vorteil ist, dass Sie sich online Tausende von Stücken anhören können. Die Gebühren variieren allerdings stark, und es gibt rechtliche Bestimmungen dazu, wofür das jeweilige Stück verwendet werden darf oder nicht. Stellen Sie daher sicher, dass es zur Ausstrahlung und für Ihren Zweck verwendbar ist.

Passende Musik finden
Da sie oftmals etwas Erzähltes oder von einem Interviewpartner Gesagtes untermalen soll, passt Instrumentalmusik am besten in einen Dokumentarfilm. Musik mit Gesang können Sie im Vor- und Abspann oder in einer Sequenz mit Bildern ohne Text verwenden. Jedes gespielte Lied sollte dabei mit der Atmosphäre des Films harmonieren.

Geräusche

Geräusche werden häufig hinzugefügt, um eine bestimmte Atmosphäre zu erzeugen, sei es das Zirpen von Grillen in einer romantischen Nacht oder das Heulen des Windes in einem Schneesturm. Sie können Geräusche selbst aufnehmen oder sich diese aus einer Geräuschbibliothek beschaffen. Wie Musik sollten diese die gezeigte Szene unterstützen. Sie können auch den unbrauchbaren Ton des Originalmaterials ersetzen, beispielsweise wenn ein Flugzeug startet oder Menschen im Hintergrund reden. Solange sie die Realität der Szene nicht verfälschen, sind diese Geräusche problemlos einsetzbar. Der Zuschauer wird kaum merken, dass es sich nicht um die Originalgeräusche handelt.

MUSIK UND GERÄUSCHE

Musikfreigabe
Wenn Sie Originalmusik verwenden möchten, lassen Sie Ihre Musiker ein Freigabeformular ausfüllen. Es legt fest, dass Sie die Musik in Ihrem Film verwenden dürfen und bestätigt, dass der Musiker die Rechte an dem Stück hat. Lassen Sie sich im Zweifelsfall von einem Experten beraten, um eventuelle rechtliche Fallstricke zu umgehen.

FILMTIPPS

Die Musik spielt eine sehr wichtige Rolle in dem Film **Koyaanisqatsi (1982)**, in dem es weder Kommentare noch Interviews gibt. Thema des Films ist der zerstörerische Einfluss des Menschen auf die Natur, der in verschiedenen Sequenzen gezeigt wird. Die Filmmusik des Komponisten Philip Glass liefert Soundeffekte und vermittelt ein unbehagliches, beklemmendes Gefühl, was der Absicht des Regisseurs entspricht.

In **Crumb (1994)**, einem Film über den Comic-Zeichner Robert Crumb, wird eine Folge von Zeichnungen mit Jazz und Bluesmusik aus den 1930er- und 1940er-Jahren unterlegt. Die Musik schafft einen Zusammenhang zwischen den einzelnen Bildern und ähnelt der, die Crumb wohl beim Zeichnen hörte.

Weird U.S. (2004). Die auf wahren, aber merkwürdigen Ereignissen basierende Fernsehserie verwendet passenderweise Musik, die an die seltsame Addams Family erinnert.

● >>> Aufgabe 35

Sehen Sie sich eine Szene in einem Dokumentarfilm mit ausgeschaltetem Ton an. Schreiben Sie auf, welche Musik Ihnen für diese Szene geeignet erscheint. Nun hören Sie sich an, welche Musik der Filmemacher gewählt hat. Ähnelt sie der von Ihnen gewählten?

MUSIKFREIGABE FÜR _____

Ich stimme zu, dass _____
die folgende Musik, die ich komponiert habe, im Kontext des Dokumentarfilms _____
_____ *verwenden darf.*

Musik:
_____
_____
_____
_____
_____

Ich stimme zu, dass der Film auf dem Heimvideo-/DVD-Markt und allen anderen Märkten, eingeschlossen Kabelfernsehen, Pay-TV, Internet, Breitband, weltweit vertrieben wird und ich dafür keine Entschädigung ausgenommen einer Erwähnung im Abspann sowie einer DVD-Kopie des vollendeten Films erhalten werde. Es besteht Einverständnis darüber, dass die Rechte an der Musik bei
_____ *liegen.*

Nennung im Abspann (genauer Wortlaut)
_____

Unterschrift (bitte unterschreiben und Name, Adresse, Telefonnummer und E-Mail-Adresse angeben)
_____
_____
_____

Unterschrift (Filmemacher)
_____

Adresse des Filmemachers:

Lektion 35: **Spannung aufbauen**

Was der Zuschauer in den ersten paar Minuten des Films sieht und hört, entscheidet darüber, ob er dabeibleibt. Also muss das, was er geboten bekommt, von Anfang an fesselnd sein und schnell in das Thema einführen.

> **Ziel**
> > Eine Einführungssequenz erarbeiten, die den Zuschauer dabeibleiben lässt.

Visueller Anreiz
Die Eröffnung kann ein bis fünf Minuten lang sein, dauert aber im Durchschnitt zwischen zwei und drei Minuten. Sie müssen dafür nicht viele Grafiken und Effekte verwenden: Der Inhalt zählt. Der Opener soll neugierig auf den Film machen, stellen Sie also sicher, dass er den Zuschauer fesselt und interessiert.

Die Anfangsszenen sind oft auch das Letzte, was Sie beim Schnitt bearbeiten. Bis dahin sind Sie vertraut mit Ihrem Material und haben die Dramaturgie des Films festgelegt. Der Opener kann auch bereits Material beinhalten, das Sie später im Film zeigen. Besonders gut funktioniert das mit Interviewschnipseln, etwa einer Aussage wie: „Ich hätte nie gedacht, dass mir so etwas passieren könnte", die erst später im Zusammenhang gezeigt und erklärt wird. Die ersten Minuten stellen häufig eine Frage in den Raum, präsentieren Ermittlungen oder das Vorhaben, ein Geheimnis zu lüften oder eine Antwort zu finden.

Sie können allerdings auch nur den Titel des Films zeigen und dann direkt mit Ihrer Dokumentation starten. Ein einleitender Text sowie ein Zitat sind ebenfalls gute Möglichkeiten. Wofür Sie sich auch entscheiden: Die Eröffnung Ihres Filmes sollte mit dem Rest harmonieren.

Überzeugender Opener
Schon der Beginn von Who Killed The Electric Car? (2006) führt den leicht sarkastischen Ton ein, der auch im Rest des Films beibehalten wird. Es geht darum, wie große Automobilfirmen diese energiesparenden Fahrzeuge „beerdigt" haben.

SPANNUNG AUFBAUEN

FILMTIPPS

***Prehistoric Megastorms* (2008)** ist eine Miniserie aus den USA über sechs Episoden (Hypercane, vulkanischer Winter, Noahs Sintflut, Mega-Tsunami und Kometensturm) mit jeweils ähnlicher Einführung. Das anderthalbminütige Intro erläutert die jeweiligen Voraussetzungen für die Katastrophe. Grafiken und Computeranimationen des Ereignisses werden mit kurzen Ausschnitten aus Gesprächen mit Wissenschaftlern kombiniert, um mit einem kryptischen Offkommentar zu enden, dessen letzter Satz lautet: „Könnte es wieder geschehen?"

***Who Killed the Electric Car?* (2006)**
In den ersten Minuten des Films wird ein großes Begräbnis gezeigt, das offenbar für ein Elektroauto ausgerichtet wird. Natürlich ist das Ganze inszeniert und auf die Spitze getrieben. Aber es bringt das Anliegen des Films sehr deutlich zum Ausdruck und ist ein gutes Beispiel für einen fesselnden Opener. Der Kommentar, gesprochen von Schauspieler Martin Sheen, erklärt, dass die Autos 1996 eingeführt wurden und innerhalb von zehn Jahren wieder verschwanden.

>>> Aufgabe 36
Schreiben Sie verschiedene Möglichkeiten auf, Ihr Thema spannend und interessant einzuführen.

STICHWORTE: Eröffnungssequenz erstellen

Die ersten Minuten eines Dokumentarfilms sollen beim Zuschauer den Wunsch wecken, mehr zu erfahren. Hier finden Sie einige Ideen zur Einführung verschiedener Themen:

Tafelwasser
1. Eine Montage mehrerer Menschen, die Wasser verschiedener Marken trinken.
2. Zeigen, wie Wasser in Flaschen abgefüllt wird.
3. Zeigen, wo Trinkwasser herkommen kann: aus Quellen, Wasserhähnen und zuletzt aus Flaschen.

Zweisprachiger Schulunterricht
1. In einem Klassenzimmer in Michigan, USA wird Englisch als Zweitsprache für die Schüler angeboten, die meist aus dem Mittleren Osten kommen. In Dearborn, Michigan, leben US-weit die meisten Menschen aus dem Mittleren Osten.
2. Montage verschiedener Sprachunterrichtsstunden von Französisch über Deutsch bis Spanisch.
3. Fokus auf einen Lehrer, der erklärt, wie sich der Sprachunterricht in Schulen im letzten Jahrzehnt verändert hat.

Science-Fiction-Kongress
1. Montage von Interviews mit Besuchern.
2. Jemand zieht ein aufwendiges Kostüm an, das für einen Wettbewerb bei einem solchen Kongress gedacht ist.
3. Interviews mit Gästen, etwa Prominenten, die von solchen Veranstaltungen leben (zum Beispiel ehemalige Star-Trek-Schauspieler).

Gewichtszunahme in den USA
1. Montage verschiedener Aufnahmen übergewichtiger Personen in der Öffentlichkeit, während ein Kommentar den Gegenstand des Films erläutert.
2. Ausschnitte aus Interviews mit Übergewichtigen, die darüber sprechen, weshalb sie so viel wiegen. Dazwischen werden Bilder geschnitten, worüber sie sprechen (Softdrinks, Fastfood, wenig Bewegung etc.)
3. Interviews mit Vertretern von Krankenhäusern, die erklären, dass Magenverkleinerungen für Übergewichtige ein boomender Geschäftszweig sind.

Sind eineiige Zwillinge gleich?
1. Montage der verschiedenen Alltagsaktivitäten eines eineiigen Zwillingspaars, während ein Offkommentar erklärt, worum es im Film geht.
2. Ein Zwilling erzählt, wie er als Kind von seinem Bruder getrennt wurde und dass beide bei einem Wiedersehen Jahre später viele Ähnlichkeiten feststellten.
3. Verschiedene Zwillingspaare werden dazu befragt, ob sie der Meinung sind, dass sie sich ähneln.

Durch TV-Nachrichten geschürte Angst
1. Ältere Menschen werden gefragt, ob sie Angst vor dem haben, was sie in den Nachrichten sehen.
2. Ein Nachrichtensprecher bei der Arbeit wird gezeigt; dazwischen Ausschnitte aus einem Interview mit ihm, in dem er erläutert, warum Angst sich gut verkauft.
3. Interviews auf der Straße: Machen Nachrichten den Menschen Angst und wenn ja, weshalb?

Ist Kinderlosigkeit umweltfreundlich?
1. Montage von Menschenmengen, vielleicht Computergrafiken mit Statistiken darüber, wie sich die Menschheit in 40 Jahren verdoppelt hat und welche Auswirkungen das auf die Umwelt hat.
2. Ausschnitte aus Interviews mit Paaren, die aufgrund der Überbevölkerung keine Kinder bekommen wollen.
3. Eine große Familie bringt eine Wagenladung Papier, Plastik und Glasflaschen zum Recyceln. Sie glauben, so „die Erde zu retten".

Lektion 36: Vor- und Abspann

Vor- und Abspann sollen primär Informationen vermitteln. Alles andere ist sind Extras.

„I'm Not Nuts": Living with Food Allergies

TRT: 58:40

Mit Untertiteln

Produziert von
Kevin J. Lindenmuth
Brimstone Media Productions
Telefon/Fax: 810 225-3079

---

1. Wenn Ihr Film für das Fernsehen produziert wurde, benötigen Sie für den Vorspann eine Infotafel, auch MAZ-Karte genannt. Dort sind Titel, Laufzeit, mit oder ohne Untertitel, Produktionsfirma und Kontaktinformationen angegeben. Hier kann auch verzeichnet sein, ob der Ton stereo oder mono ist.

„I'm Not Nuts":
Living with Food Allergies

---

2. Bei Dokumentarfilmen steht häufig am Anfang nur der Titel, der Rest der Angaben folgt im Abspann. Dadurch nimmt der Film sofort die Aufmerksamkeit des Zuschauers in Anspruch.

> **Ziel**
> - Darauf achten, alle an der Produktion Beteiligten im Abspann zu nennen.
> - Der Abspann sollte zum Stil des übrigen Films passen.

Vorspann

Der Vorspann eines Dokumentarfilms kann für sich stehen oder in die Eröffnungssequenz integriert sein. Er dauert meist 20–60 Sekunden und nennt Filmtitel, Produzent, Regisseur und Komponist, falls dieser für den Film besonders wichtig ist. Die übrigen Angaben folgen im Abspann. Oft will man den Zuschauer nicht vor Beginn des Films damit behelligen.

Der Vorspann kann einfach aus weißen Buchstaben auf schwarzem Hintergrund bestehen, aber auch Computeranimationen beinhalten. Überlegen Sie, welche Schriftart Sie in welcher Größe und Farbe verwenden möchten und ob der Text sich überlagern soll. Soll der Vorspann über einer Reihe von Filmausschnitten gezeigt werden? Soll er synchron zur Musik sein? Denken Sie immer daran, dass der Stil des Vorspanns zum gesamten Films passen muss und nicht herausstechen sollte. Nehmen Sie also nicht unbedingt einen Star-Wars-artigen Vorspann für Ihre Dokumentation über das Töpfern.

Abspann

Beim Vorspann haben Sie unbegrenzte Möglichkeiten, der Abspann folgt dagegen bestimmten Regeln. Der Text, der alle Beteiligten auflistet, steht meist weiß auf schwarzem Hintergrund und rollt nach unten ab. Die Buchstaben sollten so groß sein, dass Sie gut auf einem Fernsehbildschirm gelesen werden können. Denn auch wenn Ihr Film bei Festivals auf großer Leinwand gezeigt wird, werden die meisten ihn wahrscheinlich eher auf DVD sehen. Der Text kann auch über Bildern eingeblendet werden, wenn es nicht zu sehr ablenkt. Man soll schließlich den Abspann verfolgen, nicht das Geschehen dahinter. Der Abspann kann auch aus mehreren „Seiten" bestehen, dabei stehen immer mehrere Angaben auf einer Seite.

Auf DVD sollte ein Abspann nicht länger als drei Minuten dauern. Ihre Zuschauer sind Ihnen dankbar, wenn Sie sich hier kurz fassen.

Wie beim Vorspann gilt auch für den Abspann, dass er zum Rest des Films passen muss.

Empfohlene Reihenfolge für den Abspann:
- *Titel*
- *Filmemacher/Produzent*
- *Regisseur*
- *Cutter*
- *Musik*
- *Filmteam (Kamera, Licht, Produktionsassistenz)*
- *Archivmaterial*
- *Besonderer Dank*
- *Kontaktinformationen*
- *Copyrightinformationen*

> > > **Aufgabe 37**
>
> Aus welchen Elementen soll sich Ihr Abspann zusammensetzen – ist er einfach oder eher kompliziert aufgebaut?

„I'm Not Nuts":
Living with Food Allergies

Regie & Produktion
Kevin J. Lindenmuth

Originalmusik von
Lindsay Martha Marie Luoma

Aufnahmeleitung
Audra Hartwig

Zusätzliches Filmmaterial:
Elite Stock Footage

Foodallergykids.com

Cheli's Chile Restaurant
Gerry & Terri Vento

Glass Planet Industries
Stephen C. Seward

Anna Ricci Johnson
Alex Baker
Shaney Pompura
Kellen Pompura
Julie Steffes
Ian Steffes
Ariana Steffes
Marie Urban
Rose Martin
Michael Martin
Joshua Martin
McKenzie Martin

---

1. Der Abspann listet alle an der Produktion des Films Beteiligten auf, meist mit dem Filmteam beginnend. Der Titel kann noch einmal wiederholt werden.

2. Am Ende des Abspanns werden unter der Rubrik „Besonderer Dank" diejenigen genannt, die in die Entstehung involviert waren oder dabei geholfen haben. Die Reihenfolge obliegt dem Filmemacher – die Namen können alphabetisch oder nach Wichtigkeit angeordnet sein.

Berlinale Palast

THEATER AM POTSDAMER PLATZ

TEIL 6

WERBUNG UND VERLEIH

Um einen Verleih für Ihren Film zu finden, müssen Sie ihn bewerben. Verwenden Sie darauf also ebenso viel Zeit wie auf alle anderen Aspekte der Produktion.

Ihr Ziel ist es, Menschen für Ihren Film zu begeistern und Titel sowie Inhalt des Films in ihrem Gedächtnis zu verankern. Sie haben sehr hart an Ihrem Projekt gearbeitet. Es sollte nun nicht im Regal verstauben oder auf einer Festplatte gespeichert herumliegen.

Sie kennen Ihren Film am besten – wer sollte also geeigneter sein, ihn zu bewerben? Sorgen Sie dafür, dass der Film in Printmedien und im Internet besprochen wird. Kontaktieren Sie Ihre Lokalzeitung. Senden Sie E-Mails an Filmkritik-Websites. Laden Sie einen Trailer und ausgewählte Clips auf mehrere Videoportale hoch. Reichen Sie den Film bei Festivals ein. Tun Sie, was Sie nur können, damit die Leute wissen, dass Ihr Film existiert und neugierig darauf werden. Diese Werbung sollte sowohl potenzielle Zuschauer als auch Verleiher erreichen, damit der Film Käufer findet, sobald er auf dem Markt ist.

Kritiken
Lassen Sie sich nicht entmutigen, wenn zwar der eine Kritiker ganz begeistert von Ihrem Film ist, der andere ihn aber nur „o.k." oder wenig interessant findet. Auch Kritiker sind Menschen mit unterschiedlichen Vorlieben. Ihr Film wird nicht jedem gefallen. Die guten Kritiken sollten Sie allerdings auf mögliche Zitate für Ihre Website, ein Poster, das DVD-Cover etc. durchsuchen.

Verleih
Heutzutage erwartet ein Verleih von Ihnen, dass Sie den größten Teil der Zuarbeit erledigen, um Ihren Film zu bewerben. Geben Sie dem Verleih eine Liste mit guten Kritiken sowie allen Festivals, bei denen Ihr Film gezeigt wurde. So fällt es ihm leichter, einzuschätzen, ob er Ihren Film vermarkten kann. Je mehr Informationen Sie haben, desto besser. Manche Verleihfirmen sind auch auf bestimmte Produktionen oder Themen spezialisiert. Erkundigen Sie sich vorher über deren Kriterien, damit Sie nicht unnötig Zeit verschwenden.

Wenn Sie viel Arbeit in die Werbung Ihres Films investieren, erhöhen Sie Ihre Chancen, einen Verleih zu finden und viele Kopien zu verkaufen. Selbst wenn Sie Ihren Film letztlich selbst vertreiben möchten, schadet es nicht, viele Rezensionsexemplare zu verschicken.

INHALT	SEITEN
Den Trailer herstellen	122–123
Werbung im Internet	124–125
Screener und Pressemappen	126–127
Filmfestivals	128–129
Fernsehen	130–131
DVD-Vertrieb	132
Neue Medien	133
Aus der Praxis: Postproduktion	134–135

Lektion 37: Den Trailer herstellen

Eines der wichtigsten Marketinginstrumente für Ihren Dokumentarfilm ist ein Trailer. Er stellt das meistgesehene Element Ihrer Werbemaßnahmen dar. Im Internet werden sich mehr Personen den Trailer ansehen als eine Kritik zum Film lesen. Nehmen Sie sich also Zeit, einen ansprechenden Trailer zu gestalten.

> **Ziel**
> > Einen Trailer herstellen, der Ihren Film „verkauft" und Lust auf den ganzen Film macht.

Der Trailer vermittelt einen ersten Eindruck von Ihrem Film, sollte also Interesse wecken. Das ist Ihre Chance! In zweieinhalb Minuten muss der Trailer zusammenfassen, worum es im Film geht, Schlüsselszenen zeigen und dem Zuschauer eine Vorstellung davon vermitteln, was ihn erwartet – ohne jedoch zu viel zu verraten. Da Ihr Film auf Fakten basiert, darf der Trailer nicht irreführend sein. Er sollte den Ton des Films treffen und ausschließlich Material aus dem Film beinhalten.

American Movie
American Movie schildert drei Jahre im Leben des Filmemachers Mark Borchardt aus Wisconsin, in denen er gemeinsam mit Freunden, Verwandten und Schauspielern der örtlichen Theatergruppe seinen 16-mm-Horror-Kurzfilm *Coven* dreht. Durch die Interaktion mit diesen Personen werden seine Leidenschaft und schrullige, gutmütige Persönlichkeit in oft urkomischer Weise offenbart. Der Trailer beginnt mit Schwarz-Weiß-Aufnahmen aus dem Horrorfilm, über denen ein grauenerregender Schrei zu hören ist. Die nächste Einstellung zeigt seinen besten Freund Mike Shank, der in einem Studio den Schrei erzeugt. In den weiteren Minuten werden verschiedene Situationen gezeigt, etwa vom Casting. Auch die gegensätzlichen Charaktere werden vorgestellt, wie der alte Onkel (der Produzent des Films) und die ambitionierten Schauspieler. Der Trailer gibt dem Zuschauer einen Vorgeschmack auf den Film.

Unten: Standbilder aus dem Film.

> **Stichworte:**
> **Was ein Trailer leistet**
> > Fasst zusammen, worum es geht.
> > Weckt das Interesse des Zuschauers.
> > Vermittelt die Stimmung des Films.

> > > **Aufgabe 38**
>
> Sehen Sie sich drei Trailer für abendfüllende Dokumentarfilme an. Wie sind jeweils Anfang, Mitte und Ende aufgebaut?

DEN TRAILER HERSTELLEN

SCHRITT FÜR SCHRITT
Den bestmöglichen Trailer zusammenstellen

Am besten beginnen Sie mit dem Trailer, wenn Sie den kompletten Film bereits geschnitten haben. Dann sind Sie schon sehr vertraut mit dem Inhalt und wissen, welche Ausschnitte Sie zeigen wollen.

1. Machen Sie sich Notizen, während Sie den Film anschauen: *Welche Teile springen besonders ins Auge und sind in kürzester Zeit am informativsten? Vielleicht müssen Sie die Reihenfolge von Interviews und Filmmaterial umstellen, damit der Trailer gut funktioniert.*

2. Treffen Sie den Ton: *Musik und/oder ein Kommentar kann über die ganze Länge des Trailers gehen. Manchmal müssen Sie einen speziellen Kommentar für den Trailer schreiben, der kurz erklärt, worum es im Film geht.*

3. An den Zuschauer denken: *Fragen Sie sich, weshalb jemand Ihren Film anschauen sollte, und identifizieren Sie so Ihr Publikum, wie schon zu Beginn, als Sie sich für das Thema entschieden haben.*

4. Nehmen Sie, was Sie haben: *Wenn Sie keinen Trailer hinbekommen, passen Sie den Opener an, den Sie für die Anfangssequenz des Films erstellt haben, da er mehr oder weniger denselben Zweck erfüllt.*

FILMTIPP

Hier können Sie sich online Filmtrailer ansehen:
- www.imdb.de
- www.youtube.de
- www.agdok.de
- www.vimeo.com
- www.moviefone.com

What the Bleep Do We Know?
Der Film *What the Bleep Do We Know?* (2004) versucht, eine Brücke zwischen Wissenschaft und Spiritualität zu schlagen. Er erläutert den New-World-Glauben, demzufolge die Menschheit nicht von der Welt oder dem Universum zu trennen sei. Es wird gezeigt und erklärt, wie alles mit allem zusammenhängt – und was Quantenphysik damit zu tun hat. Dazu kommen Physiker, Biologen, Ingenieure und Mystiker aus aller Welt zu Wort. Zudem sieht man Animationen und „Reinszenierungen" mit der Schauspielerin Marlee Matlin. Alles kulminiert in einer positiv gestimmten Botschaft und einer interessanten Einsicht in die Beeinflussbarkeit unserer eigenen Realität.

Der zweiminütige Trailer zum Film beginnt mit dramatischen Computeranimationen. Man hört verschiedene Stimmen aus dem Off sagen: „Es ist sehr rätselhaft", „Das ist eine Frage, auf die wir keine Antwort haben" und „Je mehr Sie sich mit Quantenphysik beschäftigen, desto wunderbarer und geheimnisvoller wird es". Danach werden kurze Ausschnitte aus dem Film gezeigt und wieder aus dem Off kommentiert: „Was ist die Wirklichkeit?" oder „Es kommt im Leben nicht darauf an, etwas zu wissen, sondern das Geheimnisvolle zu erkennen". Am Ende wird der Dokumentarfilm mit einem „Blick in den Kaninchenbau" von Alice im Wunderland verglichen. Dem Zuschauer wird eine faszinierende Reise zu den Geheimnissen des Lebens versprochen.

Rechts: Standbilder aus dem Film.

WERBUNG UND VERLEIH

Lektion 38: Werbung im Internet

Das Internet macht es anderen leichter, an Informationen über Ihren Film zu gelangen – was sehr wichtig für Sie ist. Sie können dort für sich werben, indem Sie Kritiken sammeln oder umfangreichere Informationen über Ihren Film zugänglich machen.

> **Ziel**
> - Die kostenlosen Werbemöglichkeiten des Internets nutzen.
> - Den potenziellen Zuschauern dort weitere Informationen über Ihren Film bieten.

> **Stichworte: Internetwerbung**
> - Erstellen Sie eine Website mit Informationen über den Film.
> - Bringen Sie den Trailer bei Videoportalen unter.
> - Kontaktieren Sie Filmkritikwebsites.
> - Wenden Sie sich an Portale für Filmemacher.

Die Website für Ihren Film

Beginnen Sie mit der Werbung für Ihren Film, indem Sie eine Website speziell für die Produktion erstellen bzw. erstellen lassen. Die dort aufgeführten Informationen sind für Zuschauer und Presse gedacht, sie können aber auch einen Verleih auf Sie aufmerksam machen.

Die Website sollte eine Zusammenfassung Ihres Films bieten, eine Auflistung der Mitwirkenden und des Filmteams, eventuell ihre Kurzbiografien sowie Fotos von der Produktion. Wenn Sie keine Fotos gemacht haben, können Sie Standbilder Ihres Filmes verwenden. Vergessen Sie den Trailer nicht, und geben Sie Ihre Kontaktinformationen an. Erwähnen Sie es auch, wenn Ihr Film rezensiert wurde oder bei einem Festival gezeigt wird. Im Grunde können Sie die Website online stellen, sobald Sie einen Titel haben, und ab Produktionsbeginn einen Blog oder ein Videotagebuch führen, um über Ihre Fortschritte zu berichten.

Andere Websites

Sobald Ihre Website steht, halten Sie nach anderen Portalen Ausschau, die sich mit unabhängigen Produktionen beschäftigen. Bieten Sie Blogs und Kritikwebsites Informationen über Ihren Film an, mit einem Link zu Ihrer Website, damit diese entscheiden können, ob sie etwas über Ihren Film

*Gehen Sie in die Öffentlichkeit
Diese Website bietet alle Informationen über den Film auf einer Seite: eine Zusammenfassung, das DVD-Cover und einen dreiminütigen Videoclip des 85-Minuten-Films.*

schreiben möchten. Auch wenn Sie mit Ihrem Film nicht die Mainstream-Kritikwebsites erreichen: Es geht darum, eine so große Webpräsenz aufzubauen, dass das Interesse des Publikums schon im Voraus geweckt ist.

Sehen Sie sich auch nach anderen Websites um, die geneigt sein könnten, Ihren Film zu besprechen und auf ihn aufmerksam zu machen. Wenn Ihr Film vom Anstieg der Diabeteserkrankungen handelt, kontaktieren Sie etwa Diabetes-Selbsthilfegruppen. Wenn die Musik extra für Ihren Film geschrieben wurde und der Komponist Kontakte zu Musikwebsites hat, schreiben Sie diese an. Vielleicht haben sie Interesse, sich unter diesem Aspekt mit Ihrem Film zu beschäftigen.

Posten Sie Ihren Trailer auf so vielen Videoportalen wie möglich und verlinken Sie von dort direkt zu Ihrer Website. Zeigen Sie Fotos der Produktion auf Websites für Filmemacher. Überfluten Sie das Web mit Informationen zu Ihrem Film. Je weiter Sie Ihr Netz auswerfen, desto erfolgreicher wird Ihre Werbung sein.

> **>>> Aufgabe 39**
>
> Überlegen Sie sich, welche fünf Websites am besten geeignet sind, um dort Ihren Film vorzustellen. Was spricht für die jeweilige Website?

SCHRITT FÜR SCHRITT

Eine Pressemitteilung als E-Mail verschicken

Erstellen Sie eine monatliche Pressemitteilung, die über alles informiert, was mit Ihrem Film passiert. Senden Sie diese an Websites und Einzelpersonen, die Sie bei der Werbung unterstützen können. Machen Sie auf sich aufmerksam, damit so viele Menschen wie möglich von der Existenz Ihres Films erfahren. Selbstverständlich können Sie Ihre Pressemitteilungen auch auf Papier erstellen und versenden – manchmal kann der traditionelle Weg sogar der bessere sein.

1. Geizen Sie nicht mit Informationen
Liefern Sie neben einer Zusammenfassung des Inhalts weitere wichtige Fakten, zum Beispiel wo der Film bereits gezeigt wurde oder wo er erhältlich ist, und jegliche bereits erfolgte positive Kritik.

2. Auf Äußerlichkeiten achten
Gestalten Sie Ihre E-Mail visuell so ansprechend wie möglich. Untergliedern Sie den Text in leicht verdauliche Abschnitte und verwenden Sie fett gesetzte Zwischentitel.

3. Beginnen Sie mit dieser Vorlage
Rechts sehen Sie eine Pressemitteilungs-E-Mail für den Dokumentarfilm „I'm Not Nuts": Living with Food Allergies. Diese Mitteilung wurde an Lebensmittelallergie-Selbsthilfegruppen und interessierte Organisationen gesendet. Sie können sie als Vorlage für Ihre eigene Pressemitteilung verwenden.

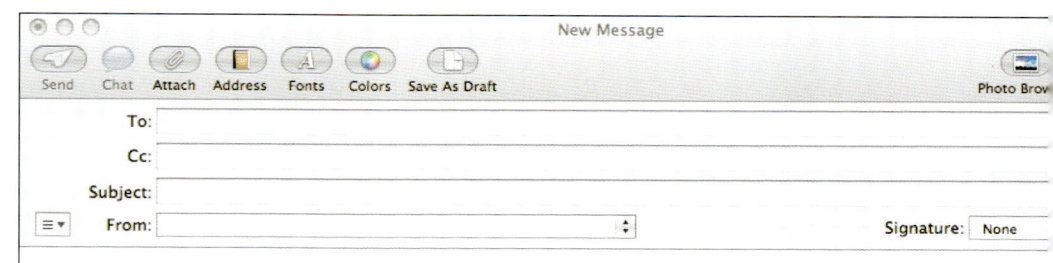

Guten Tag, mein Name ist Kevin Lindenmuth, Produzent des Dokumentarfilms „*I'm Not Nuts*": Living with Food Allergies. Sie können die ersten fünf Minuten des Films auf YouTube sehen (fügen Sie hier den Link dazu ein).

Über den Dokumentarfilm:

[Fügen Sie hier eine Zusammenfassung ein, 300–500 Worte]
[Geben Sie Ihre Website an]

TV-Ausstrahlungen: Der Film wird dem PBS diesen Monat (Datum einfügen) über NETA (National Educational Telecommunications Association) angeboten. Vom 10. bis 16. Mai 2009 findet die Woche zur Aufklärung über Lebensmittelallergien statt. In dieser Zeit wird der Film von mehreren Sendern gezeigt, die ihn während der nächsten fünf Jahre verwenden dürfen.

NETA-Programminformation: Siehe http://www.netaonline.org/search/ProgramDetails.cfmID=2620
Dies ist die 58-minütige TV-Version.

DVD-Version: Die 84-minütige Vollversion ist erhältlich auf DVD über Amazon.com (Link zur DVD einfügen).

Bibliotheken: Ihre örtliche Bibliothek kann bei Interesse eine DVD bei The Library Video bestellen (Link zur Website einfügen).

Rezensionen/Zitate bis zum xx/xx/xx (Datum einfügen):
„Ein grundlegender Film über Lebensmittelallergien" – Sarah Hatfield, No Whey, Mama

„Unbedingt anschauen" – Vermont Food Allergy Organization

„Darf ich diesen Film jedem Erzieher und Lehrer im ganzen Land verordnen? Das würde ich nämlich gern. Er erörtert klar und behutsam, was es bedeutet, eine Lebensmittelallergie und/oder ein Kind mit einer solchen Allergie zu haben." – GoDairyFree.com

„... eine nützliche Einführung für alle frisch Diagnostizierten, beinhaltet medizinische Erklärungen der großen Namen in der Lebensmittelallergieforschung." – Peanut Allergy UK

„... bietet viele medizinische Informationen plus Interviews mit einigen bekannten Allergologen." – Allergic-child.com

„Der Film klärt einige der Missverständnisse auf, die zum Thema Lebensmittelallergie weit verbreitet sind, und macht deutlich, dass es etwas ist, womit man leben kann." – Allergen Bureau

„*I'm Not Nuts* ist eine gute Einführung in die Welt der Lebensmittelallergien und wird in öffentlichen Bibliotheken, Schulen und Colleges sowie Verbrauchersammlungen zum Thema Gesundheit gern angenommen werden." – Educational Media Reviews online

„Ich wünschte, diesen Film hätte es schon gegeben, als wir die Erdnussallergiediagnose bekamen! Er erklärt alles Wissenswerte gründlich, vernünftig und Mut machend." – foodallergybuzz.com

„Ja! Die Lebensmittelallergie-Doku, auf die wir gewartet haben. Ich würde sie am liebsten für die Schule, die ganze Familie und jeden, den wir kennen, kaufen!" – The Nut-free Mom blogspot

Lektion 39: Screener und Pressemappen

Screener (DVDs) und Pressemappen machen Kritiker und Verleiher auf Ihren Film aufmerksam.

> **Ziel**
> > Screener und Pressemappe erstellen, die sich Kritiker/Verleiher gerne ansehen wollen.
>
> **STICHWORTE: Erfolgreiche Screener und Pressemappen**
> > Bieten Sie sowohl eine DVD als auch einen herunterladbaren Screener an.
> > Gehen Sie sicher, dass die verschickten DVDs auch abspielbar sind.
> > Passen Sie die Pressemappe unbedingt an ihren Empfänger an (Kritiker oder Verleiher).
> > Erstellen Sie zusätzlich eine elektronische Pressemappe auf Ihrer Website.

Der Screener

Die DVD des Films, die Sie an Kritiker versenden, wird „Screener" genannt. Sie sollten Sie mit dem Namen des Films, der Filmlänge und Ihren Kontaktinformationen beschriften. Auch die Hülle sollten Sie ansprechend gestalten: Dieser zusätzliche Aufwand könnte darüber entscheiden, ob sich jemand den Film sofort oder erst einen Monat nach Erhalt ansieht – oder gar nicht.

Spielen Sie die DVD vor dem Versenden in Ihrem eigenen Gerät ab, um nicht monatelang auf eine Rezension zu warten und irgendwann zu erfahren, dass Sie nur eine leere DVD verschickt haben.

Herunterladbare Screener

Ein herunterladbarer Screener ist eine Alternative zum Verschicken von DVDs. Viele Websites ermöglichen dies für einen geringen Betrag, zum Beispiel YouSendit.com. Sie laden den Film auf die Website und bekommen einen Zugangs-Link. Senden Sie diesen an Kritiker oder potenzielle Verleiher, die Ihren Film so direkt auf ihren Computer laden können. Meist ist der Link sieben Tage lang verwendbar. Ihre Website kann dann die Aufgabe der gedruckten Pressemappe übernehmen. Bieten Sie zunächst die herunterladbare Version an, und verschicken Sie umfangreichere Informationsmappen nur an Personen, die dies auch wünschen. Auf diese Weise sparen Sie viel Geld für Ausdrucke, DVD-Kopien und Porto.

Vertraulichkeitsvermerk
Oft wird die Anmerkung „Nur zu Rezensionszwecken" im unteren Drittel des Bildschirms angezeigt. Auch wenn Sie Hunderte DVDs versenden, können Sie sich so vor unautorisierten Kopien schützen.

>>> **Aufgabe 40**

Listen Sie die zehn ersten Adressen auf, an die Sie Ihren Screener versenden möchten.

Auf den Empfänger zuschneiden

Sie verschicken Ihre Screener an zwei unterschiedliche Gruppen: die Presse (Websites und Zeitschriften eingeschlossen) sowie potenzielle Verleiher. Wenn Sie Ihre DVD als Rezensionsexemplar an die erste Gruppe verschicken, fügen Sie keine anderen Kritiken bei, die Sie schon bekommen haben. Sonst könnte leicht der Eindruck entstehen, Sie wollten den Kritiker beeinflussen.

Wenn Sie dagegen Screener und Pressemappe an einen potenziellen Verleiher senden, sollten Sie auf jeden Fall Ihre besten Kritiken hinzufügen.

Die meisten Websites und Printmagazine nennen eine Postadresse, an die Sie Ihr Rezensionsmaterial schicken können. Dasselbe gilt für Verleihfirmen. Erkundigen Sie sich unbedingt zuvor nach einer Kontaktperson, die Sie dann direkt anschreiben. Fragen Sie auch nach, ob Ihre Post angekommen ist. Sie sollten allerdings nicht beunruhigt sein, wenn Sie mehrere Monate auf eine Antwort warten müssen – das ist eher die Regel.

Die Pressemappe

Mit dem Screener wird meist eine Pressemappe verschickt. Sie enthält alle Informationen, die Sie auf Ihrer Website geben, plus einer Zusammenfassung des Films und Biografien des Filmemachers. Nennen Sie weitere wichtige Punkte, die Ihren Film auszeichnen. Sie können hier auch kurze und interessante Details sowie Anekdoten zur Produktion hinzufügen.

Die elektronische Pressemappe

Die oben genannten Informationen können auch auf CD gesammelt verschickt werden. Zusätzlich bietet sich hier die Möglichkeit, Fotos von der Produktion zu zeigen.

Schritt für Schritt

Eine Pressemappe erstellen

Wenn Sie Screener Ihres Films verschicken, stellen Sie dazu eine Pressemappe zusammen. Diese sollte Folgendes enthalten:

1. Die Mappe: um alles ordentlich und übersichtlich unterzubringen.
2. Kurzer Brief auf Geschäftsbriefpapier: Stellen Sie sich (und/oder Ihre Firma) und natürlich Ihren Film vor. Fügen Sie Informationen über sich selbst als Filmemacher sowie Ihre Qualifikationen bei (und verweisen Sie auf Ihre Website).
3. Eine Zusammenfassung des Films: Diese sollte sich wie der Text auf einer DVD-Hülle lesen.
4. Jegliche Information, die von Interesse sein könnte: Fügen Sie alle Extra-Informationen bei, die helfen könnten, Ihren Film zu „verkaufen".
5. Fotos der Produktion: Diese können auch auf CD gebrannt werden.
6. DVD des Films: Senden Sie diese in einer ansprechenden Hülle.
7. Zitate aus guten Kritiken: Legen Sie sie nur bei, wenn die Mappe an einen Verleih gerichtet ist; schicken Sie einem Kritiker keine anderen Kritiken! Sie möchten nicht den Eindruck erwecken, als wollten Sie ihn beeinflussen.

Aussehen ist alles
Gestalten Sie Ihre Pressemappe so ansprechend wie nur möglich. Bringen Sie Farbe und Zeichnungen hinein und teilen Sie den Text in lesefreundliche Abschnitte. Denken Sie daran: Es ist vor allen Dingen ein Verkaufsinstrument für Ihren Film!

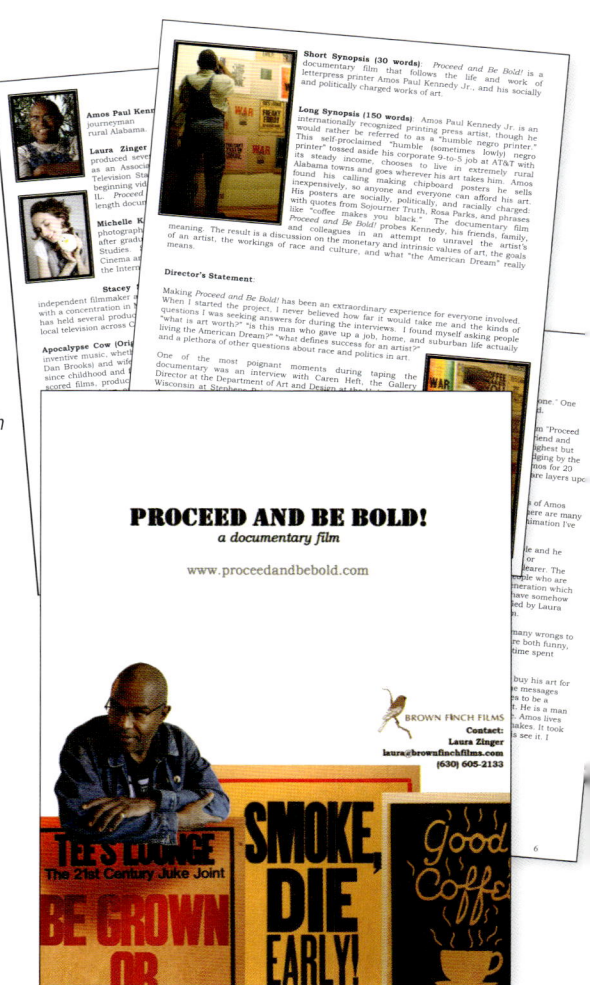

Lektion 40: **Filmfestivals**

Ihren Film auf Festivals zu zeigen, verschafft ihm Aufmerksamkeit und vielleicht sogar einen Verleih.

> **Ziel**
> › Filmfestivals anschreiben, bei denen die Chancen gut stehen, dass Ihr Film gezeigt wird.

> **Stichworte:**
> **Festivals auswählen**
> › Bietet es sich für Ihren Film an, an einem Festival-Wettbewerb teilzunehmen?
> › Wie hoch sind die Teilnahmegebühren, wie groß ihr Budget? An wie vielen Festivals können Sie teilnehmen?
> › Welche Festivals eignen sich?
> › Wollen Sie mit Ihrer Teilnahme für sich werben oder auch einen Verleih finden?

> **>>> Aufgabe 41**
> Suchen Sie sich fünf Filmfestivals aus, die am besten zu Ihrem Film passen. Wie viel würde es Sie kosten, an allen teilzunehmen? Falls es zu teuer ist: Wie können Sie Ihre Auswahl eingrenzen?

Verleihfirmen senden regelmäßig Mitarbeiter zu den größeren Filmfestivals. Wenn Sie deren Aufmerksamkeit auf sich ziehen möchten, sollten Sie dort teilnehmen.

Haben Sie Ihren Film fürs Fernsehen gedreht und verfügen bereits über Geldgeber, gibt es wenig Gründe, an einem Festival teilzunehmen. Es sei denn, dass Sie ihn dort vor Publikum zeigen können und somit vielleicht mehr Beachtung oder Anerkennung finden.

Welche Festivals?
Weltweit gibt es Hunderte von Filmfestivals, die Dokumentarfilme annehmen. Selten waren sie so populär wie heute. Suchen Sie sich daher genau die Festivals aus, bei denen Ihr Film am besten ins Konzept passt.

Beachten Sie, dass man an den wenigsten Festivals kostenlos teilnehmen darf. Es kann eine ordentliche Summe zusammenkommen, wenn Sie mehrere besuchen wollen. Die Zeit spielt ebenfalls eine Rolle, etwa wenn Sie sich ein halbes Jahr im Voraus anmelden müssen. Bei vielen Festivals gibt es die Bedingung, dass Ihr Film „neu" ist, also nicht schon ausgestrahlt worden sei oder vertrieben werden darf.

Wenn Sie sich beworben haben, heißt das noch lange nicht, dass Ihr Film auch ausgewählt wird, da er vielleicht gegen Tausende andere antritt. Ihr Film muss er den Juroren gefallen, die ihre eigenen Vorlieben, Abneigungen und Meinungen haben. Wenn der Film aber angenommen wird und gewinnt, kann das schneller zum Erfolg führen als alle sonstigen Werbemaßnahmen. Selbst wenn er nicht den ersten Platz macht, hinterlässt der Vermerk „offizielle Auswahl" auf Ihrem Werbematerial immer noch einen nachhaltigen Eindruck.

Große Anziehungskraft
Bei einem ausländischen Filmfestival angenommen zu werden, ist immer aufregend. Bedenken Sie aber, dass Ihr Film „universal" genug sein muss: Wenn er ein spezielles Thema für ein kleines Publikum behandelt, ist er für andere vielleicht weniger zugänglich oder interessant.

Schritt für Schritt

Ein Screening durchführen

Während Sie auf die Kritiken zu all dem Material warten, das Sie versandt haben, zeigen Sie Ihren Film doch einfach selbst in Ihrem Heimatort. Dafür eignen sich Ihre Stammkneipe, eine Bücherei oder ein Theater – die meisten Theater verfügen über Digitalprojektoren, an die Sie einen DVD-Player anschließen können. So kommen Sie garantiert in die Lokalzeitung und profitieren auch von der Mundpropaganda. Verstehen Sie es als Geste an alle Beteiligten, die sich freuen werden, den Film einmal auf einer großen Leinwand zu erleben. Wenn Sie an Ort und Stelle noch einige DVDs verkaufen, können sie zudem mögliche Ausgaben für das Screening etwas ausgleichen.

Filmfestivals, die Dokumentarfilme annehmen

1. Atlanta International Documentary Film Festival: www.docufest.com/home.html
2. Amnesty Film Festival: www.amnestyfilmfestival.nl
3. Berlin International Film Festival: www.berlinale.de
4. Big Sky Film Festival: www.bigskyfilmfest.org
5. Big Sky Documentary Film Festival: http://bigsky.bside.com
6. Brooklyn International Film Festival: www.wbff.org
7. California International Documentary Film Festival: www.sjiff.org/caldocfest/index.html
8. Camden International Film Festival: www.camdenfilmfest.org
9. Cannes Film Festival: www.festival-cannes.com
10. Chicago International Documentary Festival: www.chicagodocfestival.org
11. DOK Leipzig: www.dok-leipzig.de
12. Docfest: www.docfest.org
13. DOCNZ Documentary Film Festival: www.docnz.org.nz
14. DOXA Documentary Film Festival: www.doxafestival.ca
15. East Silver Documentary Film Market: http://www.eastsilver.net/en/east-silver/
16. Environmental Film Festival: www.dcenvironmentalfilmfest.org
17. Fairfax Documentary Film Festival: www.fairfaxdocfest.org
18. Full Frame Documentary Film Festival: www.fullframefest.org
19. GI Film Festival: www.gifilmfestival.com
20. Globians DocFest Berlin: www.globians.com
21. Hollywood Documentary Film Festival: http://hollywoodawards.com/docs.html
22. Hot Docs Canadian International Documentary Festival: www.hotdocs.ca
23. Hot Springs Documentary Film Festival: http://www.hsdff.org
24. IFI Stranger Than Fiction Documentary Film Festival: www.irishfilm.ie
25. Internationales Dokumentarfilmfestival München: http://www.dokfest-muenchen.de
26. International Documentary Film Festival Amsterdam: www.idfa.nl
27. Iowa City Documentary Film Festival: http://icdocs.blogspot.com/
28. Kasseler Dokumentarfilm- und Videofest: http://www.filmladen.de/dokfest/aktuelles/
29. Los Angeles Film Festival: http://www.lafilmfest.com
30. Nashville Film Festival: www.nashvillefilmfestival.org
31. Newport Beach Film Festival: www.newportbeachfilmfest.com
32. New York Film Festival: www.filmlinc.com/nyff
33. Oxdox International Film Festival: www.oxdox.com
34. Portland Documentary and Experimental Film Festival: www.pdxfilmfest.com
35. Roving Eye Documentary Festival: www.film-festival.org/RovingEye.php
36. Sebastopol Documentary Film Festival: http://www.sebastopolfilmfestival.org
37. Sheffield International Film Festival: https://sheffdocfest.com
38. Silverdocs: www.silverdocs.com
39. Slamdance: www.slamdance.com
40. Sundance Film Festival: http://festival.sundance.org
41. SXSW Film Festival: http://sxsw.com/film
42. Sydney Film Festival: www.sydneyfilmfestival.org
43. Texas International Documentary Film Festival: www.thinlinefilmfest.com
44. Thessaloniki International Film Festival: www.filmfestival.gr
45. Toronto International Film Festival: www.tiff.net/default.aspx
46. Tribeca Film Festival: http://www.tribecafilm.com/festival
47. United Nations Association Film Festival: www.unaff.org
48. Vail Film Festival: www.vailfilmfestival.org
49. Wisconsin Film Festival: http://www.wifilmfest.org/
50. Yamagata International Documentary Film Festival: www.yidff.jp/home-e.html

Lektion 41: **Fernsehen**

In jedem Land gibt es bestimmte Bedingungen und Auflagen, die Sie erfüllen müssen, damit Ihre unabhängige Produktion ausgestrahlt wird. Das Gute ist, dass Sie Ihren Film prinzipiell weltweit anbieten können.

> **Ziel**
>
> > Ihren Screener (DVD) an einen passenden Fernsehsender verschicken.

> **>>> Aufgabe 42**
>
> Sehen Sie sich die Anforderungen auf Seite 131 an und schreiben Sie auf, was Sie auf Ihrer Informationstafel unterbringen müssen.

Sender anschreiben

Bevor Sie Ihren Screener (DVD) an einen TV-Sender schicken, gehen Sie sicher, dass er dessen Programm und „Spielregeln" entspricht. Wenn Sie einen Dokumentarfilm über das Bienenmassaker von 1988 gedreht haben und hoffen, bei Animal Planet oder Discovery Channel damit auf Begeisterung zu stoßen, werden Sie vermutlich enttäuscht werden. Viele Sender produzieren ihre eigenen Dokumentationen und nehmen selten unabhängige Filme an. Ihre Richtlinien finden Sie auf den jeweiligen Websites. Von den öffentlich-rechtlichen Fernsehsendern strahlen viele regelmäßig unabhängige Produktionen aus. Es gibt verschiedene Wege, sich diesem Markt zu nähern. Einer ist, Ihren Film bei einem bestimmten Programm unterzubringen. Oder Sie versuchen es über eine Firma, die öffentlich-rechtliche Sender mit Beiträgen versorgt. Eine weitere Möglichkeit sind Sender, die nur im Internet vertreten sind. Diese suchen oftmals neues Material.

Spezielle Informationen

Screener und Pressemappe, die Sie an einen TV-Sender schicken, unterscheiden sich von denen für einen DVD-Verleih. Geben Sie an, ob es sich um einen einzelnen Film oder den Teil einer Serie handelt, in welchem Format Sie gedreht haben (SD oder HD), wie lang der Film dauert und ob er zuvor schon einmal ausgestrahlt wurde.

Erläutern Sie auch, welche Zielgruppe Sie erreichen möchten, und fügen Sie eine Liste mit Finanzgebern hinzu (Förderungen, Firmen oder Einzelpersonen), die bei der Finanzierung der Produktion geholfen haben.

Lizenzvertrag

Wenn ein Sender Ihren Film ausstrahlen will, wird er Ihnen einen Lizenzvertrag zukommen lassen. Darin muss festgelegt sein, wie viel Sie bezahlt bekommen und auch, wann und für wie lange der Sender den Film zeigen darf. Im Vertrag muss stehen, dass Sie (der Produzent) alle Rechte an dem Film haben. Des weiteren wird aufgeführt, in welchem Format und mit welchem zusätzlichen Material Sie den Film abliefern, zum Beispiel einer Betacam SP oder einem DVCAM-Band. Wenn Sie dem Sender das Benötigte nicht zuschicken und seine technischen Anforderungen nicht erfüllen, kann er sich weigern, den Film zu zeigen, und den Vertrag für ungültig erklären.

> **Tipp**
>
> **Suchen Sie sich einen Ansprechpartner**
> Rufen Sie bei dem jeweiligen TV-Sender an und finden Sie heraus, wer der richtige Ansprechpartner für Sie ist. Wenn Sie den Film einfach an den Sender/die Produktionsfirma adressieren, wird er vermutlich untergehen. So haben Sie bereits einen Ansprechpartner, den Sie fragen können, was aus der Sache geworden ist.

Aufmachung Ihres Films

- Eine Minute Farbbalken und Referenzton. Dieses Testsignal ist ein Indikator für Chrominanz und Luminanz der Ausspielung.
- Fünfzehnsekündiger Identifikationsvorspann mit Bildformatkennzeichnung (4:3 oder 16:9).
- Ein 10-Sekunden-Countdown mit 1,8 Sekunden schwarzem Bildschirm zwischen Ende des Countdowns und Filmbeginn.
- Der gesamte Film muss enthalten sein.
- Mindestens 10 Sekunden Schwarzbild nach dem Ende des Films.

Diese Anforderungen können je nach Land, Sender oder Art des Mediums (Film, analoges oder digitales Video) variieren.

Bildanforderungen

- Der Farbbalken soll die tatsächlichen Werte der Chrominanz und Luminanz der Ausspielung wiedergeben.
- Der Videopegel darf dauerhaft nicht zu hoch oder niedrig sein (zu helles oder dunkles Bild).
- Es darf kein dauerhafter starker Farbstich vorliegen.
- Drop-Outs (Schwankungen oder Aussetzer) müssen vermieden werden.

Tonanforderungen

- Der Referenzton sollte ein Indikator für die tatsächliche Tonhöhe des Films sein.
- Der Referenzton sollte bei analogen Medien bei -3-dB, bei digitalen bei -18-dB liegen.
- Diese maximale Tonaussteuerung sollte den ganzen Film hindurch nicht überschritten werden.

Untertitel

- Unter Umständen benötigen Sie Untertitel, was weitere Kosten bedeutet. Spezialisierte Firmen verlangen dafür 250 bis 1000 Euro, je nach Länge des Films und Termindruck. Ob die Erstellung in Ihren Verantwortungsbereich fällt, hängt vom Distributionsweg ab.

SMPTE-Farbbalken
Testbilder wie dieses werden verwendet, um sicherzugehen, dass TV-Bildschirme die Chrominanz- und Luminanzinformationen der Sendung korrekt wiedergeben. Es kann mit Ihrem Schnittprogramm erstellt werden.

Die Informationstafel
Sie folgt auf das Testbild und nennt den Titel, die Dauer und die Produktionsfirma.

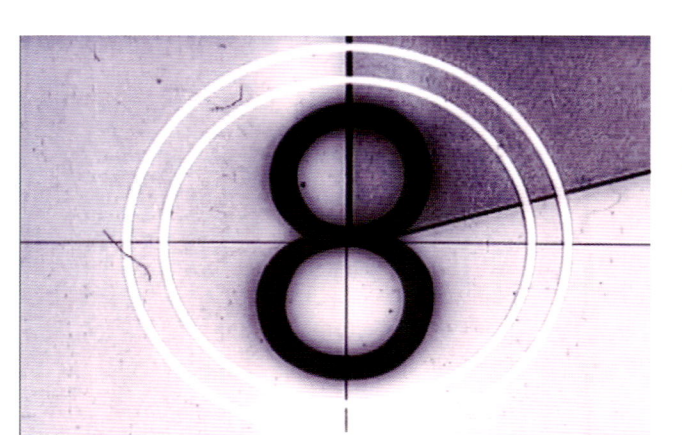

Startkreuz
Der Countdown setzt nach dem Testbild und der Informationstafel ein und beginnt bei acht oder zehn Sekunden, was dem Sender genügend Zeit gibt, den Einsatz zu geben.

Lektion 42: DVD-Vertrieb

Der Erfolg Ihres Films könnte von Ihren DVD-Verkäufen abhängen, informieren Sie sich also gut über die möglichen Vertriebswege.

> **Ziel**
> Entscheiden Sie, wie Sie Ihre DVD vermarkten möchten – abhängig von der Ihnen zur Verfügung stehenden Zeit und Ihrem Budget.

> **STICHWORTE:**
> **Vertriebswege**
> › Eigenvertrieb
> › Zwischenhändler
> › Alleiniger Distributor
> › Nicht exklusive Internetdistributoren

Sie haben zwei Möglichkeiten, Ihren Film auf DVD zu vertreiben. Entweder Sie schließen einen exklusiven Lizenzvertrag mit einem Verleiher ab. Oder Sie verkaufen ihn selbst direkt an Endkunden oder Zwischenhändler.

Verleih
Ein Verleih wird eine exklusive Vereinbarung für ein bestimmtes Gebiet, zum Beispiel Deutschland, und eine bestimmte Dauer mit Ihnen treffen. Wenn er weltweit tätig ist, wird er auch für diesen Markt die Rechte fordern. Damit kann er Ihren Film an andere Verleihfirmen in den jeweiligen Ländern verkaufen.

Die meisten Dokumentarfilmverleiher verkaufen an Einzelpersonen oder Bibliotheken. Die Verleiher haben Hunderte, wenn nicht Tausende Titel in ihren Katalogen. Prüfen Sie also gut, wie hoch Ihre Chancen auf Verkäufe über diese Vertriebskanäle stehen. Kann Ihr Film in hohen Stückzahlen verkauft werden, oder braucht jemand nur einen weiteren Titel in einer Broschüre?

Finden Sie heraus, ob der Verleih legal arbeitet, etwa indem Sie diesen um Referenzen von anderen Produzenten bitten. Wenn ein Verleih vertrauenswürdig ist, wird er diese gern liefern. Wenn er Ihnen nur einen Prozentsatz vom Verkauf anbietet, können Sie wahrscheinlich lange auf Ihr Geld warten. Lesen Sie alle Verträge sorgfältig. Vielleicht will der Verleih seine Kosten für Werbung und andere Ausgaben vom Gewinn abziehen. Daher ist es viel besser, einen Pauschalpreis zu vereinbaren, als sich auf das Versprechen einer Gewinnbeteiligung einzulassen.

Wie die TV-Sender, wird auch der DVD-Verleiher ein Masterband Ihres Films erstellen, entweder auf DVCPRO oder DVCAM. Eventuell will er aber auch eine digitale Datei, vor allem wenn Sie auf HD gedreht haben. Außerdem benötigt er zusätzliches Material für die Extras, also Interviews mit Filmemacher und Regisseur. Wenn er von Ihnen alles bekommen hat, wird er das Cover erstellen und den Film vermarkten. Damit haben Sie Ihren Teil der Arbeit getan.

Eigenvertrieb
Wenn Sie Ihren Film selbst vertreiben, liegen die Kosten für Vervielfältigung, Hüllen, Verpackung und Werbung bei Ihnen. Der Vorteil ist, dass Sie genau wissen, an wen eine DVD verkauft wird.

Als Erstes bieten Sie Ihren Film auf Ihrer Website an. Wenn Sie ihn gut bewerben, können Sie schon bald mit Bestellungen rechnen. Gerade bei sehr speziellen Themen ist das weltweite Internet als Vertriebsmöglichkeit von Vorteil.

Viele Verkäufe können Sie auch über Zwischenhändler erreichen, die Ihnen Exemplare zum Einkaufspreis abkaufen und sie dann ihren Kunden anbieten. Viele Zwischenhändler haben gute Kontakte zu Media Stores und können große Mengen Ihres Titels bewegen.

> **VERLEIHFIRMEN**
> • *Eine Verleihfirma bietet Ihren Film auf den verschiedenen Märkten an.*
> • *Deren Vertreter verfügen über Kontakte zu verschiedenen Distributoren und sind die prozentuale Beteiligung meist wert, die sie nach einem abgeschlossenen Verkauf erhalten.*
> • *Sie wissen außerdem, wie man Verträge liest, und werden den besten Deal für Sie aushandeln.*

> **››› Aufgabe 43**
>
> Machen Sie eine Liste mit Vor- und Nachteilen des Eigenvertriebs gegenüber der Zusammenarbeit mit einem Verleih.

Lektion 43: Neue Medien

In letzter Zeit sind verschiedene Distributionsformen im Internet entstanden, die gleichauf mit der TV- und DVD-Qualität sind. Auf diesem Weg umgehen Sie sowohl Kinos, Fernsehsender als auch den Heimvideomarkt.

> **Ziel**
> > Ihren Film direkt für ein Publikum zugänglich machen.

> **STICHWORTE: Neue Medien**
> > **Sicherheit**
> > Sind die Websites sicher, d. h. sind Sie vor Raubkopien geschützt?
> > **Qualität**
> > Wird der Film so gut aussehen wie in der DVD-Version?
> > **Einkommen**
> > Werden Sie damit Geld verdienen?

Onlinevertrieb

Ein Film wird im Internet entweder als Leihfilm oder als Download zum Kauf angeboten. Wer Ihren Film sehen oder kaufen möchte, braucht einen Computer, der gewisse Anforderungen erfüllt, die aber meist schon Standard sind. Einen Leihfilm sieht man sich als Livestream von einer Website an. Online-Videotheken bieten diesen im monatlichen Beitrag inbegriffenen Service auf Ihren Websites an.

Für einen Dokumentarfilm in Spielfilmlänge benötigt man mit einer schnellen Verbindung unter Umständen eine gewisse Zeit für den Download. Wenn Sie Ihren Fernseher mit dem Computer verbinden, können Sie den Film auch dort ansehen. Ob Sie diesen gekauften Film auch brennen dürfen, hängt von der Lizenzvereinbarung ab, die der Online-Verleih für den jeweiligen Film unterzeichnet hat – oft sind die Filme mit einem Kopierschutz versehen.

Um Ihren Film auf diese Weise zu vertreiben, muss er im Digitalformat vorliegen. Die Anbieter unterscheiden sich in Ihren Anforderungsbestimmungen: Bei dem einen können Sie eine DVD abgeben, der andere erwartet eine komprimierte Datei. Und wieder andere können speziellere Anweisungen geben, die für einen Low-Budget-Produzenten unbezahlbar sind.

Nicht-Exklusivität

Das Beste an dieser Distributionsform ist, dass sie nicht exklusiv ist, sodass Sie verschiedene Websites Ihren Film anbieten lassen können. An je mehr Orten Sie Ihren Film anbieten, desto leichter ist er für ein weltweites Publikum zugänglich. Somit bekommen Sie mehr zurück. Offen bleibt jedoch, ob Ihr auf diesem Weg erzieltes Einkommen vergleichbar mit demjenigen ist, das durch klassische Distributionsformen erreicht werden kann. Da die technischen und urheberrechtsrelevanten Anforderungen nicht unerheblich sind, empfiehlt es sich, den Onlinevertrieb erfahrenen Verleihern/Distributoren zu überlassen.

PIRATERIE

● Da Ihr Film im Digitalformat vorliegt, ist es einfacher, ihn zu kopieren.

● Wenn Sie herausfinden, dass jemand Ihren Film kopiert und unerlaubt auf eine Website wie YouTube gestellt hat, können Sie diese Website kontaktieren und verlangen, dass er dort entfernt wird. Dasselbe gilt, wenn jemand unautorisierte Kopien Ihrer DVD auf eBay verkauft. Wer eine Kopie Ihres Films erstellen will, wird einen Weg finden, dies zu tun.

Die wirksamste Abwehr ist es, wachsam zu bleiben und die Kanäle zu kontrollieren, über die Ihr Film an die Öffentlichkeit gelangt.

> > > **Aufgabe 44**
>
> Schreiben Sie mehrere Online-Vertriebe an. Erfragen Sie deren Distributionsbedingungen. Welches Material benötigen sie von Ihnen?

Aus der Praxis: *Postproduktion*

Nachdem die Interviews gefilmt sind, geht es zurück in den Schneideraum, um den Film zu strukturieren, das Material aufzufüllen und der Produktion den letzten Schliff zu geben. Hier ist Kevin J. Lindenmuths Protokoll der Postproduktion.

Schnitt

Nachdem der Dreh abgeschlossen ist, verbringe ich den folgenden Monat damit, alle Mini-DV-Bänder auf DVD zu übertragen. Damit beugt man Materialverlust vor, falls die empfindlichen Bänder beschädigt werden. Nun beginne ich, die Interviews zu transkribieren. Auf der Suche nach einem bestimmten Inhalt ist es einfacher, einen Text zu überfliegen, als das gesamte Filmmaterial durchzusehen. Alles Gesagte wird festgehalten und mit einem Zeitcode versehen. Bestimmte Abschnitte, etwa besonders emotionale Stellen, werden mit einem Textmarker angestrichen. Ich notiere mir, wer welche Frage besser beantwortet hat als andere, und markiete diese Antworten. Daraufhin

Ausschnitt aus einer Interview-Niederschrift
Sie kommen schneller voran, wenn Sie etwas Schriftliches überfliegen und mit einem Textmarker Stellen anstreichen, die Sie behalten möchten. Dieses Protokoll zeigt die Antworten eines Gesprächspartners auf Fragen des Autors.

4:45
WAS MÖCHTEN SIE NOCH TUN, BEVOR SIE STERBEN?
Ich wache morgens auf und möchte Menschen helfen. Ich mache eine Website zu spirituellen Themen und setze mich morgens immer als Erstes an den Computer. Ich nehme mir Zeit, alle Mails zu beantworten. Ein guter Tag ist für mich einer, an dem ich einer Person weiterhelfen konnte. Ich will einfach anderen helfen.

5:48
Ich würde gern wissen, wie der Mount Everest aussieht, Indien ... Aber wenn mein Leben morgen vorbei wäre, hätte ich nicht das Gefühl, irgendetwas wichtiges nicht getan zu haben.

6:45
WAS GESCHIEHT DANACH?
Ob ich Angst vor dem Tod habe? Ich möchte für andere keine große Last sein, bevor ich sterbe. Ich möchte nicht Alzheimer bekommen und meine Persönlichkeit verlieren ... Für mich heißt Leben, mit anderen verbunden sein. Darum geht's. Aber Angst vor dem Tod habe ich nicht.

WAS GLAUBEN SIE, WAS DANACH GESCHIEHT?
Was danach geschieht? Ich weiß es nicht. Ich würde gern glauben, dass es ein fortdauerndes Leben oder eine Verbindung gibt. Es ist eine schöne Vorstellung, dass unsere Persönlichkeit fortbesteht, wie andere Menschen sie gekannt haben. Eine Studentin meinte einmal zu mir, Sie wünsche sich, nach Ihrem Tod das Leben der Menschen, die ihr nahestanden, weiter verfolgen zu können. Das wäre etwas. Man möchte irgendwie, dass das Leben weitergeht, zum Teil für sich selbst, aber auch für die Menschen, mit denen man lebt – und dass man auch das Bewusstsein hat, das wahrzunehmen.
(s. Sashas und Keiths Aussagen zum Fortbestehen)

8:55
Ich war in mehrere – auf meinen Reisen als Journalist – in beinahe tödliche Unfälle verwickelt und kenne diesen wahnsinnigen Adrenalinrausch und man hat solche Angst, es wäre dumm, zu sagen ...

werden die markierten Stellen in der Reihenfolge der Niederschrift und Zeitcodes vom Schnittprogramm erfasst. Der Dokumentarfilm soll innerhalb von vier Monaten geschnitten werden.

B-Roll-Material sammeln
Nach Durchsicht der Niederschrift werden die Interviewpartner kontaktiert und um passende Fotos gebeten. Hat jemand über den Tod eines Verwandten gesprochen, bitte ich um Bilder des Verstorbenen. Erklärt ein Horrorfilmer den Unterschied zwischen seinem Umgang mit dem Tod im Film und seiner Reaktion darauf in der Wirklichkeit, bieten sich Ausschnitte aus seinen Filmen an.

Aufbau des Films
Der Film soll Spielfilmlänge haben, insgesamt 80–85 Minuten. Der Aufbau folgt weitgehend der Reihenfolge der Fragen, die die Interviewpartner beantworten, da es kein Drehbuch gibt. Weil die Fragen so unterschiedlich sind, ist ein gleitender Übergang von einer Frage zur anderen kaum möglich, jede Frage markiert also ein neues Kapitel. Die Kapiteltrenner sollen einfach aus weißer Schrift auf schwarzem Hintergrund bestehen. Das erste Kapitel muss alle Aufmerksamkeit auf sich ziehen: „Wie möchten Sie sterben?" Das letzte Kapitel des Films heißt: „Wie sollen die Menschen Sie in Erinnerung behalten?", und soll einen bleibenden Eindruck beim Zuschauer hinterlassen.

Special Effects und Übergänge
Spezialeffekte sind für diesen Film nicht vorgesehen. Grafische Darstellungen werden so einfach gehalten wie die Übergänge, die aus Überblendungen, Abblenden oder Schnitten bestehen sollen (s. Seite 113).

Musik
Wie bei all meinen vorherigen Dokumentarfilmen wird die Musik zurückhaltend sein und das Erzählte untermalen. Ich habe bereits existierende Instrumentalmusik der Band „Seasons of the Wolf" angefordert, die schon in der Vergangenheit Musik für einige meiner Filme geliefert hat.

DVD-Hülle
Noch vor Schnittbeginn engagiere ich einen Künstler, der das Cover für die DVD-Hülle entwirft. Das Cover zeigt, worum es in dem Film geht: ein Schädel, der für den Tod steht, über dem Planeten Erde. So steht das Bild sofort nach Abschluss des Schnitts und gleich zu Beginn der Werbemaßnahmen für verschiedene Marketingzwecke zur Verfügung.

Öffentlichkeit
Obwohl sich mein Film, *The Life of Death*, an ein breites Publikum richtet, sollen auch die Fans meiner Interviewpartner angesprochen werden. Damit sind diejenigen gemeint, die David Crumms spirituelle Kolumne lesen, Art Regners Sportmoderationen hören etc. Diese Personen sehen sich vielleicht nicht oft Dokumentarfilme an, wollen aber womöglich wissen, was diese Menschen zum Thema zu sagen haben. Die Interviewpartner werden auch dabei helfen, das abgeschlossene Projekt zu bewerben – womit auch ein größerer Kreis an Zuschauern erreicht wird.

Der Großteil der Werbung soll im Internet stattfinden: von speziellen Kritikwebsites (etwa für Dokumentationen) bis zu geposteten Clips beispielsweise bei YouTube und Facebook. Ebenfalls anschreiben möchte ich einige Lokalzeitungen- und magazine.

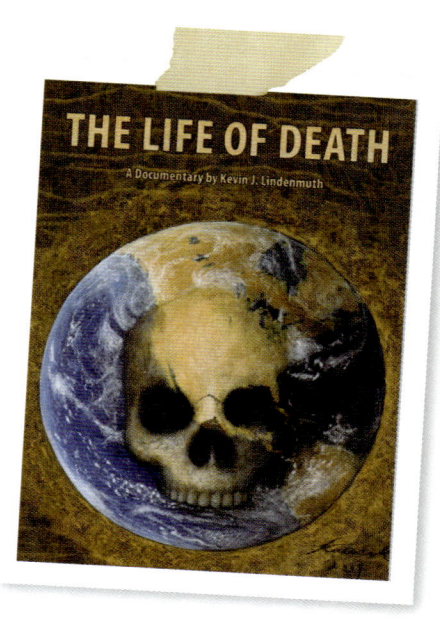

Das DVD-Cover soll nicht nur repräsentativ für Ihren Film sein, sondern die Menschen dazu bringen, die DVD in die Hand zu nehmen – weil sie herausfinden wollen, worum es geht.

TIPP
Nehmen Sie die besten Fotos
Informieren Sie Ihre Interviewpartner frühzeitig, etwa nachdem Sie das Interview protokolliert haben, darüber, was Sie brauchen werden. Es können Fotos aus der Kindheit sein, wenn zum Beispiel ein Künstler über prägende Erlebnisse in seinem Leben spricht, oder offizielle Filmstills, wenn eine Schauspielerin von der Arbeit an einem Film erzählt.

Glossar

Action: Mit diesem Wort teilen Sie Ihrem Team mit, dass Sie beginnen, eine neue Szene zu drehen.

ADR (Automatic Dialogue Replacement): Neuaufnahme von Dialogen im Studio, die zum Bild passen. Wird bei Dokumentarfilmen verwendet, um die Tonqualität zu verbessern, wenn der ursprüngliche Ton nicht verwendbar ist, entweder wegen Störgeräuschen oder Mikrofonausfalls.

After Effects: Ein Softwareprogramm (Compositing- und Animationssoftware) von Adobe Systems, das für die Postproduktion von Film und Video verwendet wird.

Alphakanal (Alpha Mask): Ein Kanal, der in Rastergrafiken zusätzlich zu den Farbinformationen, Transparenz um ein Objekt herum darstellt. Wird besonders für Grafiken verwendet.

Ambient Sound: Hintergrundgeräusche, die einem Soundtrack Atmosphäre verleihen, bei Dokumentarfilmen oft mit dem B-Roll-Material aufgenommen.

Angelmikrofon: Der Ton kann mit einem Richtmikrofon aufgezeichnet werden, das am Ende einer „Angelrute" befestigt ist, die sich außerhalb des Bildausschnitts befindet.

Animation: Technik des Zusammenstellens von gezeichneten, modellierten oder am Computer erstellten Einzelbildern zu einer Bildsequenz.

Aspect Ratio: Das Seitenverhältnis eines Bildes. Ein Verhältnis von 4:3 entspricht der „quadratischen" Dimension bei alten Fernsehern und wird auf vielen SD-Kameras verwendet. 16:9 entspricht Breitbandformat, das man auf HD- und SD-Kameras verwendet.

Audioclips: Einzelne Tonsequenzen, die Sie zusammenschneiden können, etwa ein Soundeffekt oder ein Interviewausschnitt.

Audiodatei: Die Quelle der einzelnen Audioclips, etwa ein gesamtes Musikstück oder ein komplettes Interview.

Audiotrack: Die Timelinespur, die die Audioclips enthält.

Avid Media Composer: Nichtlineares Schnittprogramm von Avid Technology Inc., das in der TV-, Film- und Videoindustrie verwendet wird, um TV-Shows, Filme und Werbespots zu erstellen.

B-Roll-Material: Zusätzliches Material, das gedreht wird, um eine Filmsequenz auszubauen und inhaltlich zu ergänzen. Kann auch Standbilder bezeichnen, die dafür verwendet werden.

Bauchbinde: Eine Einblendung im unteren Bildrand, meist um den Sprecher oder den Drehort zu benennen.

Bildfreigabe: Damit erklären im Film auftretende Personen ihr Einverständnis, für ein Projekt gefilmt zu werden. Bei Personen unter 18 Jahren muss ein rechtlicher Vormund einwilligen.

Bildverstärkung: Verstärkt das Bildsignal und hebt somit die Empfindlichkeit der Kamera an. Je mehr Sie verstärken, desto verrauschter wird das Bild.

Blenden: Der Übergang von einer Einstellung zur nächsten kann auf vielfältige Weise vollzogen werden, nicht nur mit einem harten Schnitt, sondern auch mit „weicheren" Übergängen, etwa Bildern, die einander überlagern. Siehe zu den einzelnen Techniken S. 113.

Breitwand: Ein Bildschirmverhältnis, bei dem die Breite deutlich größer ist als die Höhe. Für HD-Fernseher ist ein 16:9-Verhältnis Standard. Manche Kinoformate sind sogar noch breiter.

Capture Card: Erlaubt das Speichern von Informationen direkt auf Festplatte oder Flashspeicher statt auf Bändern.

CCD (Charge-coupled Device): Wandelt Licht in einer Kamera in Signalströme um. Bessere Kameras haben drei CCDs, eins für jede Primärfarbe.

CGI (Computer-Generated Imagery): Am Computer erstellte, künstlich kreierte Bilder.

Chroma Key: Eine große einfarbige (meist blaue oder grüne) Fläche wird durch ein anderes Bild ersetzt, z.B. einen neuen Hintergrund für eine Person, die im Studio sitzt. Wird auch Bluescreen oder Greenscreen genannt.

Compositing: Zusammenfügen von zwei oder mehr Elementen zu einem einzelnen Bild.

Continuity (Kontinuität): Kontrolle, dass sich Motive trotz nicht chronologischer Drehweise im Schnitt plausibel entwickeln: Eine gerauchte Zigarette darf nicht von Bild zu Bild länger werden, die Zeiger einer Uhr dürfen nicht planlos springen.

Copyright: Das Recht eines Künstlers, die Verwendung und Vervielfältigung seines Werkes zu kontrollieren.

Credits (Würdigung): Nachweis aller an einem Film Beteiligten durch Nennung der Namen im Vor- oder Abspann.

DigiBeta: Kurz für Digital Betacam, patentiertes digitales Videoformat der Firma Sony.

Digitaler Zoom: Vergrößert ein Bild per Software und erweckt so den Anschein, dass eine längere Brennweite verwendet wurde. Verschlechtert die Bildqualität.

Distribution (Vertrieb): Ein Film kann über viele Kanäle vertrieben, also angeboten werden, etwa Kino, Fernsehen, DVD, Internet-Streaming und Downloads.

Dokumentarfilm: Ein auf Fakten basierender Film, der jedes nichtfiktionale Thema behandeln kann.

Dolly: Ein Kamerawagen auf Rädern oder Schienen, der gleitende Kamerafahrten ermöglicht.

Drehbuch: Die Textgrundlage eines Filmes, in der die einzelnen Szenen beschrieben und die Handlungen und Gespräche der Personen aufgeführt werden.

DV (Digital Video): Videoaufzeichnungsformate, die ihre Signale digital und nicht analog speichern und somit weitgehend verlustfrei arbeiten. Gängige Formate sind Mini-DV, HDV, DVCAM, DVCPRO und Digi-Betacam.

Farbkorrektur: Abgleich der Farben, oft um Kontinuität zwischen verschiedenen Drehzeiten herzustellen, während derer das Licht sich verändert hat, etwa an einem Tag mit wechselnder Bewölkung. Wird auch für Farbeffekte verwendet, zum Beispiel wenn eine Erinnerung einen „Sepia"-Look erhält, der sie historisch erscheinen lässt.

Filter: Glas oder Folie, die vor dem Objektiv oder einer Lampe befestigt werden, um Lichtfarbe, -menge oder -richtung zu beeinflussen. Mit manchen Filtern kann man auch Spezialeffekte erzeugen. Mit Filtern eines Schnittprogramms können teilweise ähnliche Wirkungen erzielt werden.

Final Cut Pro: Nichtlineares Schnittprogramm der Firma Apple, das in der Fernseh-, Film- und Videoindustrie verwendet wird, um TV-Shows, Filme und Werbespots zu erstellen.

FireWire: Ein von Apple entwickelter Standard zur Datenübertragung von digitalem Bild und Ton. Ein Fire-Wire-Kabel verwenden Sie, um Material von Ihrer Kamera zum Computer bzw. ins Computerschnittprogramm zu übertragen.

Fokussieren: Manuelles oder automatisches Einstellen einer Linse im Objektiv einer Kamera, wodurch ein Bild je nach Bedarf scharf gestellt wird.

Foley Sound (Tonspur): Im Studio aufgenommene Geräusche, etwa von Schritten oder einer quietschenden Tür. Kann auch Naturtöne einschließen, wie einen speziellen Vogelruf oder das Geräusch von fließendem Wasser. Wird erzeugt/aufgenommen, um eine Filmsequenz mit Ton zu unterlegen.

FPS (Frames Per Second): Die Anzahl der Einzelbilder pro Sekunde. Der Standard für Filme ist 24 fps; für PAL Video (Europa) 25 fps. Viele Videokameras ermöglichen auch andere Bildraten.

Gaffer Tape (Klebeband): Graues Gewebeklebeband, ähnlich dem „Duct Tape", aber nicht ganz so fest klebend, oder dem weißen „Camera Tape", das beschrieben werden kann. Gaffer Tape ist unentbehrlich am Filmset, da es von Kabeln bis Reflektoren alles an seinem Platz hält.

Gegenschuss: Technik des Schnitts von Schuss und Gegenschuss, die zum Beispiel in einem Gespräch zum Einsatz kommt. Dabei werden abwechselnd eine Person (Schuss), dann die andere Person (mit gegenläufiger Blickrichtung) gefilmt.

Guerilla Filmmaking: Meint eigentlich die Produktion eines Films ohne Drehgenehmigungen. Wird häufig als Synonym für unabhängige Produktionen verwendet.

Halogenglühlampe: Eine gewöhnliche Glühlampe, deren Glühfaden aus Wolfram besteht, mit Halogenzusatz, der Farbwiedergabe und Lichtausbeute verbessert.

Handheld (Handgerät): Eigentlich die Bezeichnung für ein tragbares elektronisches Gerät, hier ist auch das Filmen ohne Stativ gemeint. Dabei entstehen – in der Regel erwünscht – „atmende" Bilder wie aus aus dem Blickwinkel eines Beobachters.

HDV (High-Definition Video): Das Videoformat, das sehr hoch auflösende Bilder im 16:9-Breitbandformat bietet. Wird bald das Standardformat sein.

Kamerafahrt: Eine gleitende Bewegung der Kamera, die auf einem Wagen befestigt ist. Siehe *Dolly*.

Kinematografie: Die Kunst, Licht und Kameras einzusetzen, um Filmbilder zu erzeugen.

Kran: Equipment mit langem Ausleger, das die Kamera in einer gleitenden Bewegung hoch über das Geschehen bringen kann.

Kurzfilm: Film, der nicht abendfüllend ist. Meist sind Kurzfilme unter 30–60 Minuten lang, allerdings sind die Grenzen nicht klar definiert.

Lavalier: Ein kleines ansteckbares Mikrofon, das für Interviews verwendet wird, es kann direkt an die Kamera angeschlossen oder drahtlos betrieben werden.

LCD-Bildschirm: Flüssige Kristalldioden werden zum Leuchten gebracht, um ein Farbbild zu erzeugen. Die Bildschirme sind kompakt und somit ideal für Digitalkameras. Viele Prosumer- und Profikameras haben ausklappbare LCD-Bildschirme als Ergänzung zum Sucher.

Location: Faktisch vorhandenes, nicht künstlich gebautes Filmset.

Medium: Material, auf dem der Film gedreht und gespeichert wird (Film, Speicherkarte, Festplatte, Videoband).

Mikrofon: Wandelt Schall in elektrische Impulse um; die Geräusche können aufgenommen und wiedergegeben werden.

MiniDV: Kleines digitales und preisgünstiges Bandformat, das in Digitalkameras verwendet wird.

Monitor: Fernseh- oder Computerbildschirm. Ein Field-Monitor ist ein kleiner, hochauflösender Bildschirm mit korrigierten Farben, mit dem die Belichtung am Drehort geprüft werden kann.

Monopod (Einbeinstativ): Bequem transportierbares einbeiniges Stativ für eine Handkamera.

MOS: Filmjargon für die Aufnahme eines Bildes ohne Ton, bzw. eines Bildes, dessen Ton irrelevant ist und im Schnitt gelöscht werden kann.

Offkommentar: Gesprochener Text (Kommentar), dessen Sprecher nicht im Bild zu sehen ist.

NLE (Non-linear Editing): Bei dieser Art des Videoschnitts kann im Schnittprogramm Bildmaterial an jeder beliebigen Stelle eingefügt werden, ohne das löschen zu müssen, was sich vorher an dieser Stelle befand.

NTSC (National Television Standard Council): In den USA und Japan verwendeter Fernsehstandard für analoge Fernsehsignale, arbeitet mit 525 Zeilen bei 29,97 oder 30 Bildern pro Sekunde.

Optischer Zoom: Ein Objektiv mit variabler Brennweite.

PAL (Phase Alternation Line): Fernseh- und Videosystem, das in Europa und anderen Ländern verwendet wird, die nicht das in den USA übliche NTSC-System zur Übertragung von analogen Fernsehsignalen einsetzen. PAL hat 625 Zeilen bei 25 Bildern pro Sekunde.

Pixel: Die kleinste kontrollierbare Rastereinheit eines Bildes. Jedes Pixel hat seine eigene Koordinate, zusammen ergeben sie ein vollständiges Bild, das aus Millionen von Pixeln besteht.

Point-of-View-Shot (kurz POV-Shot): Bei dieser Kameraeinstellung wird alles aus der Perspektive einer Figur oder Person gezeigt; der Zuschauer nimmt dessen Perspektive oder Sicht auf die Umgebung usw. wahr.

Quicktime: Eine von der Firma Apple entwickelte Multimedia-Struktur, die verschiedene digitale Bild-, Ton-, Text- und Animationsformate unterstützt.

Reflektor: Hilfsmittel zur Beleuchtung, meist eine glänzende Oberfläche, mit der Licht auf ein Motiv (innen oder außen) umgelenkt wird, um Schattenpartien aufzuhellen.

Requisiten: Gegenstände, die Darsteller im Film verwenden.

RGB-Farbraum: Farbmodell, bei dem durch Mischung von rotem, grünem und blauem Licht sämtliche Farben erzeugt werden.

Rohschnitt: Die erste Schnittfassung des Films, die alle Aufnahmen grob in die beabsichtigte Reihenfolge bringt.

Glossar

Schnitt (Cut): Beim Film der Übergang von einer Sequenz zur nächsten.

Schnitt (Editing): Fügt die verschiedenen Sequenzen zusammen, um eine Geschichte zu erzählen.

Schnittliste (EDL, Edit Decision List): Anhand des Timecodes werden Sequenzen zusammengestellt, die zusammen den Film in seiner Endfassung ergeben sollen. Meist gebräuchlich im linearen Schnitt.

Schwenk (Pan): Bei Filmaufnahmen folgt die Kamera einer durch die Handlung vorgegebenen Bewegung von einem Punkt zum anderen, etwa um einen Überblick zu ermöglichen oder einer Person zu folgen.

Shot-List: Liste aller Einstellungen, die für einen Film gebraucht werden, meist in einen Monats-, Wochen- und Tagesplan aufgeteilt. Diese wird vor, während und nach dem Schnitt bearbeitet.

Soundtrack: Der Ton (Tonspur) eines Films, der Dialoge, Geräusche und Musik beinhaltet.

Stativ: Dreibeinige Kamerahalterung mit einem beweglichen Kopf.

Steadicam: Ein Halterungssystem für Kameras, das entweder am Körper des Kameramanns befestigt oder getragen wird, um verwackelten Bildern vorzubeugen.

Storyboard: Eine visuelle Umsetzung des Textes im Drehbuch mit Zeichnungen oder Fotos, um zum Beispiel Schlüsselmomente einer Szene zu verdeutlichen.

Sync Sound (synchronized sound recording): Der in der Regel zeitgleich mit dem Bild aufgezeichnete und zum Bild gehörende Ton, etwa wenn eine Person spricht.

Tageslicht: Licht hoher Farbtemperatur (über 5000° Kelvin), welches dem Außenlicht bei Bewölkung oder Sonneneinstrahlung entspricht.

Teleobjektiv: Ein Objektiv mit einer längeren Brennweite und kleinem Bildausschnitt, das wie ein Fernglas weit Entferntes groß darstellt.

Testbild: Muster zur Beurteilung der Bildqualität von Fernsehapparaten und Monitoren. Neben dem in Europa üblichen EBU-Farbbalkenbild wird das ähnlich aufgebaute SMPTE-Testbild vor allem in den USA eingesetzt.

Tilt (auch vertical pan): Ein vertikaler Kameraschwenk, der zum Beispiel einem Luftballon folgt, der hochsteigt. Die Kamera wird geneigt.

Timecode (Zeitcode): Eine Sequenz von Zahlencodes, die jedes einzelne Frame (Bild) eindeutig identifizierbar macht; zeigt Stunden, Minuten, Sekunden und Einzelbilder an (HH:MM:SS:FF).

Track: Bedeutet im Schnitt eine Spur, in die Sie Bild- und Tonsequenzen einfügen können.

Trailer: Kurze Vorschau auf einen Film, der aus repräsentativen Szenen oder Einstellungen zusammengesetzt ist und das Interesse des Zuschauers wecken soll.

Untertitel: Textanzeige auf dem Bildschirm, meist eine synchrone Niederschrift vom gesprochenen Ton des Films.

Videoband: Datenträger zum Erfassen und Wiedergeben der elektronischen Bild- und Tonsignale eines Films.

Video-Capturing: Das Einlesen des Filmmaterials durch ein nichtlineares Schnittprogramm.

Voiceover: Fachbegriff für eine Tonspur, die durch eine andere ersetzt wird, meist ein Interview, bei dem im Vordergrund zum Beispiel eine Übersetzung zu hören ist, während im Hintergrund die Originalversion klingt.

Vorspann: Eröffnungssequenz des Filmes, die den Titel des Filmes nennt sowie oft den Namen des Filmemachers oder des Teams.

Weißabgleich: Damit wird die Kamera auf die Farbtemperatur des Lichts und den Unterschied zwischen Innen- und Außenlicht eingestellt.

Weitwinkelobjektiv: Ein Objektiv mit einem großen Bildwinkel. Besonders geeignet in Räumen und anderen begrenzten Orten.

Zebra-Funktion: Linien, die im Sucher einer Videokamera anzeigen, ob ein Bild überbelichtet ist.

Register

Kursive Seitenzahlen verweisen auf Bildunterschriften

A

Abspann 118, 119
    PBS-Anforderungen 64
Adobe Premiere Pro CS5 56
Akkus 42
Albert Fish 38–39, *104*
Alien from Earth 34
Allen, Irwin 81
American Movie 122
American Splendor 13
America's Most Wanted 10
Angelmikrofon 46
Apple Final Cut Pro 7 56
Audiogeräte 46–49
Aufhellung 50
Ausland, Filmen im 66
Ausrüstung 41–57
    Beleuchtung 50–53
    Kameras und Stative 42–45
    Schnitt 54–57
    Ton 46–49
    Transport 75
Ausweichplan 59
Autism is a World 30
Avid Liquid Pro 7 56

B

B-Roll-Material 77, 84–85, 97, *97*
    abstraktes 84–85
    Geschichte ausgestalten *85*
    Schnitte überdecken 85
    themenbezogenes 84
    unspezifisches 97
Bänder: Material transferieren von 56–57
Bandformate 41
Basement, The *102–103*
Bauchbinde *109*
beobachtender Dokumentarfilm 11
Beleuchtung 50–53
    Arten 50–51
    Ausrüstung 50–53
    Grundausstattung 50
    Innen 52, *52*
    Interviews, für *51*, 52, *52*, 93, *93*, 95, *95*
    Koffer für 50
    Kosten 50
    Lichtführung *51*
    Lichttemperatur 51
    Personen so gut wie möglich aussehen lassen 91
    richtig machen 89
    Scheinwerfer, auf Kamera montiert 51
    Scheinwerfer, Umgang mit *50*
    Sicherheitshinweis 50
    stilisiertes Licht 53
    Zebra-Funktion 44
Berufshaftplicht 70
Bildfreigabe 68
Bildfrequenz 42
Bildschirme:
    Kamera: Formate 42
    zum Schneiden 54, *55*
Biografie 10
Blair Witch Project, The 27
Blenden 112–113, *135*
    Arten 113, *113*
Bono, Sänger von U2 79
Borchardt, Mark 122
Borowski, John 38, *38–39*, *104*
Bowling for Columbine 12, 81, *81*
Branagh, Kenneth 30
Budget:
    aufstellen 62
    planen 72
Bühnenauftritte: Regie führen 82, *83*

C

Capra, Frank 10
Cinéma Vérité 26, *26*
Cloverfield 27
Computer:
    Anforderungen 54, 55, *55*
    auswählen 54
    Betriebssysteme 56
    FireWire-Anschluss 57
    Material herunterladen auf 42, 56–57
    Speicherplatz 56
Continuity (Kontinuität) 77, 88, *88*
Coven 122
Credits:
    Abspann 119, *119*
    Nennung: verkaufen 63
    Vorspann 118
Crocodile Hunter 12
Crumb 115
Crumm, David 135
    Interview mit 95, *95*

D

DeMille, Cecil B. 81
Devil and Daniel Webster 34
Dialog: schreiben 28
Digi-Betacam 41
Digitalkameras 42
digitale Medien: kopieren 41
digitales Videomaterial: schneiden 54
Dinosaurier – Im Reich der Giganten 30, *30*
Direct Cinema 26
Distribution siehe Verleih
Dokudrama 13
Dokumentarfilme:
    Arten 10–13
    Aufbau 102–105
    Begriffsherkunft 6
    beobachtend 11
    dramatisch 13
    Drehbuch, mit oder ohne 28–29
    expositorisch 10–11
    Kommentar 30–31
    Länge 100
    Lehrfilme 105
    Mokumentary 27
    partizipatorisch 12
    Planung (Praxis) 72–75
    Regie führen 82
    visualisieren 32–33
    Zusammenfassung 23
Dokumentarfilmstil 27
Downloads 133
dramatischer Dokumentarfilm 13
Drehen:
    180-Grad-Regel 86
    B-Roll 77
    Continuity 77, 88, *88*
    Einstellungsgrößen und -perspektiven 87, *87*
    Dreharbeiten (Praxis) 94–97
    Materialumfang 77
    Point-of-View-Shot 86
    Techniken 86–89
    Terminplan 59
    Übergänge erstellen 89, *89*
    Zeitplanung 77
Drehgenehmigung 69
Drehorte:
    einführen 88, *88*
    Instandsetzen 69
    steigern Produktionswert 79, *79*
    Terminplanung 67
    Wählen 79
Drehtage 66–67
    planen 66–67
DV-Formate 41

DVCAM 41
DVCPRO 41
DVDs:
    brennen 57
    Formate 41
    Hüllen 133, 135, *135*
    Screener 126–127
    Verkäufe 132

E
Effektlicht 50
Eigenvertrieb 132
Eigenfinanzierung:
    kontra Investoren 60–63
    Methode 63
Einseitigkeit 81
Einstellungen:
    protokollieren 107
Einzelunternehmer 60
E-Mail: Pressemitteilung 125
Equipmentversicherung 70
E&O-Versicherung 71
expositorischer Dokumentarfilm 10–11

F
Farbbalken 131
Farbfolien: befestigen 52
Fernsehen:
    Bildanforderungen 131
    Countdown *131*
    Film einreichen 130–131
    Finanzierung 64–65
    Formate für 41
    Sender anschreiben 130
    Spezielle Informationen 130
    Testbild 131
    Tonanforderungen 131
    Untertitel 131
Fernsehsender 57
Festplatte:
    externe 54
    Speicherkapazität 56
Film 41
Filmfestivals 128–129
Filmförderung 64
Filmmaterial:
    abstraktes 84–85
    B-Roll-Material 77, 84, 97, *97*
    Computer, herunterladen auf 42, 56–57
    erfassen 108
    genügend sichern 84–85
    Geschichte ausgestalten 85
    kopieren 106
    protokollieren 106–107
    themenbezogenes 84
    unspezifisches 97
Final Cut Pro 7, 56, 57
Finanzierung:
    Eigenfinanzierung oder Investoren 60–63
FireWire-Anschluss 57
Flaherty, Robert J. 6
Flow 10
Fokus 42
    Schärfeverlagerung 89
Fotografien 85, *85*
Führungslicht 50
Fusaro, Darrell *102–103*

G
Gefühle: filmen 88, *88*
gemeinnützige GmbH 60
Genehmigungen 68–69
    Personen 68
    Drehort 69
    Musik 115
Geräusche 114
gewinnorientierte GmbH 60
Giant Monsters 81
Glass, Philip 115
Gore, Al 6, 81, *81*
Grizzly Man 104

H
Haftpflichtversicherung 70
Handlungsbogen: entwickeln 25
Hands on a Hard Body 52
HD (High-Definition)-Video 41
Herzog, Werner 104
H. H. Holmes: America's First Serial Killer 38–39

I
„I'm Not Nuts": Living with Food Allergies 18, *18*, 105, *105*, 111, *111*
    Abspann 119
    Angebot für Investoren 65
    Vorspann 118
Infotafel 118, 131
In Search of the Great Beast: Aleister Crowley, The Wickedest Man in the World 35
Internet:
    Pressemitteilung 125
    Trailer fürs 122–123
    Website erstellen 124
    Werbung im 124–125
Interviewpartner:
    anschreiben 21
    auswählen 72–73
    Zusatzmaterial von 77
Interviews 20
    Aufbau für Interview 92–93
    Fragenkatalog 22, 74
    Licht setzen 51, 52, *52*, 93, *93*
    Notizen zu 95–96
    Planung 67, 74
    Schnitt 104
    Störungen, unerwartete 97
    transkribieren 106–107
    Zeitplanung 94
Investoren:
    Eigenfinanzierung 50–53
    Suche 61
    Vereinbarungen mit 61

J
Jeff Corwins tierische Abenteuer 12

K
Kaffko, Michelle 79
Kameras 42–45
    Akkus für 42
    Aufnahmemodus 42
    Band oder Festplatte 42
    Bedienelemente 42
    Bildfrequenz 42
    Bildschirmformate 42
    Digital- 42
    externe Mikrofone 46
    LCD-Bildschirme 44
    Mikrofone 46
    Profi- 43, *43*
    Prosumer- 43, *43*
    Scheinwerfer, auf die Kamera montiert 51
Kapitelmarkierungen 105
Kaufman, Lloyd: Interview mit 96, *96*
Kennedy, Amos Paul, Jr. 79
Klinkenstecker 46, *46*
Kommentar:
    Arten von 31
    Erzähler auswählen 30–31
    Vor- und Nachteile 30
    Wiedergabe von 31
Kontinuität siehe Continuity
Konzept:
    Checkliste 36
    erstellen 36–39
    Shot-List 37, *37*
    Storyboard 38–39, *38–39*
Kopfhörer 48
Kostüm 90, 91
Koyaanisqatsi 11, 115
Krisenmangment 26
Kugelmikrofon 47

L

Last Great Ape, The 34
Lavaliermikrofon 46, 47
  Probleme mit 94
Life After People 81
Life of Death:
  drehen 94–97
  planen 72–75
  Postproduktion 134–135
Life in the Freezer 35
Lindenmuth, Kevin J.
  Dokumentarfilm drehen 94–97
  Dokumentarfilm planen 72–75
  Postproduktion 134–135
Lizenzvertrag (Fernsehen) 130

M

MAC OS 56
Make-Believers, The 35
Make-up 90
Man Among Wolves, A 34
Man on Wire 32
Matlin, Marlee 123
May, Don 95, 95
Mikrofonangel: Verwendung 49, 49
Mikrofone 46–47, 46–47
  Arten: wann zu verwenden 48
  Ersatz 94
  Schutz für 47
Microsoft Windows XP 56
Mini-DVD: 41, 42
  Material transferieren von 57
Mini-GmbH 60
Mockumentary 27
Monitore: für den Schnitt 54, 55
Moore, Michael 10, 12, 71, 81
Munro, Caroline 96, 97
Murder City, Detroit: 100 Years of Crime and Violence 81

Musik: 114–115, 135
  auswählen 114
  Freigabeerklärung 115
  hinzufügen 114–115

N

Nachstellen von Szenen 81
Nachtaufnahmen: Licht reflektieren 53
Nanuk, der Eskimo 6

O

Offenbac, Nika 66
Opener 116–117

P

Paranormal Activity 27
Pauschalfreigabe 68
Pekar, Harvey 13
Petit, Philippe 32
Pinnacle Avid Liquid Pro 7 56
Piraterie 133
Point-of-View-Shot 86
Postproduktion 99–119, 134–135
Prehistoric Megastorms 117
Prehistoric Planet 30
Premiere Pro CS5 56
Pressemappe 126, 127
  fürs Fernsehen 130
  Screener 126–127
  Trailer 122–123
Pressemitteilung 125
Proceed and Be Bold 79
Produktionshaftpflicht 70
Produktionswert:
  bei kleinem Budget 78
  maximieren 78–79
Produktplatzierung 61, 64
Prominente 79

Protokollieren 106–107
Publikum 16–17, 72
Pucker Up: The Fine Art of Whistling 35

Q

Quarantine 27

R

Reality-TV 12
Recherche 18–23
Rechtsschutzversicherung 71
Reflektoren 53, 53
Reinszenierungen 13
  Regie führen 82
  Special Effects 91
Regie führen 82
Regner, Art 135
  Interview mit 96, 96
Reise der Pinguine 6, 11
Relevanz 110–111
Requisiten 91
Rezensionen 121
Richtmikrofon 46, 47
  verwenden 49, 49

S

Salau-beseke, Ayo 79
Schablonenlichtblenden 53
Schärfeverlagerung 89
Scheinwerferstative 50
Scheinwerfertor 50, 51
Schnitt 99
  Aufbau des Films 102–105
  beginnen 108–109
  Blenden 112–113
  Deadline festlegen 101
  Equipment 54–57
  Funktionen, benötigte 57
  Geräusche 114
  Grundausstattung 55
  Hardware 55

Infotafel 118
Kapitelmarkierungen 105
Länge festlegen 100
Material protokollieren 106–107, 108
Methode 108–109
Minimalanforderungen 55
Musik 114–115
Opener 116–117
Relevanz 110–111
SMPTE-Zeitcode 106
Software 54, 56–57
Sortieren 108, 109
Special Effects 112
Vorbereitung auf 108
Vorspann 118, 118
Wiederholung 110
Zeit, benötigte 100, 101
Screener 126–127
  fürs Fernsehen 130
SD (Standard Definition)-Video 41
Sea Around Us 28
Sheen, Martin 117
Shelling out for turtles 29
Sicko 10
Smallsmall Thing 66, 66–67
SMPTE-Testbild 131
SMPTE-Zeitcode 106
Software: Schnittprogramme 54, 56–57
Song, Dr. Ben 90
Special Credits: verkaufen 63
Special Effects 91, 112, 135
Sponsoren 61
Sponsorenangebot 65
  für Fernsehproduktionen 64–65
Spurlock, Morgan 10, 12, 12
Stativ 42, 45, 45
Steuern 60
Stewart, Patrick 30

Stil:
    Arten 24
    auswählen 9, 24–27
    vergleichen *24–25*
Stiller, Ben 30
Stimmung 32
Storyboards 38, *38*, *104*
Sturz ins Leere 13
Sullivan, Tom *96*, *109*
Super Size Me 12, *12*
Outline 33, *33*

T

Tageslicht: reflektieren 53
Tasmanian Tiger: End of Extinction 112
Tatsachenfilme 6
Team:
    instruieren 82
    organisieren 59
    partizipatorischer Dokumentarfilm 12
Terminpläne 59
Thema:
    ändern 20
    auswählen 9, 14–15, 72
    Einseitigkeit 81
    Recherche 18–19
    treu bleiben 80–81
    vermeiden 15
Tierwelt ruft, Die 80, *81*
Titel 34–35, 72
Touching the Void 13
Trailer:
    herstellen 122–123
    schneiden 123
Treadwell, Timothy 104

U

Unbequeme Wahrheit, Eine 6, 10, 81, *81*
Und täglich grüßt das Erdmännchen 10

Undertaking, The 28
Unternehmensrechtsformen 60
Untertitel 131
Up Syndrome 34

V

Vale, Jessica 66
Verleih 121
    Alleiniger Distributor 132
    Ausleihen 133
    Downloads 133
    DVD-Verkäufe 132
    Eigenvertrieb 132
    Fernsehen 130–131
    Filmfestivals 128–129
    Nichtexklusivität 132–133
    Onlinevertrieb 133
    Zwischenhändler 132
Verleiher: für DVDs 132
Versicherungen 70–71
Video:
    digital: Schnitt 54
    Material: speichern 54
    Formate 41
Videoband: Material transferieren von 56–57
Visualisierung 32–33
Visuelles Outline 33, *33*
Vorausplanung 73
Vorproduktion 59–75
    Länge festlegen 100
    Organisation 59
    Terminpläne 59, 66–67
Vorspann 118, *118*

W

Wahrheit: verfälschen 80–81
Wäscheklammern 52
Websites:
    für den Film 124
    für Kritiken 124
    Trailer 123
    Videoportale 124

Weird U.S. 115
Werbung 121–129, 135
    Filmfestivals 128–129
    Internet 124–125
What the Bleep do we Know? 123
Where in the World is Osama Bin Laden? 84
Who Killed The Electric Car? *116*, 117
Why We Fight 10
Windows Vista 56
Windows XP 56
Windschutzhaube 47
World Without Us, The 28

X

XLR-Stecker 46, *46*

Z

Zebra-Funktion 44
Zehn Gebote, Die 81
Zinger, Laura 79
Zusammenfassung 23

Quellen

Ausrüstung und Software
www.adobe.com/de/: Photoshop, Premiere, After Effects

www.apple.com/de/: Macintosh Computer. Final Cut, Soundtrack, iMovie, Shake

www.avid.com/de: Avid Schnittprogramm

www.powerproductions.com: Storyboard Quick Software

www.drehbuch-software.de:
www.frameforge.com: 3D Storyboard Software

www.canon.de: DV-Kameras

www.dvfilm.com: Progressive Scan nach Dreh des Films

www.glidecam.de: Kamerahalterungen

www.steadicam.com: Kamerahalterungen

http://jdl.jvc-europe.com: DV- und HDV-Kameras

www.sony.de: DV-, DVCAM- und HDV-Kameras

www.millertripods.com: Stative

www.panasonic.de: DV- und HD-Kameras

Nützliche Websites
www.movie-college.de: Theorie und Praxis des Filmemachens

www.filmidee.de: Portal für Filmemacher, Autoren, Verleiher in Deutschland

www.filmeducation.org: Filme für Schulen

www.filmmaking.net: Links und Quellen

www.shootingpeople.org: Netzwerk-Site für Filmemacher

www.withoutabox.com: Filmfestivals

Unterstützung
www.documentary.org: Website der International Documentary Association (IDA), eine gemeinnützige Organisation, die Dokumentarfilmer weltweit unterstützt.

www.documentaryfilms.net: Von Freiwilligen betreute Website, die Informationen und Ressourcen zu Dokumentarfilmen für Zuschauer und Filmemacher anbietet.

www.mediarights.org: Eine Dokumentarfilm-Community, die gesellschaftlich relevante Dokumentarfilme bei Zuschauern und Pädagogen bekannt macht.

Dank

Der Autor dankt den folgenden Personen, die bei der Entstehung dieses Buches geholfen haben:

Audra Hartwig, John und Nancy Lindenmuth, Jason Pankoke, Sophie, Michelle Kaffko, Darrell Fusaro, John Borowski, Evan Jacobs, Roy Frumkes, Jessica Gerlach, Nika Offenbac, Jason Kessler, David Gray, Duane Graves, Richard Numeroff, Miles Finlayson, Kartemquin Films, Daniel Marracino, Morgan Spurlock, Brandon Watts, Brett Kelly, Gabe Campisi und Kate Schwab.

Quarto dankt den folgenden Agenturen für das Bereitstellen von Bildern für dieses Buch:

S. 2, 5 (o.l./m.), 10, 11, 12, 13, 27, 32, 80, 81, 116, 122, 123 The Kobal Collection; S. 30 Allstar; S. 71 (o.) Alamy; S. 101 Corbis

Die Rechte der Schritt-für-Schritt-Abbildungen und aller übrigen Illustrationen liegen bei Quarto Publishing plc. Obwohl alle Bemühungen unternommen wurden, die Rechteinhaber zu ermitteln, entschuldigt sich Quarto für etwaige Versäumnisse und ist gern bereit, in folgenden Auflagen Ergänzungen vorzunehmen.